中国品牌新农村系列丛书编委会名单:

顾　　问：夏阿国　章文彪

主　　编：黄祖辉　顾益康

副主编：胡　豹

编　　委：李建新　徐红玳　钱文荣　徐丽安　洪名勇
　　　　　　柯福艳　王丽娟　张社梅　孙永朋　胡　伟

　　本系列丛书为浙江大学CARD国家"985"三期工程"中国新农村建设与发展研究项目"之成果。丛书的调研、写作与出版得到了浙江省农村工作办公室以及相关地市部门的大力支持,在此致谢!

中国品牌新农村系列丛书

幸福之乡开远

木霁弘 杨春 胡豹 ◎ 著

ZHEJIANG UNIVERSITY PRESS
浙江大学出版社

序 一

经过 30 多年的改革发展,我国已经站在全面建设小康社会和向现代化迈进的新的历史起点上,正处于以城带乡、以工促农的发展新阶段,正处于加快改造传统农业、走中国特色农业现代化道路的关键时刻,正处于突破城乡二元结构、开创城乡经济社会发展一体化新格局的重要时期。"十二五"时期是全面建设小康社会的战略攻坚时期,也是中国特色工业化、城镇化和农业现代化加速推进的战略机遇期,更是我国发展方式转变的重要转折期。统筹城乡发展、建设社会主义新农村是党中央根据我国"三农"发展依然落后于工业、城市发展的严峻现实而提出来的,是贯穿于社会主义现代化建设全过程的长期任务,也是解决新时期"三农"问题、缩小城乡差别的总抓手。

建设社会主义新农村是我国现代化进程中的重大历史任务,是确保我国顺利实现全面建设小康社会和现代化目标,从根本上解决好"三农"这个重中之重问题的大战略。2005 年 10 月,中国共产党召开了十六届五中全会,通过了关于第十一个五年规划的建议,建议中的农业农村部分的标题就叫做"积极稳妥推进社会主义新农村建设"。自党的十六届五中全会作出了建设社会主义新农村的重大决策后,各地各部门认真贯彻中央决策部署,切实把新农村建设摆上重要位置,统筹谋划,创新思路,进行了创造性的实践。同时,各地也从我国地域差异性大、发展明显不平衡的实际出发,坚持遵循新农村建设的普遍规律与从当地实际出发相结合,社会主义新农村建设取得了重大的阶段性成果,形成了众多各具地方特色的新农村建设模式。从"美丽乡村"、"幸福乡村"、"和美家园"等富有地域特色的新农村建设实践中,我们看到了社会主义新农村建设从点到面、由表及里、不断提高和升华的生动局面,有些成功的经验已经发挥出了示范和品牌效应。如浙江安吉把新农村建设与生态示范县建设紧密结合起来,建设中国美丽

乡村的创新经验已经在浙江全省推广,美丽乡村建设已成为浙江社会主义新农村建设的新目标和新标准,这也标志着浙江新农村建设已经进入到了一个新阶段。从全国来看,无论是东部、中部、西部,还是东北地区,都涌现出了一批富有自身特色的新农村建设的典型县和典型村。

当前,我国新农村建设正处于深入推进的关键时期。回眸来路,六年来的成就可圈可点,特别是那些在新农村建设中先行一步,求真务实,真抓实干的县和村,已经探索出了新农村建设的新路径、新机制,对这些实践经验加以总结提炼,对其特色加以评判发掘,对其成效加以集中展示,对进一步探索有效推进新农村建设的新途径和新机制,以新的举措开创新农村建设的新局面显得尤为迫切。

基于这样的背景,浙江大学中国农村发展研究院牵头组织相关专家学者,赴典型地区,深入开展调研,并与地方政府开展紧密合作,总结提炼出了一批各具地方特色的中国品牌新农村案例,以系列丛书的形式加以出版,是一件非常有意义的事情。这一系列丛书图文并茂、夹叙夹议、记者眼光、新闻视角、学者深度、深入浅出、可读性强。系列丛书以定时定量的实证分析为体,以新农村新村庄分析为纲,对典型地区新农村建设的成就、模式与品牌进行了全景式的深刻剖析。系列丛书体现了理论与实践相结合的特点,也使得这套丛书更具有实践工作指导和理论学术研究的价值。相信这套丛书的出版将会对我国新农村建设的实践和理论研究起到积极的促进作用。新农村建设不断深化的实践还会催生更多更好的经验值得我们去总结推广,希望有更多的关注"三农"问题的专家学者能够继续深入实践,深入基层,总结出更多更好新农村建设的新案例以供人们研究和借鉴。

陈锡文

2012 年 3 月

序　二

　　经过 30 多年改革开放和建设发展,我国已进入了科学发展的新时代。党的十六届五中全会提出了建设社会主义新农村的重大历史任务,是中央顺应城乡统筹发展"两个趋向"的大趋势,从我国总体上已进入以工促农、以城带乡发展新阶段的实际出发,着力于解决重中之重、难中之难、急中之急的"三农"问题,着力缩小城乡差距,顺利推进全面建设小康社会和现代化宏伟事业所作出的与时俱进的战略决策,这已成为全党全国和广大农民群众的自觉行动。

　　浙江省作为我国东部沿海的发达地区,农村改革发展走在全国前列。从 2003 年开始,浙江省就按照党中央提出的统筹城乡发展方略,大力实施"千村示范、万村整治"工程,按照"干在实处、走在前列"的要求,开展以村庄环境整治为重点的社会主义新农村建设的实践探索。为深入贯彻落实党的十六届五中全会精神,浙江省及时制定并实施全面推进社会主义新农村建设的《决定》。经过几年的努力,全省各地在社会主义新农村建设方面取得了令人瞩目的成就,特别是在建设现代农业,推进高效生态农业发展;促进农村劳动力转产转业,增加农民收入;改善农民生产生活条件,建设农村新社区;建设农村公共服务体系,解决农民"看病难、就学难、养老难";推进农村民主政治建设,构建农村和谐社会;提升农民整体素质,培育新型农民;促进区域协调发展,加快欠发达地区新农村建设等方面取得了重大突破。与此同时,在深入进行社会主义新农村建设的实践中,湖州安吉、衢州江山、杭州桐庐、宁波北仑、丽水遂昌等县(市、区)创造性地展开了"中国美丽乡村"、"中国幸福乡村"建设工作,取得了显著成效。一批县域新农村建设的创新实践为全省社会主义新农村建设作出了创新性、示范性的贡献,对于深入推进、整体提升社会主义新农村建设水平起到了明显的示范作用。

　　浙江大学中国农村发展研究院对浙江省社会主义新农村建设中涌现出来的

先进典型和全国的社会主义新农村建设先进县市进行了深入的调查研究和理论提炼,编写出这套"中国品牌新农村系列丛书",对进一步探索和提升我国社会主义新农村建设水平具有重要的现实指导作用。浙江大学中国农村发展研究院作为国家教育部定点的"三农"研究重点基地,充分发挥其独特的优势,牵头组织了浙江省农科院农村发展所等有关专家和研究人员,开展专题调研,并与地方政府紧密合作,概括提炼出一批各具特色的中国品牌新农村案例,以独到的视角系统总结了我国社会主义新农村建设所取得的新成就、新经验,所面临的新情况、新问题,并对新农村建设中诸如体制机制创新、农民收入问题、新型农民培育、新社区建设、农业现代化道路等重大问题,提出具有创新性、针对性和前瞻性的理论观点、对策思路和政策建议。

钱江潮涌竞卓越,扎根于实践沃土的理论之树常青。浙江和全国各地"三农"的改革发展的生动实践为新时期"三农"研究提供了丰厚的土壤。"中国品牌新农村系列丛书"以社会主义新农村建设的生动实践为基础,进行科学的理论概括,是我国首部把视角聚焦于县域社会主义新农村建设实践的研究成果。该丛书的出版必将对我国社会主义新农村建设提升发展起到积极的推动作用,同时,也会给人们对新时期我国"三农"转型发展和制度变革有更加清晰的理解,对社会主义新农村建设向更高层次发展带来更加宽阔的视野和启示。

2012 年 3 月

水调歌头　开远

开光云亦远,满眼落霞生。

画图难尽山水,万象凰凤升。

憩灵泉沧桑,少得梅花双百,壮志滇越鸣。

风月芳丛妙,晓梦随迷莺。

阿迷韵,赶马调,宏祖行。

杨慎谒铭在此,廷表风节明。

远悌苍茫千年,都道开远美好,不尽古今情。

处处心花放,幸福濯我睛。

书记心声

李存贵

开心到永远

我有一个梦:让开远的人民开心到永远!

心有梦,才有未来;身实践,梦才绽放,也才能通向幸福、收获美好。

强盛、繁荣,这是中国人数千年的梦,也是这个时代的梦;稳定、和谐,这是百姓的梦,也是这个社会的梦。无数个个体心怀自己的梦想,并为之付出汗水、辛劳,汇集成一股股澎湃的力量,抵达更远处;而开远,既是祖国的一个个体,又是全体开远人的归属与家,同样有着自己的梦想,那就是"中国幸福之乡"!

幸福,既是一种心理感受,也是可以触摸到的具象;幸福,既是每天为梦想而努力的点滴,也是不断收获、不断超越的喜悦,而这些,就是今天的开远,正在时代浪潮中勇于创新、务实开拓的开远,也是每个开远人每天所感受到的开远,真实、亲切,且充满希望与珍惜。

幸福开远,源于中国共产党的领导,源于全面的革新、创造,源于公平、公正、公开的体制改革与执行,源于把握省级统筹城乡发展试点、全国农村改革试验区的机遇,源于开远人率先奋进、大胆探索的精神,源于省委省政府的支持、州委州政府的领导以及社会各界人士的关心与指导!

建设幸福开远、建设"中国幸福之乡",既是对历史的尊重,也是对时代的承诺,既是对原先现实的继承,也是对美好梦想的开启;清晰、冷静地看待开远的优势与劣势,并在此基础上扬长避短、抓住政策优势,出台了包括"大行政"、"大包保"、"大督查"三大制度,新型工业化、城镇化、农业现代化、教育现代化"四化同步"等众多政策,且有效执行,取得了开远干部与群众的认可与支持,取得了瞩目的成绩。

幸福开远，是解决全体开远人的医疗卫生、社会保障、教育文化、道路交通与照明、通信与网络、健身与文化等一系列问题的惠民工程；幸福开远，是发展物质文明建设与精神文明建设，包括经济建设、市政建设、农村建设。

幸福开远，是将开远建设成为城市公园，让农民享受到与市民同等的待遇，让农村拥有城市的市政服务功能，享受便捷、优质的现代生活；让市民享受到田园乡村般的休闲环境；农民与市民，再无身份与户口的限制，农村与城市，再无本质的区别与差距，每个开远人都在公园般的环境中生活与工作，让曾经遥不可及的梦想变成现实，且不断延伸。

梦想之路，无限可能！

幸福开远，开拓致远！

通达美好，开心永远！

目 录

引　论

春风疑不到天涯，二月山城未见花。
残雪压枝犹有橘，冻雷惊笋欲抽芽。
　　　　　　　　——宋·欧阳修

　　在千年的历史长河中，开远这座滇东南小城从未脱离人们的视野，总以某种方式延续着属于自己的影响力，不激进，亦不落后；不脱俗，亦不平庸。

　　独具的区位优势，使得开远既保持了与外界在一定程度上的交往——不至于脱离社会发展的潮流，又保持了自己悠然、闲雅的个性风貌；众多的民族相聚于此，彼此和睦相处，共同创造着开远的历史文化。翻阅经年，这里的人们更多的是平和、包容、友爱、互助；由于物产的优势——上苍赋予了这块土地丰富的自然资源，加之农业物产的多样性，使之终成富庶之地；20世纪初的时代风云，是外敌入侵，也是机遇垂青，滇越铁路的开通，瞬间让开远站到了开拓致远的起跑线上，处于云南现代文明的开端……加上20世纪50年代国家大规模的工业建设，使开远亦成为云南的工业重地，老工业之城几经周折，开远的发展历尽艰辛，步履蹒跚……

今天的跨越式加速发展，让外界更加关注开远——不管是属于官方的 GDP 指数，还是属于民间的幸福指数，开远已然走在了前列。"欢颜尽在百姓间，世人皆知是开远"，开远人诗意地栖居在这城市公园之中，开心到永远。

乡村梦、怡然心，这是无数中国人无法割舍的理想心结。东晋的伟大田园诗人陶渊明构创的"世外桃源"，一千多年以来让无数的人们以此为终身追求，但仍是理想；在民国时期，晏阳初、梁漱溟倡导的乡村建设运动，则是一次身体力行的探索与实践。新中国成立后的农业合作社、人民公社都是农村社会改造的国家实践与探索。而今天，开远人心怀对美好未来的憧憬，勇于创造进取，把握成为省级统筹城乡发展试点、全国农村改革试验区的机遇，率先奋进、大胆开拓，努力将开远建设为"幸福之乡"！

幸福之乡——开远，这不是空洞的口号，而是一系列实打实、硬邦邦的幸福体系：

从理念上讲，幸福是人类亘古不变的永恒追求，建设"中国幸福之乡"是新时代"以人为本"人文思想的实践要求；

从概念上说，建设"中国幸福之乡"是"建美丽开远市、做幸福开远人"思想的延续与升华；

从来源上看，建设"中国幸福之乡"是开远各族人民追求更加美好幸福生活的共同愿望，是中共开远市委全心全意为开远人民服务宗旨意识的责任担当；

从目标上说，建设"中国幸福之乡"既是对幸福追求的指向，又是过程，既是向往，又是实实在在的过程和感受；

从内容上讲，建设"中国幸福之乡"并不抽象，内容非常具体丰富，涵盖了物质文明、精神文明、生态文明、政治文明"四个文明"的全部内容，是一个庞大的系统工程；

从条件上看，开远统筹城乡发展多年来的火热实践为建设"中国幸福之乡"奠定了坚实基础；

从实现手段上讲，建设"中国幸福之乡"的内容涵盖方方面面，相应地，实现手段就必须多措并举，体现全面性、综合性、系统性；

从主体上说，在开远生活和工作的每个阶层、每个群体、每个人都是建设"中国幸福之乡"的主体；

从空间上看，建设"中国幸福之乡"既包括城市，也包括乡村，覆盖开远城乡1950平方千米的每个角落；

从时间上讲，建设"中国幸福之乡"既包含对长远目标的追求，体现长期性，又包括现实的创造和享受，体现现实性，是现实和未来、当前和长远的有机统一；

从标准上说，建设"中国幸福之乡"要的是让开远人民生活得更舒心、更安心、更放心，对未来更加充满信心！

开远蓄势待发。

第一章
开拓致远 辉煌目标

庄生晓梦迷蝴蝶,望帝春心托杜鹃。
沧海月明珠有泪,蓝田日暖玉生烟。
——唐·李商隐

历史之河 行政区划

　　幸福生活,是几千年来中国农民从未放弃的追求;幸福生活,是中国有识之士亘古不变的探索与努力;幸福生活,是当今新农村建设与和谐社会建设的要求;幸福生活,是中华民族立于世界民族之林的基石。

　　文明,在历史中璀璨,在传承中延伸。开远市位于中国云南省东南部的红河哈尼族彝族自治州,东连砚山、邱北,南接蒙自、个旧,西靠建水,北邻弥勒,是滇东南地区的交通要塞和中心城市。全市总面积1946.91平方千米,其中山区占91.5%,坝区占8.5%,人口29万,城区面积18平方千米,城镇化率达63.8%。

开远古称阿迷,1932年改称开远,意在"四面伸开,连接广远"。

广远,即从遥远的历史到未知的未来。开远境地古为阿宁蛮。夏商周时属古睖町国范围,先秦时期属滇国领地。西汉元封二年(公元前109),在今开远至建水一带设毋棳县,隶益州郡,始有建置。进入东汉,这一带属益州郡,蜀汉建汉三年(225)后称西丰县,属益州兴古郡,西晋复称毋棳县,隶宁州兴古郡;东晋至南朝梁隶宁州梁水郡,北朝周隶南宁州,隋属南宁州总管府,唐初属剑南道戎州,南诏国时为爨部地,隶通海都督。到了宋代,大理国在今开远置最宁镇,辖哈迷(阿宁、阿迷)部、纳楼部、铁锁甸、大甸、七十城门甸、褒古部、王弄部、教合三部、矣尼迦部、维摩部、钟家部11地,相当于今开远、丘北、砚山、文山、富宁、马关、河口、屏边、蒙自、个旧、金平、元阳、建水一带范围。

元宪宗七年(1257)置阿迷万户府于开远,辖纳楼、茶甸两个千户所。至元二年(1265)改属南路,至元十三年(1276)撤阿迷万户府,置阿迷州,大德三年(1299)改隶临安路。明洪武十五年(1382)置阿迷州,辖四乡,属临安府;永历二年(1648)更名开远州,后复名阿迷州。清初袭明制,阿迷州属临安府,雍正八年(1730)七月临安府属迤东道;乾隆三十一年(1766)十月,临安府属迤南道;光绪十三年(1887)十月,临安府属临安开广道。

民国2年(1913)四月,废州改县,称阿迷县,辖东、南、西、北、中5个区,隶蒙自道。民国18年(1929)废道,直隶云南省。民国20年(1931)十二月,改阿迷县为开远县,辖8个区,意在"四面伸开,连接广远"。民国37年(1948),属云南省第五行政督察区(驻建水县)。

1950年,开远县辖6个区,隶蒙自专区。1957年,开远县划归红河州。1958年10月20日,国务院全体会议第81次会议决定:撤销开远县,将原开远县的六区全部和七区的4个乡、五区的1个乡划归文山县,其余地区划归个旧市(国务院9月16日批准,省人委10月3日通知)。设开远公社(原一、二区)、五星公社(原五、七区)、燎原公社(原三区、七区的左美底乡和蒙自草坝),隶属个旧市。1959年2月成立人民公社开远联社,为政社合一组织,辖开远、布沼、五星、大庄、草坝五个公社,隶属个旧市。

1960年9月13日,国务院全体会议第103次会议通过:恢复原并入个旧市并撤销的开远县建制,其行政区域仍照原撤并前不变,开远县由个旧市领导。开远县辖5个公社。次年,草坝公社划归蒙自县。1961年2月14日,国务院批复:将原由个旧领导的开远县划归红河哈尼族彝族自治州直接领导。辖城关、开远、中寨、小龙潭、大庄5个公社及马者哨、中和营、吉德、宗舍4个区。

1981年1月18日,国务院批准撤销开远县,设立(县级)开远市,以原开远县的行政区域为开远市的行政区域。11月18日开远市正式成立,辖5乡3处,

隶红河州。

1997 年,开远市辖 3 个街道、5 个乡:乐白道街道、灵泉街道、小龙潭街道、马者哨乡、羊街乡、大庄回族乡、中和营乡、碑格乡。市政府驻乐白道街道。

根据 2000 年第五次人口普查,开远市总人口 292039 人,其中:乐白道街道 66953 人,灵泉街道 91993 人,小龙潭街道 31746 人,大庄回族乡 18291 人,羊街乡 34049 人,马者哨乡 9721 人,中和营乡 24770 人,碑格乡 14516 人。

2001 年,全市辖 3 个街道、4 个乡、1 个民族乡:灵泉街道、乐白道办事处、小龙潭办事处、中和营乡、马者哨乡、碑格乡、羊街乡、大庄回族乡。

2005 年,开远市撤销中和营乡和马者哨乡,设立中和营镇,镇政府驻原中和营乡政府驻地(省政府 2005 年 10 月 13 日批准)。

2006 年,开远市将小龙潭街道办事处改设为小龙潭镇,镇政府驻原小龙潭办事处驻地(省政府 2006 年 3 月 16 日批准)。

乐白道办事处位于开远市中部偏西,南连个旧市,北接弥勒县,与灵泉办事处共同构成了开远市政治、经济和文化的中心。面积 414.9 平方千米,占全市总面积的 21.3%。2011 年总人口 66951 人,占全市总人口的 22.92%。辖乐白道、阿德邑、旧寨、田心、仁者、新寨、酒房、楷甸、怡里、红石岩十个村委会及东城区一个居委会,居住着汉、彝、苗等民族。

小龙潭镇位于开远城区西北部,西与建水县、北与弥勒县接壤。距开远市城区 21 千米,面积 179.44 平方千米。全处辖 6 个村委会,人口 31791 人,以汉族、回族、彝族、苗族居多,农业人口占总人口的 51%。

灵泉办事处位于开远市西南部,面积 186.5 平方千米,南连个旧市,西与建水县接壤。办事处东部为开远市老城区,是全市的经济文化中心和交通枢纽。辖 8 个居委会,6 个村委会,人口 91994 人,以汉族、彝族、回族居多。

羊街乡地处开远市南郊,位于个旧、开远、蒙自三个市县的交界处,南与蒙自县草坝镇接壤,西与个旧市鸡街镇毗邻,北与乐白道办事处相连,距城区 33 千米。全乡面积为 266 平方千米,占全市总面积的 10.8%。平均海拔 1614 米,年平均气温 18.5℃。辖 8 个村委会,总人口 34049 人,民族以汉、彝、回、壮、苗为主。

原马者哨乡位于开远市中部偏东,为滇东南岩溶山区,东与中和营乡接壤,南与碑格乡、大庄乡相连,西与乐白道办事处紧靠,北边隔南盘江与弥勒县相望。面积 277.2 平方千米,占全市总面积的 14.2%,人口 9721 人,辖 5 个村委会。居住着彝、苗、汉等民族,少数民族占总人口的 94.5%。

大庄回族乡位于开远市中南部,东连碑格乡,南连羊街乡,呈坝区—山区—高寒山区阶梯状,最高海拔 2775.6 米,最低海拔 1200 米。全乡区域面积 103.7

平方千米,辖4个村委会,总人口18291人,有回、汉、彝、苗、壮等多种民族,少数民族占全乡人口总数的74.9%,其中回族人口占总人口的33.3%,是红河哈尼族彝族自治州唯一的回族乡。

碑格乡位于开远市东部,距市区80千米,东连砚山县阿舍乡,南接羊街、大庄两乡,西靠马者哨乡,北邻中和营乡;全乡东西跨距20.8千米,南北纵距17.4千米,土地面积242平方千米,最低海拔1650米,最高海拔2700米。辖6个村委会,人口14517人。主体民族是彝族,占总人口的97.3%。

中和营镇位于开远市东郊,东与文山州砚山县平远街接壤,南与碑格乡毗邻,西与马者哨乡相连,北与弥勒县的江边乡、文山州邱北县的冲头乡交界。面积为328平方千米,是一个山区半山区乡,山区面积占90%,最高海拔1813米,最低海拔990米。全乡下辖7个村委会,全乡总人口为24780人,居住着汉、彝、苗、回、壮等十余种民族,少数民族人口占总人口的65.4%。

历史定格于此,这是开远最基本的行政区划,开远合理定位乡镇府、农村基层党组织与农民之间的关系,使得乡镇自治与乡镇民主得到了较好的结合。这是乡政村治的历史延伸,更利于工业反哺农业、城市支援农村。开远以历史为支点,现实为依据,正在进行着幸福社会的实践。

物产丰饶 百业齐兴

今日之开远,虽为工业城市,但自然环境得天独厚,因而物产丰饶。开远市委市政府把自然与人两者进行了有机的结合,让开远取得了事半功倍的成绩,使得该地百业齐兴,再加上汉、彝、苗、回、壮等民族团结共融,同心同德共建幸福之乡,可以说,天时地人皆为美丽幸福的开远而"创造"。

水之善:开远丰富的水资源,属南盘江流域,其境内大小河流12条,天然湖泊及泉潭60余处。境内有泸江河、南洞河、大庄河、中和营河4条主要河流和泉水、山泉散浸水60余处,总流量最大每秒858.3立方米,最小每秒7.7立方米,年过境客水的总量为15.3亿立方米。

气之娆:开远属亚热带高原季风气候。受低纬度、高海拔地理位置和季风活动的影响,气候特点表现为:夏长无冬,秋春相连,日温差大,年温差小;干湿季分明,常年多干旱;典型立体气候——境内在海拔900～2500米地区,年平均气温20.4～10.9℃,温差达9.5℃,极端最高气温38.2～24.9℃,极端最低气温-6.4～-2.4℃。全市年平均气温比较稳定,年际变化甚微,气温年际较差为1.5℃,平均距平值仅±3℃。年降雨量700多毫米,雨季集中于5～10月,雨热同期而

无酷暑，年均气温 19.8℃，年日照 2200 小时，全年无霜期 340 天。东高西低的地形变化而形成的立体气候，为农作物生产提供了良好的生长环境，为冬季农业开发和林、牧、渔业生产提供了优越的自然条件。

物之富：开远为著名的蔗糖生产基地，农产品丰富，有稻、玉米、薯类、甘蔗、花生、烟草、热带水果等。开远蕴藏着煤、锑、锰等十余种矿藏，而以煤炭资源尤为丰富。离城区 20 千米的小龙潭，褐煤储量达 12 亿吨，是云南目前最大的露天煤矿，年开采量 630 万吨，现建有 60 万千瓦的坑口电厂。由于煤电充足，为数百个工矿企业的发展创造了条件。丰富的粮食、甘蔗等又为食品工业提供了原料保障，现已有水泥、化肥、制糖、造纸、酿酒、食品等行业的工业粗具规模。

工之速：开远工商经济快速发展，在开远经济中的主导地位日趋突出。2010年工业总产值突破 60 亿元大关，达 66.9 亿元，比 2009 年增长 30%。原煤产量1125 万吨，水泥产量 166 万吨，化肥（折纯）产量 41 万吨，发电量 97 亿度，均居全州第一。

商之重：和 2009 年相比较，2010 年全市实现商品销售总额 31.5 亿元，增长7.9%。社会消费品零售总额 10.3 亿元，增长 13.6%。农村社会消费品零售总额 4425 万元，增长 15.4%。汽车销售额 7.5 亿元，增长 21%。商品房销售额1.8 亿元，增长 81.2%。实现外贸进出口总值 8289 万美元，增长 1.44 倍。汽车、家电、房地产等成为拉动开远消费的主导力量，继续保持强劲增长势头。全市共有私营企业 426 户，个体工商户 8243 户，从业人员 1.9 万人。上缴税金9636 万元，增长 21.6%，占财政总收入的 12.6%。非公经济在国民经济中的地位进一步凸显，成为新的经济增长点并保持强劲的增长势头。

城之美：在城市发展方面，开远仅 2010 年就投入城市发展资金 4 亿元，建立和完善"特色化定位——让开远显山露水；高起点规划——体现超前性；人文式建设——注入人文内涵；市场化运营——推进城市公共服务领域市场化改革；全方位管理——加强城市秩序整治"的城市发展模式，拓展城市功能，提升城市品位。

成功举办城市发展高端论坛——"开远发展论坛·城市发展篇"，汲取专家智慧，谋划开远城市发展。成立开远城市发展人文专家顾问委员会并举行了两次会议，用人文视角审视开远的城市发展。编制完成《凤凰山片区控制性详细规划》《城市绿地系统规划》等一系列规划。

开远如今首次采用 BT 模式进行市政建设并取得了成功，全面完成了滨雅路水景工程、智源南路、凤凰路、市政广场等重点工程建设，西城改造取得实质性的初步进展，文艺中心、凤凰山片区综合开发等重大项目前期工作按期推进，全面实施了"细节工程"、"小巷工程"，市容市貌发生历史性改观，城市品位和档次进一步提升。

与"硬件"建设匹配,开远的"软件"建设也得到了快速发展:加大了城市综合执法力度,交通、建筑、市场、卫生、治安"五大秩序"整治取得明显成效;完善了城市卫生保洁市场化运作机制,城市卫生保洁得到根本改观。城市规划、建设、管理、运营的协调并重、全面推进,使开远变干净了、变漂亮了,开远城市品位提高了,上海等地的外地人到开远购房居住了,开远开始让外地人羡慕了!

辉煌"十一五" 发力"十二五"

这是前所未有的巨变,开远人有理由高兴!自豪!幸福!

幸福在哪里?——开远告诉你!

这是何等的牛气冲天!

数字枯燥但明了,它是美妙乐章的音符!

在"十一五"期间,开远市坚持统筹城乡推动科学发展,坚持产业转型升级推动率先发展,全面实施整市推进战略、生态型新型工业化战略、城镇化战略、现代农业发展战略,全市经济社会实现了历史性重大突破,创造了开远文明发展的又一历史高峰,谱写了"十一五"的辉煌篇章:五年实现地区生产总值 332.2 亿元,是"十五"的 2.3 倍,年均增长 10.9%。三次产业结构由"十五"末的 14.1:50.9:35 调整为"十一五"末的 11.5:49.9:38.6。五年财政总收入累计完成 42.7 亿元,其中地方财政一般预算收入完成 22 亿元,分别是"十五"的 2.4 倍和 2.3 倍,年均增长 16.6% 和 17.4%。全社会固定资产投资完成 190.3 亿元,是"十五"的 3.4 倍,年均增长 18.2%,农村人均纯收入达 5336 元,是"十五"末的 1.8 倍。全市经济社会发展亮点纷呈,特色鲜明。

过去的五年,开远市以建设社会主义新农村为目标,大力发展现代农业,引导农业走规模化、产业化、标准化、高效化发展道路,不断完善现代农业产业体系、现代农业科技支撑体系、农产品质量安全体系、农村市场流通体系、现代农业硬件支撑体系、农业人才支撑体系等六大体系,调整产业结构,共投入新农村建设资金 31.5 亿元,完成农村固定资产投资 23.9 亿元,兑付各种强农惠农补贴 3.4 亿元,分别是"十五"的 4.8 倍、8.2 倍和 1.6 倍。

五年来,开远市优质稻、禽蛋、水果、蔬菜、肉类产量增加,分别累计达 13.2 万吨、4.2 万吨、12.7 万吨、59.7 万吨和 12.4 万吨,与"十五"比,增幅分别达 1.1 倍、2 倍、3.4 倍、30.8% 和 86%。开远市五年间建成无公害生产基地 17.6 万亩,13 个农畜禽产品通过"三品一标"认证,"云恢 290"、"开远蜜桃"等成为全省著名农产品品牌。苗木花卉、家禽标准化养殖水平走在全省先进行列,主要农产品数量和质量安全得到保证和提升。五年间,开远市发展农业龙头企业 30 家,成立农民专业合作社 78 家,辐射带动农户 4.8 万户。

"十一五"期间,开远城市建成区面积达 19.9 平方千米,城市绿化覆盖率达 42.8%,城镇化率比"十五"末提高 5.2%,达 69%,城市功能更加完善,城市品位大幅提升。

过去的五年,开远市以建设生态型现代工业经济强市为目标,实施"大上项目、上大项目"战略,工商经济实现了大突破、大发展。五年投入产业建设资金 130.9 亿元。完成国电开远发电有限公司、大唐国际红河发电有限责任公司各 2×30 万千瓦循环流化床发电机组、云天化国际红磷分公司节能降耗技改等新、改、扩建工业项目 108 项。全面淘汰小火电机组、湿法窑水泥生产线、硫铁矿制酸装置等落后产能,工业发展速度和质量得到双提升,被列为"云南省工业循环经济试点市"。

过去的五年,开远市的传统商业转型升级,汽车、医药、建材、苗木等新兴产业蓬勃发展,金融、房地产、旅游、咨询等现代服务业竞相迸发。煤电化工建材基地、医疗中心、汽车销售中心、苗木交易中心的巩固和发展极大增强了开远的经济实力和影响力。开远市还组建了城市开发投资公司等 8 个投融资公司,融资额 11 亿元,为经济社会发展注入了强劲动力。

过去的五年,开远市工业总产值完成 365.9 亿元,是"十五"的 2 倍,年均增长 14.6%。工业增加值完成 143.8 亿元,是"十五"的 2.4 倍,年均增长 10.5%。全社会消费品零售总额完成 68.1 亿元,是"十五"的 2 倍,年均增长 19.5%,成为拉动经济增长的一大亮点。2010 年,开远市单位 GDP 能耗比 2005 年下降 19%,削减二氧化硫排放量 8 万吨,减少化学需氧量 3100 吨。工商经济在国民经济中的比重由 2005 年的 85.9% 提升到 2010 年的 88.5%。对外经济合作交流取得新突破,外贸进出口总额 4.9 亿美元,引进到位资金 76.8 亿元。

五年来开远的巨变数不胜数,体现出了实在性、全面性、普惠性、统筹性、快速性及艰巨性六个基本特征。五年来,开远唯一不变的就是"变"!五年的历史巨变展现了激情开远、团结开远、和谐开远、创新开远、活力开远、幸福开远的崭新形象。五年来的历史巨变,为开远积累了许多宝贵经验和启示:一是团结、统一、坚强的市委领导核心,它是开远发展的根本保证;二是坚定不移推进统筹城乡发展战略,以统筹城乡发展总揽全局;三是凝心聚力、整合资源,动员一切力量,建立最广泛的统筹城乡发展统一战线,是开远发展的重要法宝之一;四是态度决定力度;五是眼界决定境界;六是理论创新推动实践创造;七是机制创新激发强劲活力;八是正确的方法论是推动工作目标实现的先决条件;九是理性精神和科学发展是催生美丽开远的重要条件；十是责任担当是领导干部推动开远发展的使命要求；十一是爱心和激情催生智慧、提振人心、凝聚民心；十二是共同的价值追求形成强大动力；十三是重视个体的平等和尊严是社会和谐的基础。五年来，开远市委、市政府以爱民之心、惠民之情，主动担责，顺应民意，提振民心，让很多个"不可能"变成了"不！可能"、"不可？能！"，"建美丽开远市，做幸福开远人"的口号得到了全市人民的共同响应，开远人民的尊严感、平等感、幸福感获得空前提升，民心之变成为了开远各种巨变中的最大之变。

"十二五"期间，随着云南省"两强一堡"和红河州"加快推动红河新发展"战略的深入实施，开远统筹城乡发展省级试点和全国农村改革试验区的确立，为开远带来了重大历史性发展机遇，开远文明的发展走到了一个整体转型提升的特殊历史时期：经济建设进入了增量与提质并重的重要发展期；社会正处于深刻转型期；生态建设处于提质上档的关键期；政治文明建设进入全面加强和改善期；人文建设步入加速积淀期；开远进入了地区文明融合与博弈的激烈竞争期。"个开蒙"一体化的加速，周边县市"竞相超越"，开远发展进入了一个融合与博弈并行的激烈竞争时代。

在这样重大的历史时刻，必须认真审视开远文明发展的历史、正视开远文明的现实状态、准确把握开远文明的未来走向，在此基础上，明确"十二五"的指导思想、战略目标、战略思路、战略原则、战略重点，加强党的全面建设，强化和改善市委对各项事业的领导，统筹城乡发展，推动综合改革，促进开远各项事业"纵深突破、整体提升"，在历史巨变的基础上实现新的历史超越。

"十二五"期间，开远发展的指导思想是以邓小平理论、"三个代表"重要思想和科学发展观为指导，全面贯彻落实云南省"两强一堡"和红河州"加快推动红河新发展"战略，统筹城乡发展，以转变发展方式为主线，以改善民生为根本，以深化改革为动力，加强社会管理创新，突出群众工作，推进开远"四个文明"全面发展。

"十二五"期间，开远市委、市政府将围绕"统筹开远城乡发展，建设中国幸福之乡"的战略目标及以统筹城乡发展为总揽，依托统筹城乡发展省级试点和全国农村改革试验区两大平台，完善"大行政"、"大包保"、"大督查"三大制度，推动新型工业化、城镇化、农业现代化、教育现代化"四化同步"，全力打造"四区开远"，建设"中国幸福之乡"的战略思路，把综合改革、产业培植、乡村旅游、城市建设、新农村建设、生态建设、社会管理和政治建设、社会民生、精神文明建设等九个方面作为"十二五"发展的战略重点，在上级党委、政府的领导下，坚持正确的政治方向，一如既往地革新创造、勇于担当，团结和带领全市广大党员及各族人民，加快统筹开远城乡发展，全力打造"四区开远"，奋发建设中国幸福之乡。开远提出

的"统筹开远城乡发展、建设中国幸福之乡"的目标,简单地说,就是"美丽开远、幸福之乡"的打造,这是开远顺势而谋、更高更准的定位,也是对开远史无前例的历史性贡献。

"十一五"期间,开远市委、市政府按照中央和省州的精神,创造了一系列的辉煌成就,并取得了宝贵的经验:一是总结出了开远过去五年的巨变和经验;二是对开远文明现状有了准确的把握;三是明确提出了"统筹开远城乡发展、建设中国幸福之乡"的响亮口号,使开远市成为我国目前提出打造"幸福之乡"的唯一县市。为了打造"幸福之乡",开远市在过去五年"整市推进、全面突破"的基础上,对"十二五"又提出了"纵深突破、整体提升"战略目标,并将进行一系列深层次的变革,加快"幸福之乡"目标的实现。

未来在开拓中前行,而到达理想的目标将让这里的人们开心到永远!

第二章

乡村建设 城市之美

共喜年华好,来游水石间。
烟容开远树,春色满幽山。

——唐·孟浩然

县域之道 统筹城乡

作为云南省统筹城乡的唯一试点市(县),开远一方面大力推动工业向园区集中、农村富余劳动力向城镇集中、农业用地向适度规模经营集中,增强中心镇集聚集约能力和辐射带动能力,促进基础设施向农村延伸、公共服务向农村覆盖、城市文明向农村传播。另一方面,大力推动"三旧"改造和新农村建设,发挥土地使用的最大效益,积极探索城中村改造、新村建设、旧村整治新模式。

自1909年滇越铁路叩开了开远的大门,100多年来,开远逐渐成长为云南省重要的工业城市之一,形成了以能源、化工、建材、食品加工等产业为支柱的较为完备的新型工业体系。工业一直是开远发展的动力和支撑，"工业强市"是市委、市政府长期坚持的执政理念，工业的发展，带来了城市的繁荣，东扩西盘、向南延伸，开远从3平方千米到18平方千米的城市扩容，仅用了20年时间。

然而，在工业飞速发展和城市文明进步的同时，开远农村贫穷落后的面貌并没有从根本上发生转变。2005年，开远对农投资仅为5500万元，农民人均纯收入仅为2951元，为城镇在岗职工人均工资17196元的1/6；2006年，开远农民人均纯收入为3157元，居全州第二位，但与城镇在岗职工20589元人均工资还有很大差距。农村期待巨变，农民渴望发展。

改善生存环境，纲举目张，变化由此拉开大幕：修路是发令枪，2007年实现所有村委会道路全部硬化，2008年所有自然村村内路面实现硬化，开远成为红河州乡村公路建设的"排头兵"。

让农民财富增长是重中之重。2008年，开远市城乡一体化投入资金3.43亿元，比2007年增长71.3%，开远农民人均纯收入达到4007元。数据的背后，是开远农村面貌的巨大变化，农民生活水平的逐步提高，是市委、市政府高度重视社会主义新农村建设和大力推进城乡一体化的结果。

一、构建理论体系，探索发展模式

2006年，开远制定出全省第一部《愿景与探索——开远市社会主义新农村建设整体规划》，提出了开远市新农村建设的理论构架，即"四性四化"（农村的社会性与现代化、农业的生产性与市场化、农民的主体性与国民化、"三农"问题的基础性与国际化）的理论框架，明确了推进新农村建设的目标任务、方法、步骤和保障措施，具有很强的理论性、针对性、指导性和可操作性，充分体现了全面系统抓新农村建设的要求，为扎实有效推进新农村建设指明了方向。举办"新农村发展高端论坛"，为推进新农村建设提供了强大的智力支持。制定了工业反哺农村、城乡一体化统筹协调发展的路径和实现方式。制定了加快扶持现代农业发展、改善农村人居环境、改造农村危房旧房、建设农村水利基础设施、建设农村公路、建设农村沼气、建立新型农村合作医疗体系、建设新型社会保障体系、实现农村广播电视村村通、加快农村教育和文化体育事业发展等14个相关文件。这些规划和政策的出台，都立足于一个支点和目标：加快城乡一体化建设。

二、转变旧观念，探索新举措

开远在推进城乡一体化建设的进程中，敢于打破常规、打破传统思维，重塑"三农"的市场主体，将新农村融入到城镇建设的大潮流中来，给予农民更多实惠，让其有造血功能。具体举措是：

（1）抓投入，建立农业支持保护体系。第一，调整财政支出结构，实现公共财政向农村倾斜。第二，把城市建设投资机制引入农村，创新农村投融资载体，成立了新农村建设投资有限责任公司和新农村建设促进会，通过市场运作和社会筹集资金等途径，多渠道合力融资，筹措新农村建设的资金。

（2）抓活力，充分调动农民的积极性。农民是新农村建设的主体。因此，开远市从新农村建设一开始就注重探索如何建立提高农民主体性的有效机制，增强了建设新农村的活力。首先，是尊重群众的首创精神。新农村建设不搞统一模式，始终坚持从各个村的实际出发来推动，鼓励基层干部和农民群众在实践中探索。新农村建设理事会、农民听证会、新农村建设村规民约等一系列行之有效的工作方法和机制，充分体现了广大群众与基层干部的聪明才智。市、乡两级适时组织推广群众创造出来的鲜活经验，促使开远新农村建设呈现出"干部带着群众干、群众催着干部干、一村赛着一村干、村村寨寨搞建设、家家户户得实惠"的喜人景象。其次，是让农民在新农村建设中"当主人、唱主角、做主体"。在确定建设内容时，坚持以解决农民最关心、最迫切、最需要的问题入手，由各村的新农村建设理事会通过民主议事确定。实行奖勤罚懒政策，对干部群众积极性高、建设成效较好的村庄不断加大扶持力度，丰富建设内容，使之成为"示范村"、"明星村"，而对"等、靠、要"思想严重的村庄则不予扶持，进一步树立农民群众的主体性。在资金扶持方面，将部分财政补助资金变为物资（如水泥等）补助和贷款贴息，财政扶持资金真正起到了"四两拨千斤"的作用。

（3）抓组织，创新农村组织载体。通过农民成立新农村建设理事会、理财小组、调解委员会等农村协会和组织，推进农村"管理民主"和民主政治进程。成立了新农村建设科技服务团，整合各类科技人才和乡土人才资源，为新农村建设提供强大的智力支持。

三、力抓项目建设，强力推进城乡一体化进程

以 2008 年为例，开远累计投入新农村建设资金 7.5 亿元，比城市建设投入的 5.67 亿元多近 2 亿元，有力地推动了开远城乡一体化进程。多年来，开远不断巩固农业基础地位，大搞农业的基础设施建设，大力改善农业生产条件，积极调整农业产业结构，使农业经济得到了长足发展。2008 年，开远实现农业总产值 12.9 亿元，比上年增长 35％；农村经济收入 13 亿元，比上年增长 6.6％；农民人均纯收入 4007 元，比上年增长 8％。

政策和策略是党的生命，将理论和实践相结合，开远市委、市政脚踏实地让美好的蓝图落地。

实施基础设施项目建设，推进城市基础设施向农村延伸。农村和城市的差

距之一就是基础设施的差距,开远市在新农村建设中以基础设施建设为突破口,实施基础设施项目建设,不断推进城市基础设施向农村延伸,从而达到农村道路村村通的目标。在 2006 年完成全市自然村通公路的基础上,从 2007 年起,用 2 年时间实施乡村道路整乡推进工程,即 2007 年实现所有通行政村道路硬化。2008 年实现所有通自然村道路硬化。2008 年,全年共完成投资 13001.57 万元,硬化道路 661.7 千米,其中水泥路面 235.86 千米,弹石路面 425.84 千米。

水利命脉网络化。抓水源工程建设,开工建设开远东灌区府引水工程,积极争取上马大庄水库、泸江水库和泸江河、南洞河综合治理工程。抓人畜饮水安全,2007 年在全省率先基本解决全市剩余 139 个自然村 46761 人的饮水安全问题,提前 8 年解决全市农村饮水安全问题。全面实施小型农田水利建设,按照已完成的《开远市小型农田水利建设规划》,用 3 年时间全面实施小型农田水利建设。2008 年,全年共组织实施水利建设项目 7 项,累计投资 11482 万元。

村容村貌"六改""六化"。以"六改"(改水、改圈、改厕、改厨、改房、改庭院)、"六化"(建筑美化、沟渠净化、道路硬化、街道亮化、村庄绿化、庭院洁化)、"三治理"(治理脏、乱、差)为建设内容,分城郊、坝区、山区 3 个层次,分示范村、重点村、扶贫村 3 种类型,分区域、分民族文化等不同特色,推进 131 个自然村村容村貌整治工程。同时,整合农村民居地震安全工程、国债沼气建设项目、"万村建设千村推进十项工程"、乡村卫生公厕、广播电视村村通等项目,开展村庄建设。

强化特色产业项目建设,强化新农村建设的产业支撑。坚持把发展现代农业、繁荣农村经济作为首要任务,从市、乡、村三个层次大力培植特色产业。市级层面重点抓好"55110"工程等种、养、生物资源等特色产业建设,乡(处)重点发展"一乡一业",村级重点培育"一村一品"。市政府成立了农业产业培植工作领导小组,详细制定了产业培植的具体扶持政策和项目申报、审核、管理、考核办法,明确责任,把产业培植落到实处。同时,引进农业龙头企业,加速推进肉蛋禽、肉牛、优质稻、桃类等特色产业的发展。

进行社会事业项目建设,促进城市公共服务向农村覆盖,让全民共享改革开放的成果。

在教育方面,实施城乡幼儿教育普及工程,在 2008 年春季入学前采取"民办公助"的形式,建设乡(处)、村委会、自然村幼儿园,2009 年全面普及农村学前教育;农村中小学排危工程在 2008 年一次性排除了全市 2.9 万平方米的农村中小学危房;困难学生救助工程安排专项资金,资助农村家庭贫困的幼儿、农村小学、中学寄宿制学生和就读职高的农村学生,解决学习生活上的困难。

在科技信息方面,大力实施"数字乡村"工程,推进农村信息化和现代化。在全州率先开通农村科技 114 服务热线——卫彪科技热线、永华种禽热线、振东果苗热线、赛康科技热线等,搭建农村科技信息与市场服务平台。成立新农村科技服务团,整合全市人才资源,为全市新农村建设提供强大的人才和智力支持。

在文化方面,重点实施农村文化基础设施建设工程,投入农村文化建设补助资金,用于村委会、自然村建设篮球场、足球场、文化活动室和购置文体活动器材、科技书籍,鼓励村委会组建文艺演出队、足球队、篮球队和文体协会,广泛开展群众性文体活动和民族节日庆典活动,采取有效措施大力保护农村民族民间文化资源。

在卫生方面,实施 52 个村委会卫生所建设,配齐相关医疗设备,实施 6 个乡(处)卫生院国债项目建设。实施农村卫生公厕建设,共建公厕 625 个。启动乡村医生中专学历教育,100 名乡村医生正在接受系统的中专学历教育。实行乡村医生考核聘用制,提高乡村医生待遇,山区、半山区、坝区的乡村医生每月分别获得 500 元、400 元、300 元的生活补贴。逐步建立起以执业助理医师和执业医师为主体的农村卫生服务队伍。完善新型农村合作医疗制度,将五保户、特困户、残疾人、农村独生子女户免费纳入新型农村合作医疗,参合率达 98.8%,连续七年居全州第一。在全省率先实施城乡住院医疗费用同比例报销,实施大病补偿,补偿最高比例达 85%,最高报销额度达 18 万元。

在社会保障方面,启动实施农村低保,发放低保金 123.82 万元,农村低保覆盖率达 36%。对农村 70 岁以上无固定收入的老年人实施生活补助。从 2006 年开始,农村学生考取大学实行政府奖学金和助学金制度。实施农民工基本医疗保险制度,制定和出台了失地农民养老保险办法,解决农民工和失地农民的后顾之忧。

于是,你可以看到农民工结束一天工作后,去洗一个免费的热水澡,喝几口大街上的公共直饮水,去游游泳,唱着山歌去饱餐一顿,然后到幸福大草原走走,在阿迷广场看一场电影,随后惬意地喝着啤酒吃着烧烤,在晚上 12 点以前躺在床上,手捧一本《读者》进入梦乡!

于是,你可以看到很多意想不到的幸福之乡的生活场景……

四、开展新型农民培训,提高农民素质

2007 年,开远在全州率先成立了农村科技 114 这一农村信息服务平台,开通了卫彪蔬菜热线、植保服务热线、振东果苗热线等 10 条服务热线,畅通了农民群众与外界的交流渠道,农民素质也在新农村建设中逐步得到提高。

开远推进城乡一体化以来,全市新农村建设成效明显,城乡差距进一步缩小,全市广大农村焕发了新的生机和活力,广大农民群众正亲身感受和体验着"建美丽新农村、做幸福新农民"的美好感觉。相信随着工作力度的不断加大,开

远的农民建设新农村的干劲会更足,开远农村大地将发生更加日新月异的变化。

五、结论:县域发展的根本之道——统筹城乡发展

伟大的变革带来长足的发展,而发展又将引起深深的思考,中共开远市委书记李存贵在解放思想大讨论上,以"县域发展的根本之道——统筹城乡发展"为题,谈了自己的体会:

如今开远在县域发展的重要性理论上、实践中都形成了共识——"县郡治,天下安"。县域怎么发展?这个问题我们一直在探索,特别是改革开放以来,整个西部地区一直在努力探索怎样才能又好又快推动县域发展,通过开远这几年的实践,我认为西部县域发展之道就是统筹城乡发展。

改革之道 化解困境

一、县域发展的五个困境

(一)丰富的自然资源与落后的生产力

经济学是对资源进行配置的一门学科,从道理上讲,资源丰富的地方经济应该发展,但是东、西部地区在这个问题上恰恰相反——西部地区自然资源很丰富,社会生产力却很落后;东部地区自然资源匮乏,社会生产力却很发达。

(二)县域经济沦变为县城经济

西部地区的生产要素集中在县城,但县城的面积不到县域面积的2%,人口只占总人口的30%~40%,也就是说少部分的地方、少部分的人口集中了生产要素,生产力发展了,而占大部分面积的农村和占大部分人口的农民却没有发展,县域经济变成了少部分人的经济,沦为县城经济。笔者认为,县域经济沦变为县城经济是社会走向分离的一个重大原因之一。

(三)经济快速发展与社会快速分裂并存

很多人说社会问题要通过经济发展来解决,改革开放以来,我们的经济年年在发展、年年在进步,可为什么经济越是发展,社会关系越紧张,社会稳定这根弦绷得越紧?因为各种主要社会关系跟我们的经济发展不成正比。

(四)官办经济挤压全民创业的空间

国有经济对整个资源的控制,事实上就是在挤压全面创业的热情和条件。地方政府无法左右地方资源,很多资源是上级在控制、国有企业在控制,所以全

民创业的热情被挤压了。

（五）不同的发展起点与政策的统一性

全国各地的发展起点不一样，但全国发展的政策是统一的，这带来了西部地区县域发展的巨大压力。比如说，东部发达地区基础设施条件已经相当完善，而西部地区因为水利基础设施落后，现在遭遇三年干旱，喝的水都没有，还发展什么生产？18 亿亩土地的红线不能碰，东部这样控制，西部也是这样控制，可东部地区在早期的发展中，就已在大量的农田上建起了工厂，土地已被国家认可为建设用地，而且东部每寸土地的利用率都比较高，西部地区恰好相反：面积虽大，有效利用率却很少。节能减排在全国都是一个标准，国家要求东部产业转型升级，要求西部也要产业转型升级，减排就必须进行技术改造，就要上节能、环保、低碳的经济项目，产业就要转移、升级。所以，现在我们既要"补基础设施的课"，又要在产业发展程度很低、不充分的条件下转型升级，面临巨大的、双重的压力。

二、困境的成因

（一）基础设施的制约

马克思主义最基本的观点是物质决定意识，基础设施的重要性是任何人都不能否认的。笔者曾到珠三角地区去招商，走访了几家微电子企业，企业老板都询问开远的交通情况，因此，招商引资的关键还是基础设施问题，所以省委、省政府这几年加大力度实施基础设施建设，绝对是一种负责任的历史担当。开远从2006 年开始，农村道路 3 年上了三个历史台阶：2006 年实现所有自然村通公路，2007 年实现所有村委会驻地村子的道路硬化，2008 年实现所有自然村进村道路和村内道路全部硬化。路通后，地处高寒山区的碑格乡藠头种植由原先的几百亩迅速发展到上万亩，收购商直接到地里收购，既保证了藠头的质量，同时老百姓也可以卖个好价钱。因此，笔者认为修路就是"修"产业，治水就是"治"产业，架电就是"架"产业。

（二）对经济主体的不平等的转入政策

国有企业控制国家资源，形成垄断，民营经济没有均等的机会参与国有资源的配置，对民营和民间全民创业形成一种打击，压缩了全民创业的热潮，民营经济发展丧失了动力。

（三）一刀切的硬约束政策

经济进入新一轮的发展，东西部地区的起点不同，发展的基础条件设施情况不同，但是约束条件的大一统政策却是一样的。

（四）制度障碍

这是制约县域发展的根本性问题。制度障碍可以分为两个方面，横向上是城乡方面的制度障碍，纵向上是各行业、各类别之间的不连贯、不协调、不配套产生的障碍。

横向上，最根本的表现就是城乡分割，这种分割本质上是权力的分割，权力不平等，这种制度体系压制了农村，导致农村社会缺乏生机与活力。绝对广泛的农村，绝对广泛的农民没有活力，那这个区域怎么会发展？城乡二元制度是城乡分割的祸根，哪个地方把这个祸根破除，哪个地方的生机活力就会早一天到来。东部是怎么发展的？东部的今天并不是"以城带乡、以工促农"带来的，恰恰相反，是"以农促工、以乡带城"带来的。东部实施的是"农村包围城市"战略，通过激发农村、农民的内生活力，小村变大村，大村变集镇，集镇变城市，城市变大都市。"三化同步"在东部发达地区的路径是：农民化成市民；农业化出二、三产业，化成现代农业；农村化成城镇。西部这个阶段根本就没有完成，或者是刚刚起步，所以，我们现在要做的就是补这课——把农村、农民的内生活力激发出来。

纵向上，"大而化之"导致政治文明、物质文明、精神文明、生态文明的不连贯、不对称、不协调，四个文明互相依托，只抓一个就走不远。没有文明的政治对经济社会的影响是绝对性的，所以，政治体制改革显得特别重要。社会建设如果一直是垂直化的社会结构，迟早要出问题，所以，社会结构要从垂直化向扁平化转变，这种扁平的社会结构就是一种公平、平等的社会结构，让有本事的人、想干事的人只要通过努力都能干成事。社会建设不公平必然带来问题，必然影响经济，影响整个县域发展。

三、县域发展的根本之道——统筹城乡发展

"统筹城乡发展"从字面上看是三个词——统筹、城乡、发展，它整体表达的是县域发展、整体发展的概念，它的归宿问题是发展。怎么发展？统筹发展。统筹什么？统筹城乡。统筹城乡发展涵盖了横向上、纵向上各种各样的因素和内容，是个纵横交错的整体，是全域式的发展。

（一）统筹城乡发展在开远的实践

开远从 2006 年作出了一个重大的战略转移——统筹城乡发展，干了五六年，初见成效。2006 年至 2007 年，埋头苦干，不报道，不宣传，相当于市级统筹。2008 年，红河州被省委、省政府列为城乡综合改革的试点，红河州又把开远列为试点中的试点，相当于州级统筹。2010 年，省委、省政府把开远定为全省统筹城乡发展唯一的县级试点，属于省级统筹。2012 年，开远又上升为全国的试

点——全国农村改革试验区。开远的统筹城乡发展每两年就上一个台阶。

在统筹城乡发展初期，开远的工作方针是"整市推进，全面突破"，以"解难"为切入点，为老百姓解决了17难。比如，解决"行路难"：3年就实现所有自然村进村道路和村内道路全部硬化。解决"饮水难"：2007年就实现全市人畜饮水基本安全，后来每年又马不停蹄大干水利设施，现在开远农民户均1.6个水窖，所以三年大旱，开远抗旱不挑水——进村道路全部硬化，送水车把水送到每家每户。地处高寒山区的碑格乡2011年就"不抗旱"，党委政府没有"送"一桶水，因为水管接到了每个村寨的家家户户。解决"就医难"：开远城乡居民就同比例报销医药费，最高报销标准15万元，报销比例达80%～85%。开远又实施新型托管——城市大医院分片包干乡镇卫生院，派驻业务副院长、总护士长，双向转诊等。解决"照明难"：所有自然村全部免费安装路灯，电费、管理费全部纳入市财政预算。解决"洗澡难"：农村居民每安装一个太阳能热水器，市财政补助500元，乡镇补100元。解决"如厕难"：全市442个自然村建了625座公厕。解决"保健难"：城乡居民每两年给予免费体检一次，体检项目近40项，医院专车免费接送，有的还免费提供早餐和中餐……通过解决包括上述难题在内的"17难"，我们发现，解难不仅改善了生产、生活条件，还解开了干群、党群关系的疙瘩；不仅收获了物质成果，还收获了民心，振奋了精神。

成为州级、省级试点后，开远提出了"纵深突破、整体提升"的工作方针。靠什么突破？靠什么提升？靠改革。我们提出了"123468"的工作思路。"1"就是一个目标——建设中国幸福之乡，具体目标是"四区开远"，即把开远建设成为全省乃至我国西部地区推进城乡综合配套改革试验区、统筹城乡发展先行区、更高水平的全面小康社会示范区、整体推进"四个文明"发展样板区；"2"就是两种能力——提高市委、市政府的政治动员能力和资源整合能力；"3"是指建立完善三大制度，发挥三大主体功能。三大制度是"大行政"、"大包保"、"大督查"，三大主体是党委政府、各种组织、群众；"4"是指推进"四个集中"，即人口向中心村和城镇集中，土地向合作社和种植大户集中，农业向优势特色区域集中，工业向园区集中；"6"是指六类改革，即户籍管理制度改革、农村社区化改革、农村土地管理制度改革、农村金融体制改革、城乡基本公共服务均等化改革、社会保障制度改革；"8"是指"八大统筹"，即统筹城乡发展规划、统筹城乡产业发展、统筹城乡基础设施建设、统筹城乡社会事业、统筹城乡劳动就业、统筹城乡生态建设、统筹城乡综合改革、统筹城乡党建和社会管理。从推动的结果看，现在城乡呈现出一种非常令人振奋的变化——城市在变，农村在变，城乡居民、干部群众的精神状态在变。

2011年开远被列为全国农村改革试验区，我们提出"全域发展、全民共享"的工作方针。开远已经进入到一种新的文明状态，又上了一个台阶。

（二）统筹城乡发展的措施

县域发展的根本之道是统筹城乡发展，怎么统筹？

一要恶补基础设施建设。"基础设施"这门课要恶补，要不惜代价，要大干。

二要打破垄断，公平转入。对各种资源的控制、分享要平等地转入调整，不分公私，既然都是合法、守法的经济组织，就应该一视同仁，当然这有赖于上级政策的松绑、改变，县级是无能为力的。

三要突破"三大"硬约束——环保、降耗、土地。环保、降耗这两项硬约束是逼着所有人不得不走低碳发展之路，不得不走绿色经济之路，谁在这方面认识得早、起步得早，谁就会抢占先机。土地的制约，发达地区在早期已经把大量的土地变成了建设用地，可我们全部还是农用地，所以，省政府提出城镇上山、工业上山是非常伟大的思想和决策。

四要协调推进"四个文明"的建设。抓民生就是抓经济，抓社会建设就是抓产业发展。改革开放走到今天，"四个文明"已经紧紧地联系在一起了，不把"四个文明"同时推进，是不可能走远的，所以我们出台各项政策要体现一种综合性的特征。

五是推进县域综合改革。这种改革必须是综合性的，单一改革不可能成功。开远的统筹城乡发展实施六类改革。户籍管理制度改革：鼓励进城，自由下乡。怎么鼓励？农村居民现在所拥有的各种权利转户后一概不变，城市居民所拥有的各种权利全部享受，同一政策在城乡居民之间有不对等的标准可自由选择。土地管理制度改革：承包地、林地、宅基地及上面的房屋全部确权，鼓励林地和承包地流转，宅基地、民房有限制地流转，成立评估、交易、仲裁三个服务中心；金融体制改革：确权后的林地、承包地、宅基地统统可以抵押，创造"五位一体"的融资模式（政府＋银行＋担保公司＋合作社＋农户），因为多年来开远农村没有一笔不良贷款，现在进步到了"四位一体"融资模式，不用担保公司进行担保。目前，开远有70％的农民贷款，户均贷款金额2.3万元。我们正申报成立农村资金互助合作社，成立村镇银行，探索农产品商标抵押，创新各种金融服务。农村社区化改革：把社区公共、经济、自治三种职能分开，公共职能政府负责，经济职能按照公司法人结构要求、经济规律运作，自治职能社区居民自己负责。政府自觉承担公共服务，引导、帮助、服务社区居民管理自治职能和经济职能。提高社区干部待遇，达到公务员平均水平。在社区建立公务员制度，裁减机关公务员编制到社区，每个社区不少于1名公务员。城乡基本公共服务均等化改革：重点在教育和卫生、文化方面发力。①2011年普及高中，2012年普及幼儿园。②城市医疗卫生资源向农村辐射，让农民在当地卫生院就能享受到城市的优质医疗服务，支付的标准是乡村卫生院的收费标准。③文化是公共服务非常重大的内容，2011

年完成 90％自然村的"四位一体"建设——一个多功能活动室、一个篮球场、一个戏台、一个小公园;社会保障制度改革:被纳入了全国试点,五险扩面强化,城乡医保同比例报销,农村养老保险大力推进。

四、对改革的认识

为什么要改革? 就是要增加发展的活力,增强城乡整体发展的内生活力。内生活力从哪里来? 从生产力的解放之中来。怎样解放生产力? 就是改革生产关系,把束缚和阻碍生产力的各种障碍破除。生产关系的总和是经济基础,经济基础对应的是上层建筑,开远的改革本质就是改革(基层)上层建筑和生产关系,让上层建筑适应经济基础的需要,让生产关系推动生产力的发展。

生产关系包括生产资料的所有制形式、劳动者在生产中的地位和作用、分配关系,外化为生产、消费、分配三种形式。生产要有生产的条件,即生产要素——土地、资本、人才。土地:城市的土地完全产权化,是要素,农村的土地不是要素;资本:农村土地不能抵押,房子不能抵押,资本不可能进入,反倒是资本外流,造成农村的衰败;人才:农村没有要素,没有干事业的条件,人才不可能去,反倒是农村的人才在外流。什么样的要素是什么样的生产,自给自足的要素就是自给自足的经济。开远通过改革,要素进入农村,农村的内生活力就被激发了,农民干合作社、办加工厂、搞物流、发展农家乐、发展乡村旅游等。生产决定消费,有什么样的生产就有什么样的消费,自给自足的生产就产生自给自足的消费,农村的生产要素激活后,现代生产进入农村,农村就产生现代的消费,升级的消费又会刺激生产。分配要体现公平原则,城乡分配严重不公就是导致农村衰败的原因。开远大干民生工程,就是在我们职责范围内对不公的分配进行最大限度、力所能及的调整,这才叫全民共享。生产关系要体现效率和公平的特征。凡是公平、有效率的生产关系就是最先进的生产关系,阻碍效率、阻碍公平的生产关系都是落后的生产关系,我们就要改革它。生产关系的总和构成经济基础和上层建筑,所以我们要审视上层建筑是否适应经济基础的需要,我们的思想是否解放,我们的认识是否到位,我们的政治体制、行政体制、管理体制是不是在推动生产力的发展。

改革的关键是什么? 是重塑三大主体。一个社会要发展,行政主体、经济主体和社会主体必须同时用力。城市有行政主体——政权,有经济主体——向城市集中的各种资源,有社会主体——相对发育成熟的各种社会组织,因此,城市比农村发展得快。而农村,行政主体——行政力量和公共服务从农村撤出,农村的公共服务进入自给化状态;经济主体——农村没有完整的生产要素,哪来的经济主体? 社会主体——工人有工会,农民没有农会,缺少各种组织。农村因为缺

少这"三大主体",导致农村的整个文明发育程度低级化、低端化、边缘化。我们的改革就是重塑农村的"三大主体",使"三大主体"形成三股强大的力量,推动农村的发展。

五、改革的保障问题

(一)理论保障

随着改革的深入和制度的重建,我们对理论的需求越来越强烈,越来越感到理论的重要性,每推动一项工作都感到自身理论知识的贫乏。所以,我们成立统筹城乡发展理论研究会,创办理论刊物——《城乡交响》,聘请国内一流的专家赵树凯、黄平、房宁、张晓山、顾益康、黄祖辉等老师担任开远的顾问,积极与相关院校开展合作——开远是中国社科院在全国设立的唯一一家县级政治研究中心,是浙江大学农村发展研究院西部研究基地、云南社科院的研究基地、云南省农村干部学院实践教学基地、云南大学公共管理学院研究基地等。在改革实践过程中,我们根据开远的城镇化水平,提出"整市推进论"——整市推进、全面突破;提出了"综合配套论"、"三大主体论"。近5年,我们做了70多项课题研究,如刚完成的《开远社会各阶层的分析研究》、《开远各阶层的需求分析》、《开远各阶层的幸福分析报告》,为我们的决策提供了重大的理论基础支撑。

(二)组织保障

市场化的改革把市场要素带进来,市场特有的力量加上党委政府的强势力量,再加上社会力量,就会爆发出一种强大的力量。开远提出"打造阳光党委政府,建设党政有机体",建立了"三大制度"——"大行政"、"大包保"、"大督查"来保障整个决策、指挥和效能的完整性。

(三)社会保障

公平的社会关系有利于保障社会的稳定,只有社会基础稳定,我们才有精力抓统筹城乡发展。开远的社会建设强调广义的社会建设,把垂直化的社会管理结构向扁平化转化。开远举办的市民论坛、实施的市民(村民)听证、制定的"大包保"政策等就是社会管理结构扁平化的体现。实施统筹城乡发展,开远老百姓心顺气顺,社会和谐安宁,6年内没有发生一起群体性事件,保证了我们集中精力抓生产、抓发展。扁平的社会结构既是统筹城乡发展的内容,同时也是一种保障。

(四)政策保障

5年来,开远出台统筹城乡发展政策78个。其中,2007年一次性出台新农村建设文件14个,2010年进入省级试点后一次性出台文件23个,所有的文件都是系统的、相互配套的。

六、改革的意识

笔者认为对改革的态度可以分为三类：抵制改革，被动改革，主动改革。抵制改革要遭唾弃；被动改革是状态严峻、问题成堆，不得不改；主动改革是在快速发展、日子好过的年代进行改革。开远选择的是主动改革，只有主动改革，我们才能永远立于不败之地，永远掌握主动权。改革是改变生产关系，促进生产力的发展。抓改革就是抓发展，抓改革就要抓经济，这样一想，就会主动改革，主动担当。改革面对的压力是巨大的，各种议论很多。开远市市委书记李存贵多次跟开远的干部讲："我们要搞清楚为谁改革，我们为什么改革。上级叫我们试点，叫我们改，老百姓叫我们改，我们对上级组织负责，对老百姓负责足够了，我们理解的是上级的精神和老百姓的内在需求。面对外界议论的声音，好的我们吸收，修改完善我们的方案，其他的'风雨'，我们把它当做改革的风景。改革的意识强调的是一种担当。"

七、县域发展的几个认识上的误区

1. 单纯经济思想。20世纪80年代的经济比较落后，当时单纯抓经济，那是对的，但如果现在还像以前那样是要出问题的，所以要抛弃片面的、单纯的经济思想和经济观念。革命战争为什么会取得成功，就是抛弃了单纯的军事概念，笔杆子和枪杆子同样重要、同等重要。

2. 对重点的平面认识。工作要不要抓重点，肯定是要的。那要不要兼顾一般？肯定要兼顾一般。作为党委政府必须两者都要并重。抓重点——园区建设、集镇扩张，抓一般——创造、改革各种政治、经济主体，孕育、聚集各种经济要素，形成一种全民创业热潮，创造干事业的条件。

3. 基础与发展的冲突论。开远直接感受到这点，因为基础设施建设需要投入大量的资金，市财政没有那么多资金，但是必须干，我们就叫"市场"来干、叫"社会"来干，争取上级支持干，咬紧牙关干，这与发展不冲突，相反，是为了发展。

4. 改革与发展的对立观。有的人说，"改革还是要抓产业，改革还是要抓发展。"这句话似是而非。改革就是改革生产关系，改革阻碍生产发展的各种要素、条件，聚集要素怎么会和发展对立起来呢？恰恰相反，改革是发展的需要。

5. 国有和民营的对立。这点不讲了，垄断就是不公，不公就破坏了生产关系的公平法则，是注定要出问题的。

6. 重结果轻过程。我们的各种考核只看到结果，事实上有什么过程就有什么结果，对过程的有效控制必然带来超出预期的结果，如果一味地强调结果不管

过程,特别在法治不健全、各种制度不完善的环境下强调结果,会带来近期、远期各种各样的问题。

八、结 论

通过开远近几年统筹城乡发展的实践,我们认为,开远找到了一条县域发展道路。由于各地情况千差万别,就开远而言,县域发展体现出几个特征:一是全面发展,不但城市要发展,广大的农村也要发展;二是协调,横向是城乡的协调,纵向是各个门类、行业的协调,"四个文明"的协调,整体推进的协调;三是可持续,表现在通过六类改革,调整不适应生产力发展的生产关系、不适应经济基础的(基层)上层建筑,体现在对制度生产力这一根本性问题的重视和探索,体现在现代制度的构建,这点对开远未来的发展奠定了最根本、最长久的制度保障。全面、协调、可持续就是科学发展观的本质要求。开远这几年的探索和发展,工作越干越兴奋,这种状态仅仅是开始,是开远这么多年统筹城乡发展、生机和活力爆发的开始。

深刻的思索,清晰的思路……群雁高飞头雁领,开远幸福之乡现实而又理想!

幸福之道 路路通达

幸福之路的修建,犹如彩虹卧波,让广大民众看到了生活的光彩。近年来,开远市道路交通工作紧紧围绕市委、市政府提出的"建美丽开远市、做幸福开远人"这一战略目标和构想,在交通基础设施建设方面大干快上,干线公路、农村道路建设齐头并进,使整个公路网络实现了质的飞跃,不仅为该市对外开放、招商引资、经济提速奠定了坚实的基础,而且有力地推动了农村经济社会的发展。

改革开放三十多年来,开远公路交通实现了五个历史性的突破:一是高速公路零的突破。二是农村公路等级和里程的突破:乡村道路从等外路全部建成四级公路,里程从1978年的100千米增至2008年的1240千米。三是农村公路修路模式的突破:从政府发动,政策驱动,典型带动,舆论调动的"四轮驱动"办法,坚持因地制宜,突出重点,分步实施转变为农村公路的全面建设,一次性实现村村道路硬化。四是政府投资的突破:从"民办公助"到"国家投资,市、乡、村三级配套,群众自愿集资,社会捐资",再到地方政府先行筹资建设,资金投入突破了"有多少钱,修多少路"的传统模式。五是群众修路观念的突破:从"要我修路",转变为"我要修路"。干部群众万众一心,群策群力,共同铸就交通事业的新辉煌。

开远市地处红河州中东部,是滇东南重要的交通枢纽、商埠码头、工业重镇和区域市场中心,是云南省重要的能源、化工、建材基地。改革开放三十多年来,开远市的交通工作抓住个、开、蒙滇南中心城市建设的机遇,紧紧围绕能源经济开发、城市经济开发、农村经济开发的主题,坚持"以国道公路干线为依托,建设县乡公路网为重点,提升改造乡村路网为主线",提高路网基础水平,培育和发展公路运输市场,构建"路、站、运、管、安"一体化网络,推进城乡统筹发展,取得了交通与经济的良性互动效应。

1978年,开远公路通车里程仅为220.5千米,2008年增至1448.75千米,增长率为657%。公路密度为每百平方千米拥有公路74.3千米,每万人拥有公路55.17千米。拥有高速公路24.525千米,二级公路65.53千米,三级公路42.68千米,四级公路延伸到全市所有自然村。但那时,能上等级的仅达到四级公路标准,路面是沙石路路面。改革开放以来,经过逐步升级改造,彻底改变了昔日"晴天灰飞扬,雨天烂泥塘,行车像蜗牛,车跳颠断肠"的路况。

20世纪80年代,开远市主要兴建了环城南路、改建了四条县乡公路。进入90年代,为顺应物流、人流、信息流的迫切需求,先后把G326线和G323线开远进出口公路从四级公路升级改造为二级公路。到1998年,所有通乡公路建设了沥青路面。

进入21世纪以来,开远市科学规划农村公路,不断完善市、乡、村三级公路建设。先后绘制了新中国成立以来第一张《开远市交通图》,制定了《开远市"十一五"公路交通规划》、《开远市农村公路建设规划(2004—2015)》和《开远市"整乡推进"农村公路建设计划》,使农村公路建设与综合运输、干线公路、城镇体系等发展规划相协调,为构建城乡一体化的公路交通网络奠定了基础。

2006年,开远完成了所有自然村通公路的目标;2007年,按计划完成了所有通行政村道路硬化的目标;2008年,完成了所有通自然村道路硬化工程的目标,石蒙高速公路、泛亚铁路开远支线正在筹划建设中。

目前,开远市已基本形成以市区为中心的三纵三横公路网。一纵为:石蒙高速公路,北由弥勒进新江村,南抵丫口村出境蒙自,计39.5千米。二纵为:北由建水进青龙街,南抵卧龙谷出境个旧,计55千米。三纵为:北由丘北进中寨,南抵期不底出境蒙自,计93千米。一横为:东由弥勒进马者哨,西抵小龙潭出境建水,计57千米。二横为:东由砚山进中和营,西抵老邓耳出境建水,计105千米。三横为:东由蒙自进期不底,西抵卧龙谷出境个旧,计52.5千米。西部山区以开远至建水安边哨公路、小龙潭至三台铺公路、白打至城干公路为骨架,北部山区以木栖黑至红石岩公路、长虹桥至怡里公路为骨架,东南部山区以大庄至马者哨

公路、碑格至羊街公路、羊街至期不底公路为骨架，形成辐射村、社的公路路网。从而在全市形成了县道连国道、乡道连县道、行政村道连乡道、自然村道连行政村道的路网格局。

"要致富先修路"，道路成为开远人民的"心路"、"福路"、"富路"。

开远市境东西宽 64 千米，南北长 52 千米，总面积为 1948.2 平方千米，境域所处地理位置是滇南交通要道。近年来，开远市不断加快基础设施建设步伐，大力发展道路交通事业，使干线公路、县乡公路和农村公路建设取得了长足发展，交通建设步入了快车道：连接建水县的岔小县际公路，连接驻开大型企业小龙潭电厂、小龙潭煤矿的开小公路和连接蒙自县的羊街至期不底公路建设项目，都是国家的重点基础性建设项目。全长 30 千米、计划总投资 1950 万元的岔小县际公路是国债资金项目，该工程于 2003 年 11 月开工，现已经通过验收并运行。被州委、州政府确定为"六个一"工程的羊街至期不底公路建设项目，建设里程为 32 千米，路基工程于 2002 年开工，路面工程于 2004 年 3 月开工，现已完工通车。

开远市分管交通的市领导说，市委、市政府把加快公路建设作为全面建设小康、解决好"三农"问题的重要举措，切实加强领导，使全市公路建设以前所未有的速度发展，形成了县道连国道、乡道连县道、村道连乡道，纵横交错、四通八达的公路网络，有力地推动了本地经济社会的发展。

开远市虽然早在"九五"期间就在全州率先实现了乡乡通柏油路、村村通公路的目标，但多数乡村道路仍是晴通雨阻的土路和沙石路。开远市的决策者们认为，乡村道路建设是解决"三农"问题的关键所在，让农民走上柏油路和水泥路，是加快推进全面建设小康社会进程，实现交通新的跨越式发展的必然要求。

2002 年，开远市提出了以"国道公路干线为依托，建设县乡公路网为重点，提升改造乡村路联网为主线，形成交通与经济良性互动效应为目标"的工作思路，出台了"政府组织、适当补助、群众参与、社会支持"的政策，采取"政府发动、政策驱动、典型带动、舆论调动"的办法，在资金筹集方面，把建设资金纳入市级财政预算，确保补助资金到位，并动员受益村民集资投劳。在乡村公路和村容村貌道路建设中，开远市始终把服务"三农"作为切入点，努力实现"六个结合"：即乡村道路建设与农村产业结构调整相结合、与农村生态建设相结合、与农田水利建设相结合、与农村城镇化建设相结合、与农民生产生活相结合、与农村精神文明建设相结合，并由"有多少钱修多少路"的传统模式转变为"修多少路，补多少钱"，而且水泥路修到哪里，行道树就种到哪里，沼气池、小水窖就建到哪里，不少村子新建的水泥路旁还安装了路灯。此举极大地调动了全市农民建设美好家园的积极性，在不到一年的时间里，市财政先后投入 200 万元乡村道路建设资金，拉动了农民和社会 2000 万元资金投入到乡村道路建设中,新建和改造乡村水泥路面 120 千米,受益村组达 62 个,切实解决了近 5 万农民行路难的问题。

开远乡村道路的建设,推动了农村经济社会的发展。灵泉办事处所辖的西山村距市区 17 千米,居住着 5000 多名彝族、苗族群众。这里虽然干旱缺水,但昼夜温差大、地有夜潮,因其特殊的地理环境和气候条件,蔬菜很少有虫害,西山的蔬菜水果也一直是开远及周边县市场上的抢手货。过去,由于乡村土路不好走,农民一直是靠人挑马驮进城卖菜。2003 年,开远市政府投资 260 万元,灵泉办事处投资 25 万元,农户集资 8.5 万元,完成了西山 13 千米主干道的水泥路改造,使道路晴通雨阻的问题得到了彻底解决。随后,开远西山万亩蔬菜、万亩葫芦梨基地很快得以建成。开远乡村公路的改善,使广大农民群众勤劳致富的信心倍增,他们纷纷购买了拖拉机、农用车、卡车、摩托车,许多农户通过扩大蔬菜、水果、玉米等农副产品的种植面积增加了收入。同时,良好的交通条件也吸引了各地客商前来开远山区投资,种植水果等经济作物,开发旅游业。据不完全统计,到目前为止,全市农村已建水泥路 200 多千米,沼气池 10000 多口,小水窖2000 多个,生态示范村 100 多个。

路通心通,民本理念心心相印。路沟通了人民群众同党和政府间的亲密关系,体现了党和政府执政为民的理念。

如果说开远市的农村公路建设是一幅气势磅礴的绚丽图画,那么 2008 年农村道路村村硬化工程就是浓墨重彩的一笔。该工程项目完成投资 1.38 亿元,硬化里程 684 千米,实现了全市 442 个自然村道路全部硬化,形成了一张干支相连、乡村互通的农村路网,方便了农民群众的出行,架起了农村经济社会发展的桥梁,全市农村发生了"看得见的变化",产生了"意想不到的效果"。

面对全市 15 万山区群众硬化道路、改善交通的期盼,需自筹上亿元的建设资金。市级领导班子肩上的担子倍感沉重。他们多次召开常务会、现场办公会,以及有村级干部参加的"四干会",研讨农村公路建设规划和筹资问题。市级领导说:只要是对人民群众有利的事,就应该大胆放手去做;村委会干部积极响应:虽然我们只是小小的村官,也要想尽一切办法为子孙后代修出一条像样的路;群众经过"一事一议"民主决策后说:水泥、沙石不够,节约用,施工工具不够集资买,我们的路自己动手修。

一时间四方联动,群策群力,全市上下修路的热情空前高涨。市级领导多次组织相关部门深入工地一线召开现场调研会;市交通部门在乡、村逐级召开动员会,广泛宣传农村公路建设的重要性,激发农民群众参与建设美好家园的热情;市财政从有限的资金中统筹 5000 余万元用于工程建设。

大庄乡老寨村委会裴呢冲村坐落在海拔 2500 多米的大黑山上,市交通部门

技术人员跋山涉水勘测规划,为这个村修通了一条 7 千米的弹石路。

许多村民说,政府有这样好的政策,不修路就是跟起自己过不去！群众投工投劳热情高涨,农闲时全天修,农忙时分组修,村民利用下田回家途中采石备料。施工现场上,全家男女老少一齐上阵,从天亮干到天黑。仅有 900 多人的羊街乡丫口村,经过"一事一议"后,决定修通并硬化 1.2 千米连村路,村民们除积极投工投劳外,还主动捐款 10 多万元,村口的功德碑上刻着修路捐款人的名字,其中有耄耋之年的老人,也有蹒跚学步的小孩,连市交通部门和乡里的技术指导人员也深受感动,主动为该村修路捐款。城干村委会勒白冲彝族村只有 20 来户人家,当地缺少石材,村民小组长带领村民们到几千米外的山上靠人背马驮采集了修建 3 千米村道的石料,连上学的孩子都利用课余时间上工地搬石头。这一切充分体现了"资金不足干劲补,机械缺乏人力补"的精神,这就是开远市农村公路建设中的一个缩影。

仅在 2008 年的农村公路建设中,开远市农民群众投工投劳就达 19 余万个工日,折合人民币 286.8 万元。近两年来,开远市农村公路建设用地,都是各村社自觉自愿无偿提供。

的确,修的是路,但连的是民心！

农村公路建设把群众与党和政府的心连在了一起,密切了干群关系,营造了稳定、和谐的社会环境。一些群众说:过去看到乡镇干部,觉得是"官",看见都绕着走,现在乡镇干部领着我们修路奔小康,就像一家人。乡镇干部过去觉得老百姓不好找、不好管,现在下乡像是走亲戚似的,关系十分融洽,通过修路重新找到了工作思路和方法。在外工作或做生意的人听说家乡修路,纷纷赶来帮忙,有钱的出钱有力的出力。一位村民说:"修路让我们全村人变团结了。"同时,通过"一事一议"民主决策,增强了村干部和农民群众的民主意识,促进了基层民主建设。乡亲们都说,修建的是路、连接的是心啊！

开远市通自然村公路实现全部硬化后,又筹集资金在公路沿线安装了 7000 余盏路灯,许多苗族、彝族村寨的男女青年,晚上都聚集到村头路灯下的水泥路上唱歌跳舞,各村的文艺队也把宽阔平整的道路当做舞台。羊街乡大坡头苗族村还建立了民办小学,开了 4 个班,促进了农村教育事业的发展。

现代文明的车轮在通往幸福、小康的农村公路上飞驰,开远市的老百姓过去连做梦都不敢想的事如今变为现实,纷纷把农村公路建设称为"惠民工程"、"民心工程"。质朴的村民在村口的黑板上写下"路通了,灯亮了,老百姓的心里也亮了"。短短十几个字,诠释了全市 15 万农民群众建设农村公路的强烈企盼、对党和政府的信赖拥护之情。

一条条宽敞的农村公路代替了昔日的羊肠小道,一头连着城市,一头接着农村,成为以城带乡、城乡一体的桥梁和纽带。一条条满载希望的农村公路在脚下延伸至远方,与富裕民主、文明和谐紧紧相连,使党委政府与群众的心息息相通。

通达幸福生活路是基础,通达未来要靠路的引导,开远制定了加快农村公路建设的时间表:

1. 开远大庄至老寨农村公路改造工程起点为大庄乡客运站,止于阿泽老寨,设计里程23千米,路线技术等级为四级公路,路基宽4.5～6.5米,路面宽3.9～5.9米,除途经村寨路段铺筑水泥路面外,其余路段铺筑沥青路面,计划投资1700多万元,于2012年6月完工。

2. 开远市羊街至碑格公路改造工程是省、州农村公路重点工程项目,起于羊街乡转台二,途经大庄乡,止于碑格乡,是连接羊街乡至碑格乡的重要通乡公路。该项目设计里程24.27千米,路线技术等级为四级公路,路基宽6.5米,路面宽4米,铺筑整齐块石路面,计划投资1600多万元。

3. 开远市卧龙谷至石洞公路(K0+000—K2+000)段沥青路面大修工程起于国道323线与县道卧龙谷至石洞公路交叉路口,招标里程2千米,中标合同价为231.807万元。改造后的公路为沥青路面,宽度7.5米,工程于2011年10月中旬开工,于2012年1月全面完工。该公路是开远市区通往羊街乡、大庄乡,然后到蒙自鸣鹫、西北勒的一条重要的经济干线,工程完工后将为两乡经济快速发展、方便群众出行创造良好的交通运输条件。

2011年,上级下达开远市交通固定资产投资任务为3000万元,开远市交通运输部门以务实的作风、有力的措施,狠抓落实,截至2011年11月30日,累计完成交通固定资产投资4270万元,提前超额完成上级下达的任务。开远市在交通固定资产投资中,大力推进农村公路重点项目。大庄至老寨、羊街至碑格公路改造工程项目进展顺利;大庄至马者哨公路"强基薄面"试验路段顺利完工。连村公路建设取得新突破,羊街乡老燕子窝村进村公路、南洞至驻马哨公路扩改工程顺利完成,乐白道办事处左乃山和灵泉办事处洒红口公路等连村公路建设正在组织实施。开远至安边哨公路竣工验收、农村道路村村硬化工程及凤凰谷片区乡村旅游路网升级改造工程的交工(竣工)验收资料编制完成;报审通村油路建设项目42个,完成羊街至期不底公路、驻马哨至卧龙海公路和白土墙至丫口农村公路改造工程的科研报告编制工作。

2009年,开远市城市道路总长83.91千米;2010年共完成智源东路、凤凰山一号路一标段、河滨南路、泸江路、恒虹园路等道路建设,使城区道路总长增至87.99千米。城市道路、桥梁及相应的基础设施正在快速向南延伸,为城市发展构建了重要的"骨架",为全市经济社会持续发展奠定了坚实基础。

2011年以来,开远实施了对市西路、灵泉路、强盛路等城区道路人行道损坏

部位的维修更换,翻铺更换小路块面积共计 12410 平方米。对被车辆压烂、被盗的落水篦板、窨井盖板进行修复更换。对城区排水沟、暗沟和管道进行了全面清捞疏通,对重点路段部位进行了改造整治,排除了城区洪涝隐患。实施了对城区道路路面坑塘、开裂沉陷部位的修复。

幸福,因路而实现,更因路而延伸。

城市化道路、便利化生活,在开远不再是梦想,已成为现实;但这并不是终点,对于开远人来说,这只是开始,让开远成为"中国幸福之乡"更加便捷、更加快速!

城市公园 幸福同步

城市建设如何走自己的发展之路?或者说,如何将城市功能与地方实际情况完美结合?而开远,通过不断地探索与实践,无疑走在了前列。

公园栖居、诗意生活,应是我们每个人的向往与追求;构建国家城市公园,则成了构建这个梦想的最佳途径。国家城市公园提供的应该是人与人、人与自然和谐相处的广阔远景,实行乡村城市化、城市田园化,生态与人文多元共存,完善的公共服务体系为每一位居民提供便利。开远因其特殊的自然生态与社会文化,最有可能打造成为国家城市公园。

国家城市公园概念来自"国家公园",但强调城市所形成的自由传统文化,是对优良的城市生态文化、人际关系、心理休闲、经济形态、工业文化进行的另一种倡导,以促进城市的科学研究、国民教育,让孕育商业文明、工业文明、信息文明的"城市"成为一个大众安居乐业的大社区,自然、城市、人三位一体和谐共生,让身处其中的人们生活得更美好。

国家公园作为一种自然保护区,通常由政府所拥有,其根本目的是保护一个区域不受污染和伤害。在国家公园的规划里,是把人交给自然,人只有爱护自然、保护自然,才能欣赏自然。但是,国家城市公园更侧重公园本来的属性,建造美景是为了给人提供精神愉悦,促进人与人、人与自然融合。中国传统文化中的所谓"仁"就是两个人,这个概念和观念强调的是一个人与其他人之间的关系,"仁者乐山,智者乐水"就是强调把人与自然的关系处理好,山水与人和谐共生。

国家城市公园提供的应该是人与人、人与自然的和谐相处,在这里,生态与人文多元共存,完善的公共服务体系为每一位居民提供着便利。这样的城市公园自成系统,它自动形成一个中心,连接着城市与乡村,作为地理位置上的重要枢纽,辐射到任何与之有关的地方。形象地说,这种关系的结果就是乡村城市化、城市田园化。

开远是滇南的要冲，汉文化、彝文化、回文化、壮文化等多元文化交汇，具有独特的魅力，又由于近代历史的原因，西方工业进入较早，故开远文化具有多样性。开远特殊的自然生态与社会文化使之最有可能被打造成国家城市公园。

自然元素，天成公园。 开远可以归纳为"凤凰来栖（凤凰山）与龙体行游（泸江河、南洞水）"，这座绿城水洲呈现出"龙凤共舞"的辉煌景观，亦即开远地理上的"一山两河"。

开远凤凰山位于开远城东，山形如凤凰，山上林木葱郁，楼阁星罗，山腰的卧龙寺雕梁画栋、宝相庄严，巨大的释迦牟尼金身微笑着俯视日新月异的开远，这座自然山是开远地标。风水绝佳的凤凰山、翠绿葱郁的泸江河、逶迤而过的南洞水，将整个城市镶嵌于青山绿水之间，开远因此有了"半城山景半城水"的美誉。秉承传统文化建筑理念，结合浓郁的地方人文特色，开远新城整体设计外方内圆，集祭祀庆典、文博展览、商贸活动、休闲娱乐功能为一体。为使开远文化与经济发展互动，从而进一步促进社会进步，应将开远的民族文化、独特的地方风情和良好的生态资源有机结合起来。

人文元素，心之情韵。 开远的民间文艺相当丰富，可分为民歌（汉、彝、彝汉、苗、壮族）、民间舞蹈（烟盒舞、祭祀舞）、洞经音乐、滇剧、彝族服饰、根艺等多种。在西南少数民族地区，很多地方都可找到这种原始文化的图腾崇拜物。例如，1996年，开远市大庄乡坝区出土了新石器、青铜器以及宋元时期的大量陶器，表明这个地区完整地经历了从石器时代、青铜时代，再到宋元的封建社会发展历程。依据考古发现和史料分析，并结合现代民族学和人类学的调查，可以看出早在明朝屯军移民之前，大庄以及整个开远地区，就已经有以彝族为主的土著民族在此世代生息繁衍。

开远是一个有独特人文的地方，彝族、苗族、壮族与汉族五百多年的和谐共处构成了多民族共同创造的历史和本土文化。近代以来，作为云南乃至中国率先开放的区域之一，以滇越铁路为代表的外来文化使得这片土地发生了千年未有之变化。在此后长达百年的历史中，本土文化与外来文化又促使开远形成一种"看得开，想得远"的文化格局。开远还是云南省著名的武术之乡，又是云南省知名的足球基地，传统武术运动的群众基础很好，为各种运动队输送过不少体育人才。时尚、动感、现代已成为开远城市的一种特质。

除山水和建筑等宜居环境之外，还应该充分利用和发挥原有的基础，建设如下文化传承的物质性载体，营造文化氛围：(1)腊玛古猿遗址博物馆；(2)滇越铁路博物馆；(3)工业文明遗迹博物馆；(4)凤文化博物馆；(5)双百梅花诗文化长廊；(6)传统农耕文化展示基地；(7)灵泉书院；(8)地方文化名人故居。

开远的人居环境及建筑应该回归传统乡村的风格,让人与人的交往回到常态,不要邻里之间老死不相往来,要借鉴乡村通透的园落、公众广场等空间格局,创造诗意栖息的社区。

地理优势,纵横之利。开平地处云贵高原南部、滇康地轴的延伸线上,在红河、南盘江两大断层之间,东临黔桂台地边缘,西系哀牢山脉余端。当半坞白云为清风耕尽,自然便在世人眼前清晰地呈现出一块山环水绕、烟霞相许、苍翠如滴、鸟语花香的土地。开远原名阿迷。阳光、风、云、土地、草地、森林、乡村、花园,猪牛羊鸡鸭狗——这些都是人类生活恒久的元素,是任何"人工"所不能比拟的。

开远在这些环境条件的基础上,不仅形成了有效的工业体系,在国家城市公园的创建中,也将产生新的社会组织和新的城市环境类型。

自滇越铁路开通以来,开远逐渐发展为滇南的交通枢纽,作为红河州商贸物资集散和仓储的主要基地,开远北接弥勒,西邻建水,南连个旧和蒙自,在物流运输上有得天独厚的优势。这为现代绿色工业产品的销售和推广起到了桥梁作用。近年来,开远商贾云集,物资丰富,市场繁荣,商贸流通在能源、化工、建材等行业的支撑带动下,成了滇南、滇东、文山、思茅乃至越南部分地区的商品物资集散中心。

资源优势,发展前提。资源是任何一个区域发展的前提,丰富的自然资源为开远的发展提供了保证,开远市目前已发现的矿产可分为 4 类 16 种,已开发 11 种。主要有煤矿、锰矿、锑矿、铝矿、铜矿、石灰岩、砂页岩、耐火粘土矿床、汞矿,已探明储量的矿产有石灰岩、砂页岩、石英砂岩、耐火黏土、铁矿和煤矿,其中褐煤、石灰岩、无烟煤、砖瓦黏土等第一类矿产的开发程度最高,开发规模最大,已成为矿业的优势产业。离城区 20 千米的小龙潭,褐煤储量达 12 亿吨,是云南目前最大的露天煤矿,煤电充足,为数百个工矿企业的发展创造了条件。依托资源优势,开远逐步形成了以能源、化工、建材等为主的支柱产业和食品、服装、印刷、机械、冶金等门类齐全的工业体系。

此外,小龙潭的地质研究有非常重要的科学意义。小龙潭煤系自下而上划分为三层:兴隆寨黏土、小龙潭褐炭层、响水泥灰岩层,为上新统时代;同时,小龙潭地区新生代的古生物化石较为丰富,包括孢粉、植物、无脊椎动物和脊椎动物中的哺乳类。

新的时代要求城市建筑形式丰富多彩,以人为本。城市是大地的儿子,它应当是人类智慧和理想家园的现实创造,是我们安居和生活的庇护所。开远国家城市公园应该最大限度地体现自然环境的恩惠以及人类社会的创造,否则无止境追求"财富"、"权力",最终得到的只能是一个空空的城市躯壳。

变迁历史，公园之魅。开远经过了三次宏观的文化变迁，它们积淀为深厚的人文传统，成为开远能够走得更开阔辽远的保证。

开远拥有腊玛古猿化石的四次发现（1956—1982 年）。学术界认定"开远腊玛古猿"（张永兴，1987）所处的时代为距今约 1500 万年的晚中新世，开远腊玛古猿也被认为可能是人类的直系远祖。

灿烂的边地文明构成了开远多元的文化特色。开远市总人口 32.43 万，少数民族占总人口的 52.9％，彝族、壮族、苗族、回族与汉族同胞胼手胝足，共同建设和开拓了自己美丽的家园。开远少数民族的建筑、服饰以及古朴的烟盒舞、芦笙舞、洞经音乐、民间剪纸、彝族民歌、彝文经书等颇具地方特色。物质与非物质文化遗产交相辉映，展示出熠熠生辉的开远文明。

以滇越铁路为发端，百年的工业化进程给这座城市注入了近现代文化元素，使开远文化呈现出"保持传统、博采众长"的发展格局，成为"四面伸开、联结广远"（赛双恩，1990）的重要表征。

开远人重视自己的文化遗产。目前，开远市文管所已收藏各类文物 8258 件。开远不断开展文物普查工作，力图从物质文化遗产、非物质文化遗产的层面上为开远市博物馆的创立增加一批丰富的馆藏资料，满足人们的精神需求。据笔者寻访，开远市民间收藏数量已逾万件，是一笔可以积极利用以发挥效应的社会流散文物资源。越来越多的私人收藏，既是国家文物机构的潜在竞争者，也是充实国家收藏的供给者。开远有一批术业有专攻的本土专家，在不断的实践与探索中，出版了《开远市志》、《开远年鉴》、《开远市文化艺术志》、《开远史话》、《开远市文物志》等，为研究和认识开远历史文化奠定了资料基础。

七彩夜景，绮丽天空。开远夜景是开远市民的骄傲，烧烤摊是开远夜市的标志。开远夜市最大的特点是：在这里，城市与乡村融为了一体，形成了城市乡村化、乡村城市化的独特景观。开远有任何大城市都有的霓虹景观，也有许多大城市无法享受到的市井生活。随着泸江公园提升改造一期、迎旭广场电子显示屏、城市监控系统等重点工程建设的顺利完成，城市所有公园全部免费向市民开放，美观的木制花槽向人们吐露绿意，让人们感受到开远的魅力。

在过去的 2011 年，开远市全年安装维修路灯 3500 余盏、景观灯、满天星 33010 盏（柱）；铺设电缆、电线 54142 米，新装变压器 3 台，安装落地式路灯控制箱 1 台。值得一提的是，随着开远城市现代化水平的不断提高，对体现城市形象的景观建设要求也越来越高，特别是对城市环境在时间和空间上的要求更趋高标准、高水平。城市的灯光已经不再局限于"照明"这一"低层次"的功能要求，而是作为一种城市景观，成为游客旅游观光、市民休闲生活和文化欣赏的重要内容。实现"白天是景，晚上是灯"的城市景观目标，成了开远城市景观灯光建设的

客观要求,一个崭新的景观灯光概念应运而生。开远景观灯光的主调是现代的、亮丽的。璀璨的灯光随着改革大潮翻腾、闪动,体现了这座文明城市在政治、经济、文化、科技方面的进步、腾飞和自豪。

乡村城市 城市乡村

传统农业生产方式创造了自然界与人类社会需求之间的平衡关系,它把人类从自然的土地上索取的东西又有意识地归还给自然。耕作田园就是人和自然的对话,传统农业完成了人和自然的亲近。

小城镇发展为大城市、超大城市,问题随之产生,资源面临再分配,环境污染、人口爆炸带来一系列治安与管理的问题,城市精神式微,文明呈现倒退趋势。如何寻找适合人类诗意栖息之地,成为全世界越来越关注的问题。

时代潮流和技术条件为开远率先建设国家城市公园提供了很好的契机。弗里德曼在《世界是平的》里乐观地说,"世界是平的,互联网这辆推土机推平了世界"。"平"即全球化,网络使得天涯若比邻,改变了每个人的工作方式、生活方式。在网络时代里,中心消失了,全民参与和全民分享成为未来的主流。技术的发展使得每一个人都可以随意把自己从群体中解放出来,这是依赖于强大动力的大航海时代和大工业时代都不可能具备的。

田园牧歌式的空间环境,到底应该怎样构建?城市公园提供的应该是人与自然和谐相处的广阔远景,在这样的城市公园里,自然生态与人文社会多元共存,由内向外地散发出独特的气质。回顾城市的发展史,城乡从必然的分离、再到必然的一体,是自然规律和社会规律使然,开远市需要在城市与乡村之间找到切合点,并付诸行动。

公园化开远,驶往幸福的列车。在工业城市环境基础上重新构建起一种生态的生物生存环境,这是一种富有理性思想的追求。草坪、花园、树木、树丛、雕塑,提供了视觉、听觉、嗅觉的愉悦感,这是一种居住者的幸福感觉;田园平畴、小溪穿流,练武、打球、跳舞,这是一种田园般的恬静与惬意。

"同为开远人,农村人有权利与城里人一道分享开远改革开放以来经济社会建设所取得的各种文明成果。"开远市以基础设施建设为突破口,让出门走马路、进门开电灯成了农村普遍的生活方式。走进开远市,"建美丽开远市,做幸福开远人"的标语大街小巷四处可见。坐在出租车上,司机们口中重复最多的话语就是"幸福开远人"。一位在开远采访的记者这样写道:走在开远街头,你随机问任何一个市民"生活在开远,你觉得幸福吗",他们都会不容置疑地回答"很幸福",

然后如数家珍地告诉你他们感到幸福的诸多原因。

高速发展的现代工业经济带来了城乡一体化的快速发展，城乡一体化的快速发展决定了开远城市人的思想观念及生活方式不再是小农经济状态下那种以种田为生的、封闭、静态、落后的生存观，而是逐步呈现出在现代工业经济的形势下现代、时尚、动感、休闲的思想观念及生活方式。

第三章
资源整合 品牌创造

千年石上古人踪,万丈崖前一点空。
落入山涧无人问,有待来生借东风。
——唐·寒山

务实为先 培土壮根

解放思想、创新观念,是当下深化改革、加快发展的路径,也是城市之间竞争的选择。树立全新的服务意识、大局意识与长远意识,是开远加快城市发展、提高城市竞争力的前提,而整合资源、聚焦力量,将各种社会资源握成一个拳头发力,必将在各行各业中形成合力,加快品牌的发展,亦能加快实现"中国幸福之乡"目标。

第一,教育为本,教育为根。近年来,开远市积极推进撤并校点、集中办学工作,截至 2011 年,已完成调整学校 78 所(其中初中 2 所,小学 76 所),拟调整学校 171 所(其中有高中 1 所,初中 6 所,小学 76 所,增加幼儿园 88 所);

建成标准化学校 11 所(其中高中 1 所,初中 2 所,小学 8 所);在建标准化学校 6 所(其中高中 2 所,初中 1 所,小学 3 所)。开远市各级各类学校已由 2008 年的 251 所减少到现在的 237 所,开远市规划将现有的 14 所初级中学撤并为 9～10 所,将现有的 196 所小学(含教学点)撤并 76 所,其中,教学点撤并 41 个。

开远市农村教育资源整合工作整体思路较好,稳步推进,成效明显。学校撤并后优化了资源配置,突出了区域教育的均衡性和办学条件的标准化,让农村学生有了良好的学习、生活条件。

开远市加大了对全市教育资源的整合力度。一是借全市"西盘东扩"接收企业学校之机,合并开九中、电厂学校、水泥厂学校,更名为"开十六中"。二是对城区部分教育资源进行调整,将原东方红小学与红旗小学合并,并整体搬迁到原开五中校址办学,恢复原"灵泉小学"校名;原东方红小学交由职业高级中学使用。三是对羊街乡所属丫口、向阳、黑泥 3 所小学进行整合,其五、六年级学生全部到该乡火炬小学就读实行寄宿制。四是乐白道办事处知青希望小学扩建成寄宿制学校,该校目前共有 270 名学生寄宿。五是按省教育厅有关文件精神,启动开七中合并到开六中、开十二中合并到开二中的前期准备工作,马者哨中心校整体搬迁到开七中,辖区高年级学生全部集中到该中心校就读。六是针对灵泉办事处中心校的实际情况,将其搬迁到总站学校原址进行办学,高年级学生全部集中到城区就读。七是积极争取与碑格乡、大庄乡协商中心校搬迁,扩大其办学规模、集中办学事宜。

开远市农广校近年来立足"三农"、面向市场,一是多渠道、多形式地开展了"绿色证书培训工程"工作,从 1996 年开展至今,在全市各乡、镇(处)共开展培训 187 期,获此证人数为 7765 人。二是开拓思路,努力办好中专学历教育工作,从该校办学至今共有毕业生 598 人。三是充分发挥基地学校的作用,抓好农村剩余劳动力转移工作。四是积极配合乡土人才办公室抓好"乡土人才选拔、认证"工作。五是搞好各种中、短期实用技术培训。

为提高农民素质,促进农民增收致富,开远还成立了市新型农民学院和各乡处新型农民培训学校,充分整合全市教育培训资源,每年投入培训资金 100 万元,大力开展新型农民培训,实施"百万农民培训工程"、"阳光工程"、"新型农民科技培训工程"和"绿色证书"培训工程,扎实开展农村实用技术、农村能人创业能力提升、农村劳动力转移技能培训,广大农民群众在新农村建设的热潮中学以致用,因用而学。3 年共举办不同层次的培训班 300 余期,培训农民 10 万多人次。

第二,妇女能顶半边天。2006 年年底以来,开远市妇联围绕中共开远市委提出的"建美丽开远市、做幸福开远人"战略目标,从促进妇女发展、帮助妇女增

收致富、提高妇女地位的高度出发,积极整合社会资源、拓展妇女发展项目,着力打造妇女"幸福工程",先后实施了"母猪工程"、"巾帼科技肉牛养殖"、"巾帼科技种羊养殖"、"巾帼科技肉羊养殖"、"家禽养殖"等一系列工程项目,极大地激发了广大妇女的创业热情,调动了广大妇女勤劳致富的积极性,突出了妇联在妇女发展中的地位和作用,彰显了妇联组织在新时期统领妇女发展、促进和谐建设进程中的时代风采和独有作用。4年来,开远市妇联共争取市级养殖专项资金210万元,协调发放"巾帼扶贫贴息贷款"5051.6万元,扶持帮助农村妇女发展各种特色、专业养殖及种植产业,共扶持专业养殖女能手7人,建立"巾帼养殖示范村"9个、"巾帼养殖示范基地"3个,受益群众达近2000户,拉动产生经济效益近2亿元,有力地促进了农村妇女发展和新农村建设,为开远市统筹城乡发展进行了有益的探索。

围绕市委提出的"建美丽开远市,做幸福开远人"战略目标,妇联组织如何发挥好桥梁纽带作用,在统筹城乡发展中发挥应有的职能和作用,帮助妇女群众实现"做幸福开远人"的愿望,是开远市妇联在新形势下面临的重要任务。为此,妇联积极深入基层,调查了解妇女群众的所需所求。通过调研,了解到很多农村妇女尤其是山区贫困家庭的妇女渴望致富、渴望发展,但是由于知识、信息和资金的缺乏,致使她们觉得致富无门。很多贫困妇女在调研的过程中表达了希望妇联给予她们帮助指导的强烈愿望,面对很多妇女生活的窘迫和无助的眼神,妇联深深感受到,作为妇女的"娘家人",帮助妇女发展经济、脱贫致富是妇联义不容辞的责任和使命。围绕农村妇女群众的需求,妇联立足开远的实际,开展了市场调研,通过相关业务部门的论证,找准了工作的切入点,提出"以养殖促发展、以发展促和谐"的工作思路,决定在农村发展母猪养殖,帮助农村妇女增收致富。

2006年年底,妇联向时任开远市市长的李存贵同志汇报了在农村发展母猪养殖帮助农村妇女增收致富的工作想法,得到了他的大力支持,安排了10万元专项经费用以扶持山区妇女发展养殖,并将该工程冠名为"母猪工程"。妇联首先选定了中和营镇的树木克自然村作为养殖试点,采取"三个一点"(妇联扶持一点,即每头母猪补助500元;当地政府补助一点,即帮助改圈、补助半吨水泥并补助100元;农户自筹一点,即其余部分农户自筹)的方式开展试点养殖。经过宣传发动后,全村绝大部分农户愿意养殖母猪。为保证良种优育,妇联先后协调了市畜牧局专业技术人员带领中和营镇妇联干部、畜牧兽医站工作人员到陆良、砚山的种猪场选种,并与市畜牧局联合发文明确了基层妇联和畜牧兽医站的工作职责以保证管理和技术支撑。由于管理、技术支持到位,首批180头成年母猪绝大部分在购入半年以后就分娩,产生经济效益,加上当时猪价回升,大部分养殖农户当年就收回了投资并获得了明显的收益。据不完全统计,这批母猪在分娩

2 窝后,共产生经济效益 70 余万元,养殖农户获得纯利润 50 余万元。首个养殖试点的成功,激发了广大农村妇女的养殖热情,得到了市委、市政府的充分肯定。2008 年初,开远市财政又安排了 50 万元专项养殖资金,加大对农村妇女的养殖扶持。经妇联宣传发动后,仅中和营镇就有 1200 余户农户申报养殖,加上其他乡镇(办)的农户,"母猪工程"申报参与农户达 2000 余户,广大妇女参与养殖发展生产的热情空前高涨,"母猪工程"成为开远叫得响、有影响的工作品牌,深受农村妇女群众的欢迎和党委政府的肯定、好评。

"母猪工程"成功实施后,中和营镇生猪养殖基本形成了全市的一个成熟产业。为顺应农村妇女的发展需求和市场需要,开远市开始尝试在全市拓展实施"巾帼科技肉牛养殖工程"、"巾帼科技种羊养殖工程"、"巾帼科技肉羊养殖工程"以及家禽养殖项目。随着养殖工程的拓展,妇联的扶持资金远远不能满足广大农户发展养殖的需要。于是,开远妇联抓住省妇联、省农村信用联社联合出台小额信贷政策的契机,积极寻求市委、市政府的支持,主动协调市财政、市扶贫办、市农村信用联社,拓展实施了"巾帼扶贫贴息贷款"项目。该项目以信用联社提供低息贷款、政府财政在低息贷款基础上补贴 5 厘的方式扶持广大妇女发展生产,扶持的范围进一步扩大到各种养殖、种植业。至 2010 年底,共为妇女群众提供了 5056.1 万元发展资金,有力地解决了农村妇女发展的资金瓶颈。同时,妇联积极树立典型,培养扶持了一大批专业养殖示范带头人,打造了"养羊大户"罗忠兰、"养牛大户"张凤、"养鸡大户"包云兰、"养猪大户"余慧芳等一批创业领军人物,并与她们签订帮扶协议,在她们发展起来以后,妇联对口帮扶的部分资金以仔猪、仔羊等返还妇联用以扶持其他贫困农户,发挥她们的示范帮带作用,带动帮扶周边地区、尤其是贫困山区更多妇女的发展。截至目前,全市共建立了 3 个"巾帼科技养殖示范基地"和 10 个"巾帼科技养殖示范村";妇联实施的各项养殖项目覆盖了大片农村,共扶持广大妇女养殖了母猪 800 余头、肉牛 430 余头、种羊 300 多只、肉羊近 1000 只、家禽 35000 万只,受惠农户达 2000 余户,粗略估计能为妇女带来近 1000 万元的经济收入;妇联启动的"巾帼扶贫贴息贷款"为全市 1800 余户妇女提供了发展资金,极大地推动了开远市农业产业经济的发展。

经过多年的实践,开远市妇联探索出一条整合资源、拓展项目、加快城乡妇女发展步伐的新路子;妇联组织必须在观念上更新、认识上提高、思路上超前、行动上落实、资源整合上着力,才能使工作紧跟时代步伐,融入发展大局,从配角向主角延伸,从而更好地服务大局、服务妇女,真正成为党开展妇女工作的坚强阵地和深受广大妇女信赖和热爱的温暖之家。开远妇联团结广大妇女一道打造自己的美好家园,发挥妇女聪明才智,让致富之花开遍每个家庭,善莫大焉!

第三,住建相谐。随着开远城乡一体化建设步伐的不断加快,规划、建设、管

理职能向村镇延伸的力度也不断加大。为切实加强对村镇的规划、建设和管理，促进村镇建设的良性发展，开远市住房与城乡建设局在开远市委、市政府的关心和支持下组建了城乡规划服务中心，为全市的城乡规划管理提供强有力的技术保障。同时，开远市住房与城乡建设局还积极参与组建村镇建设管理所，为促进村镇建设和农村经济又好又快发展奠定坚实的基础。近年来，开远在做大做强市区的同时，把城市化的工作重点放在协调发展城镇、乡镇及中心村上，统筹城乡协调发展，形成了以城市为龙头、乡镇（办）为载体、中心村为纽带的城乡协调发展格局。

第四，党建拓展。向非公经济党组织选派"两员"。针对非公经济组织负责人缺乏党建工作经验的现状，为加强非公党建工作力度，市委分别向36家非公企业选派了政治立场坚定、组织纪律性强、有一定政策理论水平、善于做思想政治工作、熟悉企业经营管理、有一定组织协调和经营管理能力的指导员8名，联系员10名，使非公企业党建工作有了新的延伸和拓展。实现了"员工50人以上的非公企业有党员，100人以上的非公企业有党组织"的目标。

第五，农村党组织的强化。在第三批先进性教育活动整改提高中，中和营乡党委针对该乡大部分农村党支部无固定活动场所，有的党支部虽然有场所，但设施不全、条件简陋的实际情况，通过上下联动，整合资源，积极推进农村党组织活动阵地建设。

一是摸清了阵地建设的底数。通过对全乡60个村党支部活动阵地建设情况进行细致的摸底调查，掌握了全乡活动阵地建设的底数。目前，该乡只有1个党支部的活动阵地达到"四有"党员活动室标准和具备文化、科技活动功能，有9个党支部依托学校、村委会会议室为活动场所开展活动，有50个党支部无固定活动阵地，党员活动基本上是在党员、村组干部家中开展。党员群众对建设农村党组织活动阵地的愿望十分迫切。

二是上下联动，多方筹集阵地建设资金。在调查摸底的基础上，乡党委对完善全乡村级组织活动阵地建设进行了积极探索，按照"上下联动、分类实施、逐步推进"的原则，逐步解决农村党组织活动阵地建设。采取"四个一点"的办法筹集建设资金，即：争取上级党委补助一点；对口帮扶部门支持一点；乡财政划拨一点；村级自筹一点，做到了阵地建设不向农民群众摊派一分钱。

三是整合资源，分类实施推进阵地建设。对有固定场所或依托学校、村委会会议室开展活动的村党支部，集中资金使活动阵地达到"四有"标准。对无固定场所，开展活动基本在党员、村组干部家中的村党支部，一部分采取"以户为单位，建立活动阵地"，把思想素质好、家庭和谐、在群众中有威信、具备建设活动阵地基础的党员、村组干部、群众户家建成村级活动室，乡党委以适度补贴方式加以完善；一部分通过村级组织提供建设场地，利用闲置房屋、资产置换、盘活山林、荒山等集体资产筹集部分资金，乡党委投入部分资金的方式建立完善活动阵地。

四是充分发挥活动阵地的作用。为使村级组织活动阵地真正发挥作用，乡党委坚持把村级组织活动阵地建设与农村基层党组织建设、民主政治建设和精神文明建设紧密结合，充分发挥农村党组织活动阵地的功能和作用。其一是丰富党组织活动，不断增强基层党组织的向心力。进一步规范村党组织工作制度，严格"三会一课"，开展民情恳谈、致富经验交流等活动，增强党员的政治责任感和归属感，真正把活动室建设成为党员之家。其二是广泛集中民智，组织群众参与村级事务管理。利用活动室定期组织党员群众按照确定议题、民主讨论、投票表决、公示监督的"四步决策法"要求，讨论决定群众普遍关心、涉及群众切身利益的各类村级事务，并在活动室设置村务党务公开栏和群众意见箱，广泛征求群众意见，接受群众监督。其三是加强宣传引导，占领农村思想文化阵地。把活动室作为农村思想文化宣传的重要阵地，开展经常性的宣传教育、文艺活动，用丰富多彩、健康有益的文化娱乐活动，丰富党员群众的文化生活。对村级组织活动阵地不能满足文艺活动的，扶持农村热心文化公益事业的农户，建成农户文化大院、文化中心户，不断满足群众日益增长的精神生活需求。其四是实行"一室多用，资源共享"。把条件好的村党组织活动场所建成集文化室、农技校、青年之家、妇女之家、民兵之家为一体的活动阵地，不断丰富群众的精神生活，提升党建工作水平，增强农村基层党组织的吸引力。

第六，科技入户。开远市以示范县项目为平台，整合项目资源，提升科技入户工程项目效应。

实施入户工程，开远市将其与实施的农业部粮食高产创建、农业部测土配方、新型农民培训、农村劳动力转移等各种农业项目有机地结合起来，增加项目在技术人员、资金、物资等方面的投入，整合项目资源，多方面为示范户提供服务和增加补贴，累计捆绑使用其他项目资金 200 多万元，为农户增产增收创造条件。

特别是在近年抗旱减灾工作中，搭建起的农技推广服务平台发挥了重要的作用。市项目领导小组及时召开会议，要求百名科技人员深入到农业生产一线，指导示范户抗旱减灾。同时，农业专家组编制出四个产业的抗旱技术措施明白纸，指导农户进行科学抗旱。百名技术人员针对旱情和各地的实际情况，采取了多项措施抗旱促生产。一是分类提出指导蔬菜、水稻、马铃薯、蚕桑、甘蔗、果树等作物的抗旱技术措施，指导农户开展生产。二是加大技术培训力度，大力推广地膜覆盖、节水灌溉等节水措施。三是加强病虫害监测预报和防治，及时指导农

户科学防治病虫害,控制病虫害的扩散和流行,避免发生"灾后灾"现象。四是结合实际,及时制订改种、补种方案,组织群众做好农作物补栽补插工作。

第七,鱼水相要。为合理整合渔业用水资源,改善池塘蓄水量和保水率,减少生产成本,提高池塘单位生产能力,科学应对当前开远市的旱情,市农业局结合优质水产品基地建设项目,历时一月改造开远市国家大宗淡水鱼示范片区鱼塘 30 亩。改造后鱼塘池壁光滑,有效水深可达 1.5～2 米,利于保水、节水和清除池底淤泥、增加载鱼量、提高池塘生产潜力、减少病害污染源、避免鱼病频发。对抗旱保产和保护渔业生态环境起到了积极的促进作用。

第八,夯实农业基础。开远小龙潭煤炭资源丰富,露天开采需要剥离大量的好田好地,坝区土地不断减少,政府并没有抛弃农业,而是把农业生产向山地转移。为了确保农民的生产效益,政府部门从种植布局、协调生产扶持、实施技术指导等各个方面给予帮助,让农民在旱地生产中取得了较好的经济效益。以小龙潭镇来说,其成功的经验值得借鉴。①科技集成,增粮行动:近几年来,小龙潭镇实施了玉米高产创建项目、玉米间套种项目、玉米地膜覆盖项目及测土配方施肥项目。在项目实施过程中,通过整合项目资源、集成项目技术、加强技术指导、调动农民群众的积极性,小龙潭镇旱地玉米增产明显。经测产调查,实施增产项目后,玉米单产提高 83 千克,增幅达 17.7%。②精准设施,节水增效:影响旱地生产最大的因素是水,特别是在云南三年连旱的极端天气条件下,要想产生好的效益,就需要采用农业设施,解决水资源严重缺乏的问题。为此,在山地搭建设施大棚,利用水窖、微喷设施进行生产,一是解决了旱地生产条件,种植产值较高的蔬菜;二是利用微喷设施,每亩可节约上百立方米的水。经产量调查,小龙潭镇种植设施番茄 100 余亩,平均亩产值达 4800 元,较种植烤烟增值 2000 余元。③订单生产,村社共建:订单农业,是指农户根据其本身或其所在的乡村组织同农产品的购买者之间所签订的协议,组织安排农产品生产的一种农业产销模式。它是先找市场后生产,很好地适应了市场的需要,避免了盲目生产。由企业、合作社等与村组或农户达成协议,共同实施,互惠互利,既解决了企业原料供给难题,也解决了农民卖难问题,最终将农产品转化为商品。④技术下村,素质提升:农村劳动力受教育程度较低,直接导致其对国家政策的理解受到影响、对市场信息的了解局限于当地。在站得不高、看得不远的客观条件下,与市场接轨是很难的。为此,小龙潭镇采用送教下村,一方面强化文化知识的学习,另一方面传授实用技术,让他们结合生产实际逐步了解、掌握新知识、新技术,达到科技素质与文化水平的逐步提高。

第九,国土管理。开远市的国土资源管理情况、土地整理项目实施城镇上山、工业上山、村镇上山、规划上山等措施。2011 年,开远市通过利用政策,争取支持,国土工作取得了明显成效,保障了社会经济的持续发展。特别是羊街乡和中和营镇的国土整治项目,投资规模大,效果明显,提高了土地的利用率和产出率,为发展精细化农业、高效农业夯实了基础,受到了老百姓的欢迎。

建设理念 以民为本

开远城市"版图"有序扩张,城市现代服务业高速发展,城市化建设的光芒灿若朝霞,照亮着开远这片充满生机的热土。追寻开远城乡建设的脉络,人们清晰地感受到"人文开远、生态开远、和谐开远、活力开远"渐行渐近,"贴近时代、贴近市情、贴近市民"的城乡建设理念给百姓生活带来更多变化、更多幸福。盘点开远市城乡建设,展现在大家面前的是一幅幅充满活力的温馨画面。

开远以实现城乡规划全覆盖、基础设施上档次、生态环境优质化为目标,按照"城市公园"定位,打造"绿城水洲"、建设"山水田园城市",全方位推进城乡建设发展。当人们穿行在开远的城乡道路上时,见到的是一路绿化,闻到的是一路花香,感到的是一路惬意。当前,开远正逐步迈入"水在城中、城在林中、街在绿中、院在花中、人在景中、城乡共荣"的新佳境。几年来,开远市委、市政府站在推动全市经济社会发展、打造区域性现代化城市的高度,主动融入"个开蒙"城市群建设,不断抒写城市化和基础设施新建设的精彩篇章。

开远坚持"以山为骨、以水为魂、以绿为脉、以文为蕴"的城乡建设理念,依托项目,启动了城市路网建设工程、市政重点工程建设工程、城市细节工程、民心和关爱工程,使城乡建设向着更高的水平迈进。

市政重点工程:开远完成了灯光夜景梦幻工程、泸江河 2.2 千米两岸灯光建设、泸江公园提升改造项目、污水处理二期工程、垃圾处理填埋场、天禾路垃圾中转站、人民南路垃圾中转站等一系列重点工程建设;泸江河三期等工程建设正在抓紧施工;开远市南洞河综合治理工程、四期工程、莲花湖、凤凰山片区建设等一大批城市基础设施项目相继上马。在此基础上,先后完成了城市排水管网、城市污水回用等多个项目的规划设计和实施方案编制工作。市政基础设施服务功能不断完善,城市的承载能力和内在功能进一步增强,为城市的持续发展奠定了基础。

民心和关爱工程:住房是民生之要,保障房工程则凸显出房地产业的"民生"意蕴。尤其对中低收入等困难群众来说,加快保障性住房建设,是其实现"安居梦"的重要基础。开远住房与城乡建设局认真贯彻落实开远市委、市政府提出的"居者有其屋"行动计划,先后采取新建、配建、收购的方式,使全市的住房保障工

作在全州、全省名列前茅,成为先进典型。其次,开远住房与城乡建设局认真贯彻落实《红河州廉租住房先租后售管理办法(试行)的通知》精神,结合开远低保户和低收入困难家庭无房住的实际,于 2010 年 6 月 23 日率先在全州启动廉租住房先租后售工作。该项工作启动后,通过广泛宣传、动员,许多符合廉租住房入住条件的低保户和低收入困难家庭,纷纷到市房地产管理局报名登记,要求购买。截至目前,共完成已入住廉租住房先租后售 154 套,收款金额 338 万元,低保户和低收入困难家庭申请廉租房登记 45 户,完成 2010 年 19620 平方米廉租房定向建设收购的开工建设。在服务市民的过程中,开远向市民免费开放公厕 38 座并无偿提供手纸,极大地方便了市民,解决了市民上厕难问题。

危房改造工程:省、州下达给开远市的农村民居地震安全工程计划任务,开远市高度重视、积极筹备和组织落实,及时进行摸底调查和任务分解,按质、按量、按时完成省、州下达的计划任务。2010 年 8 月 24 日,省、州下达给开远市农村危旧房拆除重建 300 户。开远相关部门积极部署,于 2010 年 10 月 10 日完成任务,并将 300 户农户档案录入至国家农村危旧房改造工程信息系统(其中大庄乡 190 户,乐白道办事处 110 户)。通过近几年来的不懈努力,不仅使全市农村民居住房条件、安全级别、建筑风格及村容村貌得到了改善,更重要的是增强了农户的防灾减灾安全意识,转变了被动救灾为主动减灾的观念。

规划:近年来,开远城市规划工作取得了突破性进展,城市规划体系进一步完善,先后完成了《南洞公园提升改造初步设计方案》、《热带植物园提升改造初步设计方案》、《文化艺术中心规划设计》、《苗木花卉市场规划设计》等。

在规划工作中,开远市住房与城乡建设局始终坚持和完善规划委员会审批和重大项目公示制度,维护规划的权威性和严肃性,严格按照《开远市城市总体规划修编》及城市规划管理的相关规定和要求开展建设项目选址、建设用地规划、建设工程规划的审批工作。以人为本,以民为先,已成为开远城市规划建设的共识和共为,而"规划是龙头"的理念也深入人心,而今开远正立足自身优势塑造城市形象,完善城市功能,改善生态环境。

在开远,细心的市民会发现,身边的绿色多了,花也更多了,这得益于园林绿化由过去的"增绿扩绿"变为"建绿见花",在城市建设中把"铁栏"变成"花篮"。科学规划是城市发展的龙头,是建设宜居城市的基础。开远市城市建设坚持规划先行,杜绝"摊大饼式"的发展,适度控制规模,避免"大城市病",着力建设具有独特风格、富有文化内涵和成长性的城市。按照"高起点规划、高标准建设、高效能管理"方针,遵循"统一规划、合理布局、综合开发、配套建设"原则,用规划公园的要求来规划城乡,用建设公园的标准来建设城乡,用管理公园的手段来管理城乡,用经营公园的理念来经营城乡,变"在城市里建公园"为"在公园里建城乡",

将开远市打造成泸江河畔的生态大花园和优质生态生活圈,促进工业文明和生态文明融合发展,让城市处处像公园,让市民工作在公园里、生活在花园里。

管理: "兄弟,通融一下嘛,我们是来开远拍片的,我们的车就停一会儿,一会儿的工夫就好……"。"欢迎你们到开远来拍戏,我们会积极配合你们的工作,但是幸福大草原内不允许车辆进入,请你见谅,我们开远市不会接受一部戏毁掉一片绿地这种做法……"这是某片场工作人员在开远幸福大草原与开远市政监察人员的一段对话,在市政监察人员的坚持下,该剧组驱车进入幸福大草原的"导演意图"终究没有实现。近年来,开远市充分认识到城市管理工作的重要性,以创建文明城市、园林城市、卫生城市为契机,建管并重,着力抓紧抓实园林绿化、环境卫生等工作,为市民创造了一个良好的人居环境,提升了城市品位。

"三分建、七分管",城市管理水平决定城市发展的方向。为充分发挥党员在城市建设中的模范带头作用,开远市住房和城乡建设局在开远市执法局、环卫处、绿化处等下属单位抓好城区主干道党员示范路、党员责任区建设,要求执法队员按照城市管理"服务社会、服务群众、服务经济"的工作宗旨,严格遵守队容风纪,随身佩戴上岗证、携带执法证,举止文明、忠于职守;环卫处清扫保洁人员必须统一穿着工作服上岗,坚持清晨清扫、白天保洁、晚间维护;市政监察人员每天必须对示范路进行巡查,发现破坏市政公用设施、占道经营等违法违章行为则及时制止,确保示范路、责任区排水管道、绿化设施良好和人行道畅通。

随着城市建设发展步伐的不断加快和城市的快速扩容,开远市住房与城乡建设局以创建国家级园林城市为目标,按照"路修到哪里树就绿到哪里"和"一街一树、一路一景"方针,加大对道路、街头空地和城市入口的绿化美化力度。2009年以来,共完成了雨洒至白土墙全线绿化改造工程、凤凰路新建绿化工程、人民中路树池围栏工程、行政中心及迎旭广场绿化提升改造工程、新建路段的配套绿化以及全城各路段花盒的更换,并积极做好全城绿化美化的查缺补漏工作。截至 2012 年年初,开远共完成绿化种植面积 93995.7 平方米,清运土方 9400 平方米,施用有机肥 128.76 吨,垃圾肥 16.5 吨,建植草坪 8245.12 平方米,种植鲜花302210 袋,种植乔木 2331 株,使全市园林绿化面积不断延伸,修剪管养水平不断提高,已形成了终年披绿,四时飞花,暗香浮动的"白天如诗如画,晚上如梦如幻"的迷人景观。同时,以建设"山水田园城市"为目标,着眼于自然环境与城市建设风格的和谐,全力打造全长 44 千米的过境路绿化工程,让山、水、城相互依存、相得益彰。

"幸福城中花似锦,凤凰山下不眠夜。"当泸江河碧波荡漾,城市之夜流光溢彩,一幅幅美轮美奂的城乡建设佳作挥毫而出,你或许已经切身体会到了开远城市化的无限魅力。干净、整洁、优美、和谐的人居环境大大提高了开远人的生活

幸福指数。"城市有乡村的风格,乡村有城市的品位,乡村比城市更美好。"青山会更绿,绿水会更清,变化的是青山绿水间生活的开远人,不变的是开远人放飞在青山绿水间关于宜居的梦想。

我们以开远市苗族聚居区实现跨越式发展为例,就可看到开远的建设理念以及百姓为大的民本观念。

开远市少数民族人口占全市人口的一半以上,由于历史和自然环境等原因,作为全市彝、苗、回、壮4个世居主体少数民族聚居区,群众生产生活条件相对要落后,苗族村寨更显得突出。

2006年年初,市委、市政府提出了"建美丽开远市、做幸福开远人"的响亮口号,在全市掀起了轰轰烈烈的新农村建设高潮。2007年,市委书记李存贵在深入挂钩联系的羊街乡卧龙谷村委会的红塘子、七一队等5个苗族村调研新农村建设情况时,看到了这5个村的社会经济发展都明显滞后于周边的其他民族村寨。为了彻底弄清情况、查寻根源,李存贵委托原市人大常委会副主任袁汉卿深入红塘子等5个苗族村开展调查,全面掌握开远市苗族村生产、生活、习俗、经济社会发展及群众的所需所求,写出了《关于红塘子等5个苗族村生产、生活情况的调查报告》。

2008年,市委、市政府出台了《开远市人民政府关于4个世居主体少数民族聚居区经济社会发展专项建设工作的实施意见》,及时成立了各个专项建设工程领导小组,正式启动了苗族聚居区专项建设的"幸福工程",并制定实施了《开远市苗族村寨经济社会发展三年规划》,决定从苗族群众"最要命、最要紧、最要脸"的事情做起,有计划、有步骤地开展了专项建设。

找准打开幸福的钥匙:从调查的情况看,全市76个苗族村寨发展不平衡,群众迫切希望政府帮助解决的问题很多,侧重点也各不相同:有71个苗族村寨共172千米的入村道路需要硬化;有72个村的67.9千米的村内道路需要硬化;有42个苗族村需要通过改造或修建管道及建小水窖从根本上解决饮水问题;有21个村需要改造坝塘20个、蓄水池1个;76个苗族自然村中,仅有1个自然村有文化活动室;有66个自然村的614户人家还住在茅草房、土掌房、石棉瓦房中,有的甚至是危房;有52个自然村共268户需建小沼气池。

在产业扶持及农田水利设施建设方面:一是碑格、中和营等乡镇的部分栽烟的苗族村寨希望稳定或增加烤烟面积;二是乐白道办事处和大庄乡较多种甘蔗村寨的苗族群众希望修缮蔗区道路,确保甘蔗按时砍运;三是部分村寨要求因地制宜,扶持发展花椒、油桃、核桃等特色经济作物及养羊、养牛、栽桑养蚕等;四是在无水源的山区(如灵泉办事处的老邓耳片区和中和营的跑马场片区),希望扶持建地边水窖,改造或新建小坝塘,在有管道饮水的烟区或已有自来水的村寨,希望延伸现有烟区水利设施或提高自来水的效益,把烟区水利设施或自来水设施在雨季用不完的水蓄积后转为其他生产用水,在有灌溉条件的地区(如羊街乡卧龙谷村委会公路沿线五个苗族村),希望帮助硬化田间灌溉沟渠,消除沟渠渗漏,降低生产成本。

苗族聚居区专项建设工作组在对上述情况深入调查了解的基础上,针对76个苗族村发展不平衡、各村群众迫切希望得到解决的问题各有侧重的实际情况,结合新农村建设相关政策,按规划组织实施专项建设规划。

为了使这项"幸福工程"按规划实施,市委、市政府还邀请全国有名的专家学者到开远来考察,写出了许多有价值的探讨性文章,首先从理论上为开远市世居主体少数民族聚居区的发展提供了支撑。2010 年 8 月,在市委、市政府的关心支持下,以云南大学专家为主撰写的《开远市世居少数民族传统文化及其现代适应丛书》一书正式出版,其中《开远市苗族传统文化及其现代适应》作为单行本发行,为开远市苗族聚居区的专项建设注入了新的活力。

消除幸福路上的障碍:"解难"是帮助苗族聚居区群众走向幸福生活的关键。三年多来,根据新农村建设的目标任务,开远累计投入资金 5722.87 万元,其中苗族聚居区专项建设工作组协调相关部门支持苗族村建设资金 75.5 万元、水泥 2100 吨,由苗族聚居区专项建设资金补助相关项目建设资金 590 万元,完成了 70 个苗族村的入村道路和 60 个村的村内道路硬化和 7 个村文化活动室及活动场地等项目的建设。"十一五"期间,开远 76 个苗族村已实现村村通电,有 4 个村的村内街道已硬化,有 5 个村的入村道路已硬化,有 65 个村 3408 户通过管道饮水、建水窖等途径解决或基本解决了人畜饮水困难,有 30 个村共 1087 户建有沼气池 1087 口,有 35 个村建有学校或教学点,有 1 个村建有科技文化活动室。

在产业扶持方面,三年来通过苗族聚居区专项建设资金支持,帮助苗族聚居区发展了一大批产业,为苗族群众增收致富创造了条件。为了加快苗族聚居区的危旧房屋改造和村容村貌整治,工作组多次深入到问题突出的苗族聚居区,宣传落实危旧房改造和村容村貌整治的扶持政策,通过整治,使苗族聚居区的村容村貌得到明显改善。

市委、市政府还把帮助苗族村寨有困难的学校、教学点完善办学条件作为一件大事来抓,通过苗族聚居区专项建设资金支持,完成了羊街乡的大坡头私立小学校球场、挡墙及球场围栏建设;帮助乐白道办事处红石岩、养马冲两个学校各购置了 25 套课桌椅,同时还为养马冲小学食堂厨房购置了抽油烟机,改善了三个学校的办学条件。通过苗族聚居区专项建设资金的支持,还促成了中和营镇平房村防雷设施建设,消除了该村农户房屋或人畜年年遭雷击的灾害。

打造中华苗族示范村:2009 年年底以来,开远在乡村旅游的打造中,以率先

而行、步步创新的理念,把以苗族聚居为主的中和营镇跃进新村打造成为中华苗族示范村,并作为全市农村社区化改革的三个试点之一,在加快苗族聚居区专项建设的历史上又翻开了新的一页。

为了改善基础条件,开远市将该村周围的化肥厂、小独山2个村庄的苗族群众并入跃进新村,使跃进新村的户数达到620户、2500人,其中苗族人口突破400人。农村信用合作社向社区每户居民发放建房款10万元,全面实现了路网贯通、土地平整、水网全覆盖,同时全面落实宅基地、农房确权颁证工作。在社区化探索方面,把公共服务管理与经济发展职能分开,推进社区党建工作和社区居民自治,完善社区服务体系,实行了社区居民统一办理"市民卡"和社会管理一卡通等,实现了新型合作医疗、新型农村养老保险全覆盖。

在产业培植方面,农村信用合作社向该村贷款227万元,整合多个项目,提升生产区域基础设施条件,在该村组建了中和营镇多彩专业合作社,2011年该村烤烟户均收入达5万多元,有的农户家已有两辆以上汽车。该村还史无前例地搞起了冬季农业开发,2011年计划种植200多亩西瓜,并开展了多种形式的土地流转,其中向专业合作社流转土地2640亩,社区居民的腰包渐渐鼓了起来。

跃进社区过去以脏、乱、差闻名的景象已被漂亮的乡村别墅、优美的环境所取代。在民族风格鲜明的社区文化活动中心前的广场上,你会从载歌载舞的社区居民的笑脸上读懂什么叫做幸福。

致富路上 品牌飘香

开远的发展路上,是城乡一体化,是渐趋清晰的特色化,也是各行各业品牌的绽放,并最终成就一个大品牌——幸福之乡的璀璨与温暖。

开远优势特色产业遍布城乡,犹如千树万树梨花盛开,也正是开远统筹城乡发展"全域发展,全民共享"目标的不断实现与突破。

在开远,培育高原特色农业产业,关键在于变革农村生产关系,进一步释放生产力,聚集产业发展要素,这也成为开远全体干部的共识。

一、基础设施铺就产业发展之路

在统筹城乡发展的进程中,建基的大量基础设施,为农村产业发展打下了基础。开远的村村寨寨,虽然山路弯弯、上山下坡,但水泥路、沥青路、弹石路却路面平坦,通往各村各寨、家家户户。作为云南唯一的全国农村改革试验区和省级统筹城乡发展试点,开远投入巨资上马一大批交通、水利等基础设施,改善农业、农村基础条件。如今在开远农村,公路村村通、路灯村村亮、水窖家家有、村村实现人畜饮水安全,昔日偏僻的农村连通了外面精彩的世界、昔日偏处一隅的农副产品连接起广大的市场。

碑格乡是开远一个彝族聚居的高寒山区乡,素来以缺水而闻名。前几年,在统筹城乡发展的进程中,通过建设鲁姑姆水库,寻找新水源、铺设引水管道,修建户均两个小水窖等措施,解决了缺水难题。至 2011 年已 4 年连旱的形势下,仍成为开远最不缺水的一个乡镇。

基础设施的改善,让农村和农民发展产业有了条件。位于开远西山的灵泉街道办事处老邓耳村,2010 年引进万寿菊产业,800 多农户种植万寿菊 8000 余亩,实现了当年引进、当年投产、当年见效。"种植万寿菊,最大的变化是,小孩秋季开学时,不用再到处借生活费。"村委会主任熊正义说。"以往小春以种玉米为主的老邓耳村,小孩秋季开学正是青黄不接的时候,只好借债送孩子上学。如今种万寿菊,手中有钱,小孩的那一点点生活费已不是烦心事。"小小万寿菊成了当地农民效益最好的特色产业。

二、专业合作挑起产业发展大梁

农村专业合作组织在开远特色农业产业发展中挑起了大梁,成为开远统筹城乡发展和农村改革试点的一大亮点。最新的数据是,开远目前已发展各类农民专业合作社 170 余家、培育重点农业龙头企业 32 家,带动农户 5 万人,近50%的农户通过农村合作组织的为农服务获得收益。

羊街乡是一个坝区乡镇,以优质稻、优质蔬菜为主要产业。目前该乡建立起专业合作组织 22 家、行业协会 3 个,辐射带动农户 2000 多户。值得一提的是,一个合作社就是一个特色产业,合作社从品种引进、工程化育苗、农资配送、技术指导直至产品销售等环节,全方位提供为农服务,整合了分散的生产要素,优化了农业生产的资源配置,转变了传统农业生产方式,实现了一家一户的小生产与大市场的对接。专业合作社组织生产的优质稻、番茄、甜椒等特色农产品远销省内外市场,合作组织创造的经济收入达数千万元。

合作社就像一颗颗珍珠,用特色产业这根金线串起来,其结果是加快了现代农业发展步伐,实现了土地规模效益显现、产业升级、农业增效、助力农民增收的成效。金土地粮食专业合作社"集零为整",将 650 亩土地统一规划、统一建设农田基础设施,建造三连棚式钢混大棚 700 座,推动了设施农业;新发蔬菜专业合作社引进并带动农户大规模种植圣宝番茄,获取了良好的经济效益;通灵乡村旅游服务专业合作社建设起可容纳千人的婚宴、聚会伙食团及活动中心、稻作文化陈列室、摄影展览室,并组建文艺组、乐鼓队、合唱团,发展农家乐 8 家。2010 年

接待乡村旅游就餐游客超过 10 万人次,纯收入超过 170 万元。

三、"一村一品"聚集产业发展要素

开远在特色产业上的"一村一品"已上升了一个层次,这样的升级甚至颠覆了传统农业的生产模式。

这里所说的"颠覆",其实是通过引导人才、资金、技术、管理等生产要素向农村流动,拉长产业链,形成种植、加工、销售一条龙的产业体系。目前,开远正有序推进"一村一品"产业培育。

在引导生产要素向农业农村流动上,开远的"七送"政策和"五位一体融资"模式最具代表性。开远出台扶持合作社发展意见,把送人才、送土地、送资金、送项目、送房子、送服务、送荣誉写进文件,通过政策激励、服务跟进、环境营造等措施,提高了农民的专业化组织程度,促进了农业产业结构调整和产业化发展,提高了农产品的市场竞争力,促进了农业科技成果的推广和应用,促进了特色品牌农业的发展。2011 年,开远评选出 5 家农民专业合作示范社、5 名优秀理事长及 12 家参与土地流转的农民专业合作社进行表彰。

在农业特色产业发展融资上,开远通过整合该市新农村建设投资有限公司、市供销社和农村信用合作社资源,在云南成立了首家"农兴投资担保有限公司",允许农村民房、宅基地、土地承包经营权、林地等进行质押,丰富金融服务产品,创新政府贴息、银行提供贷款、担保公司担保、合作社贷款、农户土地入股质押的"政府＋银行＋担保公司＋合作社＋农户"五位一体的融资模式,为农民专业合作社、农业龙头企业贷款提供支持。

引导生产要素向农村流动,开远收获了累累果实:截至 2012 年 9 月底,农村土地流转 7.12 万亩,规范流转林地林木 1.3 万亩,办理农村居民房屋产权流转 17 户,引进苗木花卉、葡萄、杨梅等特色农业项目 15 个,总投资达 4.6 亿元。

四、碑格的"赶羊行动"

碑格乡正在实施的羊群圈养,被称为"赶羊行动"。"赶羊行动"其实是左美果村发展的美果养殖专业合作社正在实施的统一圈养羊群、统一销售、系统养殖山羊的做法。其组织模式是当地农民以不低于 3000 亩土地入股,与引进的资金组建合作社,农民在土地上种草养羊,在每月领一份工资的同时,年底还可按股分红。

在培育高原特色农业上,碑格规划了"六个万"产业:把碑格传统的优质蓝头发展到万亩以上、把适宜冷凉山区种植的速生丰产树种开远滇杨发展到万亩以上、把当地颇有口碑的"碑猪"、"碑牛"、"碑羊"等活畜发展到万头以上、抓住国家

西部大开发的"东桑西移"战略和云南"浙桑入滇"战略机遇,将蚕桑产业发展到万亩以上、将土豆等碑格特色蔬菜发展到万亩以上、新开发建设万亩工业用大麻基地。

值得注意的是,碑格的"6 个万"产业中,滇杨、蚕桑产业涉及荒山造林,不仅产生经济效益,更可产生生态效益。

五、宋武的"品牌之梦"

宋武是开远的"小米辣大王",在自己种植小米辣的基础上,领办起了东山小米辣专业合作社,带动 6000 个农户种植小米辣 2 万亩,其产品通过网上发布信息,已远销广东、四川、重庆、湖南等省市。2009 年,宋武与合作社投资 700 万元建起了加工厂,每年可加工 1 万吨小米辣和 1300 多吨藠头。

形成了种植、加工、销售一条龙产业体系的宋武也有烦心事:自己的商标还未注册下来,只能用合作伙伴的商标,这被人调侃成"自己生的孩子跟了别人的姓"。对此有着切肤之痛的宋武,决心走一条自己的品牌之路:注册有效商标并创造自己的知名品牌。"种植基地扩大了,市场拓宽了,更需要有自己的品牌。"宋武表示,合作社将通过无公害生产和绿色、有机农产品认证,并在生产过程中严格执行标准,提升产品质量,争创红河知名、云南著名、中国驰名商标品牌。

"市里对农产品品牌建设也有扶持政策。"宋武说。开远在高原特色农业产业的品牌建设上,对依法取得注册商标专用权的,一次性给予 5000 元奖励,获得省级著名商标、国家级驰名商标的,分别给予 1 万元和 3 万元奖励。

开远按照生态农业模式组织生产,创无公害、绿色、有机品牌,截至 2011 年底,已有 17.88 万亩无公害农产品、绿色食品得到产地产品一体化认证,并新申报 500 亩有机食品和 500 亩"云恢 290"优质稻绿色食品认证。13 个农畜禽产品通过"三品一标"认证,取得有效注册商标 56 件,产生了 5 个云南著名商标和一批知名品牌。

多多益善 增长财富

近年来,开远市把发展壮大产业作为全面建设小康社会的首要任务,采取一系列强有力的措施,积极打造推动县域经济发展的支柱产业。"十一五"期间,开远市依托独特的交通区位和自然优势,实施"上大项目、大上项目"战略,5 年投入产业建设资金 130.9 亿元,组织实施各类项目 281 项,"一产更优、二产更强、三产更活"的产业发展格局基本形成,为统筹城乡发展奠定了坚实的物质基础。

当下，开远又在明确产业定位的基础上，着力提升优势特色产业的竞争力、聚集力和带动力，在现代化、工业化、城镇化的道路上一路踏歌而行。

开远市灵泉办事处不断调整和优化产业结构，结合西山的地理环境，引进了全国最大的万寿菊加工企业曲靖博浩生物科技股份有限公司到西山建厂，发展万寿菊产业。如今，8300亩万寿菊已经让当地农民尝到了调整农业产业结构的甜头，逐渐走上了致富的道路。

每一个特色产业背后都有一段传奇的故事，每一个特色产业的发展之路都有一段耐人揣摩的经历。万寿菊产业只是开远调整农业产业结构的一个缩影。近年来，开远市稳步推进"33411"工程（即种植业、养殖业"三大基地"建设，培育40户龙头企业、100个农民专业合作社和省级以上农产品品牌10个）建设，建成优质稻、蔬菜、苗木花卉、特色温带水果、烤烟、甘蔗、蚕桑等特色产业。

"十一五"期间，开远市按照"市场化定位、区域化布局、产业化开发、科技化支撑、特色化发展、多元化投入"的发展思路，出台了一系列扶持农业、发展农村的政策，促进和带动了一大批农业产业的发展。随着新型农村合作经济组织不断发展壮大，开远市农业在产业化发展的同时向特色化延伸，其中优质稻、白花大粒蚕豆、鹰嘴蜜桃、蚕桑、苗木等前景好、效益高的特色产业成为开远农民致富奔小康以及建设社会主义新农村强有力的支撑产业。从2007年开始，开远每年投入100多万元，分层次、分类型扶持市级重点培育的优质特色产业、乡（处）重点发展的"一乡一业"和村级重点建设的"一村一品"，大大提升了农业产业化、特色化经营水平。

开远地处低纬高原地区，属亚热带季风气候，素有"天然温室"的美誉。随着栽培水平的提高、无公害栽培技术的推广应用等，蔬菜水果等种植业收入大幅度增长，其中冬季作物中的白花大粒蚕豆、脱毒马铃薯、大棚甜椒等已成为开远独具特色的农产品，鹰嘴蜜桃、东山李、葫芦梨、蜜柚等也成为开远有别于其他县市的特色水果，带给农户巨大的经济效益。2011年在羊街乡建成的1000亩现代设施农业蔬菜生产示范区，示范种植的蔬菜种类为大棚甜椒、番茄，大棚甜椒的平均亩产达到2920千克，亩收入8120元，大棚番茄平均亩产达到5897千克，亩收入11794元，助农增收效果明显。另外，通过"政府搭台，果农唱戏"，开远连续两年成功举办蜜桃节，展示了开远林果产业发展的新成就，全面提升开远以蜜桃为主的优质水果的知名度，切实做大做强开远温带水果产业，给农户带来了巨大的经济利益。

"十一五"期间，开远提出用3至5年时间发展蚕桑产业5万亩，推动蚕丝产业链建设，并逐步将蚕桑产业培植成为开远经济的支柱产业和农民增收致富的主要产业之一。目前，以云南宝泽实业有限公司为龙头，以省农业科学院蚕桑蜜蜂研究所为支撑,全市桑园面积已达11650亩,已有2658户农户种桑,经济效益比种植烤烟高。苗木花卉是生态农业、观光农业和创汇农业的重要组成部分,对推进农村产业结构调整,促进农业增效、农民增收有着积极作用。开远自2008年被省花产办确定为云南省园林绿化苗木重点基地县以来,以发展绿化苗木种植为重点,加强引导、强化服务,稳步推进苗木花卉产业的发展。

2011年,开远新发展工业用大麻8708亩,新植和巩固蚕桑面积1.5万亩,新发展种植万寿菊8300亩,受2010年百年一遇的旱灾影响,恢复建设甘蔗原料基地2.9万亩。同时,在大庄乡、羊街乡、中和营镇建成永久设施大棚、喷滴灌等现代设施农业5万亩,完成东部山区万亩现代烟草农业示范区建设。

踮足而欲跃,展翅而欲翔。"十二五"期间,开远将着力发展设施农业、生态农业、休闲农业、观光农业、品牌农业,推进和完善现代农业产业六大体系建设,即建立和完善现代农业产业体系、现代农业科技支撑体系、农产品质量安全体系、农村市场流通体系、现代农业硬件支撑体系、农业人才支撑体系,促进农业生产专业化、标准化、规模化、集约化。以市场为导向,科技为手段,质量效益为目标,大力实施"33411"工程,推进一批特色产业乡镇、特色村建设,形成农业产业布局优化、农业产业向优势特色产业和区域集中发展格局。

"十二五"期间,开远市还将通过政策激励、服务跟进、环境营造等措施,推动实施"13579"工程,即到"十二五"末,全市规范发展农民专业合作社100个以上、扶持在全省全国有影响的合作社30个以上、建成示范性农民专业合作社50个以上、入社农户达到70%以上、带动农户达到90%以上,把开远建成全国、全省有名的农村合作经济示范市。大力推广"公司+基地+农户"的产业化发展模式,多路子、多种模式扶持发展农村集体经济。形成城郊园艺化、坝区设施化、山区特色化的现代农业产业格局。实现农产品加工率50%以上,形成集生产、加工、销售为一体的产业链,促进产业持续增效,农民持续增收。大力推广优良品种,推广农业机械化技术、设施农业技术和资源节约型技术,推进农业信息服务技术发展,完成两个万亩设施农业示范区和一个山区综合开发示范区建设,实施种子工程,加大优良品种引进试验示范和推广力度,实施"科技入户"工程,建立科技成果转化推广机制;推进农业标准化生产,大力发展无公害、绿色和有机农产品,实施农产品品牌培育工程;实施"乡村流通"工程和"万村千乡市场"工程,大力发展多元化乡村流通服务体系。

乘势而上,谋求更高跨越。全面发展以"特色、品牌、高效、规模、优质、安全"为特征的现代农业,已然成为开远"十二五"期间农业工作的方向和重点,开远特色农经产业的"花样年华"已经来临。

转变思路 发展特色

"半年前,我们打理村庄的习惯是石头砌围墙,每家一小院,隔开你和我,生活互不干涉。""如今,大家的思维转变了,正谋划着敲开石壁,用通透的栅栏取代围墙,营造一个环境优美的乡村旅游目的地。"这是开远市羊街乡卧龙谷村委会老燕子村党总支书记李红卫和村民小组长魏显荣说的一番话。老燕子村是个居住着 53 户人家,有 230 多人的小村庄。近 4 年来,该村引领群众联手合作,发展优质水稻种植业,初步形成依靠小产业发展致富的格局。至 2009 年,该村农民人均纯收入达到了 8000 元,家家户户建起了庭院式的小楼房,集体经济也具有一定的积累。生产生活改善了的农民们并不满足于现状,他们认真思考着如何拓展产业,以实现更大的发展。2010 年上半年,随着云南省推进学习型党组织建设工作的深入开展,老燕子村迎来市、乡两级党组织调研和指导组。在调查分析后,指导组给村支部提出一套方案:围绕拓展开发新产业,扩大和丰富新农村建设,开展有针对性的学习培训,整体提高村民的综合素质,建设开发乡村旅游小村寨。制定党员和群众学习计划,设定专门辅导员引导群众以家庭为单位开展长期学习活动;村支部每半月组织一次集体学习交流活动,利用农闲和夜晚时光,让党员和群众畅谈学习感受,相互帮助和监督消除陋习,提高综合素质,增长科技知识等。经过一段时间的学习与交流,老燕子村的农民群众统一了思想,决定整理美化好村庄,开发乡村旅游,并很快开展项目的实施工作。如今,这个小村庄确定的发展方向是:壮大优质水稻和冬季蔬菜种植业,让掌握种植技能的农民充分发挥优势;把掌握养殖技能的农民组织起来,培植开发养猪、养鸡业,迁移原先养在农户院内的畜群,进行集中饲养,实现全村人畜分离,力争在 1 年后,肉、蛋带来收益 80 万～120 万元。改变传统生活方式,打通院墙,建好排水设施,依照特色栽种出独具农家风格的果树、花卉等,培植开发乡村旅游业,用 1 年时间将老燕子村打造成闻名全省的乡村旅游目的地。这个 53 户人家小村庄的农业经济开发,从一村一品走上一村多品的前进之路。

"四个集中"幸福城乡

云南省开远市自 2010 年被确立为全省统筹城乡发展试点县市以来,以打造"幸福开远"为目标,通过农业产业向优势特色区域集中、土地向合作社和种植大户集中、人口向城镇和中心村集中、工业向园区集中"四个集中"模式,以城带乡、以工哺农,统筹城乡发展。

(1)农业产业向优势特色区域集中,形成现代农业新格局:统筹城乡发展试点工作启动以来,开远市按照"连点成线、扩线带成片"的思路,建设优势特色农业产业园区、产业带。

开远着力发展特色农业,提升农业品质,培育壮大农业经营主体,并强化构建农业社会化服务体系,加快形成城郊园艺化、坝区设施化、山区特色化的现代农业新格局。

第一,开远市努力找准区域特色优势农业产业,并着力扩大优势农业产业规模,加快产业聚集。2011年新建了西部山区万寿菊种植加工基地,建成投资1000万余元的万寿菊加工厂,发展种植面积8300亩;新植和巩固蚕桑面积1.7万余亩,恢复甘蔗原料基地3万亩。与此同时,开远2011年通过建设东部山区现代烟草农业示范区并启动成交现代农业蔬菜基地示范区和现代家禽产业示范区建设,带动优势产业发展和产业聚集。

第二,龙头带动、品牌效应,提升农业产业品质。近年来,开远扶持发展农业龙头企业32家,成立农民专业合作社170余家,辐射带动农户5万余人,壮大了农业经营主体。并稳步推进优质稻、蔬菜、苗木花卉等7大特色产业的品牌建设,"云南山鸡"、"乌鸡白凤蛋"等农业品牌已形成一定知名度。

第三,通过扶持产业内统一服务的社会化组织,加强对农户的服务和引导,提升农业发展能力。目前,已培育农村经纪人近500人,建立起优质稻等六大产业的"专家+科技人员+科技示范户"服务网络。农村气象综合信息服务系统和手机"农信通"短信平台的成功搭建,建立起与现代农业相适应的社会化服务体系。

通过推进农业向优势产业集中,提升农业产业可持续发展能力和发展品质,开远农业产业已经形成优质稻、蔬菜、水果、甘蔗、苗木花卉、家禽养殖等一批有区域特色的优势产业和特色产业带。全市相继建成种植业基地12个,面积达40万余亩,畜禽标准化规模养殖场20个。

(2)土地向合作社和种植大户集中,促进农业适度规模化经营:在试点工作启动之初,开远就制定了《关于农村土地承包经营权流转的实施意见》和《关于集体林地林木流转机制的实施意见》,成立市、乡、村三级流转服务组织,推动土地向资本足、技术强、懂经营、善管理的规模经营大户和合作社集中。

自2011年1月以来,开远流转土地面积近万亩,有690户农户以5046亩土地入股组建起7个农民专业合作社,林地林木流转也达5780余亩。

为保障土地流转工作的开展,开远采取政策激励、服务跟进、环境营造等措

施,为全市农民专业合作社贷款 1450 余万元,有效缓解了农村合作经济组织在土地流转及流转之后的融资难问题。云南省农村信用社每年支持开远的 1 亿元专项贷款发放完毕,涉及 40 个特色村、41 个农民专业合作社。

开远市通灵乡村旅游服务专业合作社是开远成立的农民专业合作社之一。据理事长黄建勇介绍,目前合作社共有 116 户农户参加,利用现有农家宅基地和公用土地,带动全村开展乡村旅游、农家乐等项目,每年为合作社每户参合农户平均分红超过 1000 元。

据统计,土地流转的形式由过去以转包和出租为主,逐步转变为互换、转让、入股等多种形式。开远市推进土地向合作社和种植大户流转后,促进了农业机械化。全市 22.7 万亩常用耕地中,已有 53.5％的耕地可采用机播机耕,农业龙头企业和农民专业合作社销售收入达 6.3 亿元,带动农民增收 2 亿元。

(3)人口向中心城和中心乡村集中,构建新型城乡空间格局:2011 年以来,开远市为进一步推动农村人口向城镇集中,推动户籍管理制度改革,放宽了户口迁移和落户限制。着重提升城乡建设水平,增强中心城、中心镇、中心村的聚集辐射能力,引导农村人口迁移聚集。加快城镇化进程,以推进城乡公共服务均等化缩小城乡差距。

开远市将市内户口迁移条件由原来的同时具备"合法固定住所和稳定生活来源"放宽到具备"合法固定住所、稳定生活来源、稳定职业"三个条件之一即可。在放宽户口迁移条件同时,开远以提升城乡建设水平和城乡社会保障水平来引导人口聚集。

一是提升城市建设水平。开远按照"高水平拓展东城区,高标准改造西城区,高品位开发南部生态区,高速度发展北部工业区"的思路,提升城市建设的水平和档次,加快中心城建设。

二是推进乡村建设。开远依照小龙潭、羊街、中和营三个中心乡镇规划和定位,强化政策资金支持,建设特色鲜明、优势明显、带动力强的中心镇。同时,对区域内村庄空间分布、人口规模、产业特点进行全面分析,确定中心村的建设规划,科学合理撤并村庄 35 个,建成 100 个左右的中心村。把中心村作为推进农村改革重点,稳步推进村庄撤并。

三是提高城乡社会保障和为民服务的水平。2011 年,开远试点推进城郊村改居委会工作,对行政区划进行适当的调整,以农村社区服务中心建设为重点,完善各类社区服务。以推进城乡基本医疗服务均等化改革为抓手,缩小城乡差距。2010 年以来,开远市推动 5 家城市医院对全市所有乡村卫生院开展以业务管理、技术培训、转诊转院、设备共享为主要内容的新型委托管理,使农民在乡镇能享受到城市优质医疗服务,并只按卫生院收费标准支付费用。

（4）工业向园区集中，推动工业产业化发展：开远市为促进城市化、工业化和土地利用集约化的良性互动，以推进工业向园区集中为突破口，吸引更多企业落户园区，引导园区向专业化发展，形成市区有工业集中发展区、乡镇有工业集中发展点的工业空间布局。

一是以规划先行优化工业发展新布局。开远市按照市域城镇总体规划要求，对全市工业园区实行统一规划、统一管理，促进工业企业集群化发展。开远相继完成或启动商贸物流园、汽车市场和加工园区、低碳经济产业园等工业园区规划。目前，开远工业、物流等园区规划面积已达 23 平方千米。开远化工园区已拥有工业企业 16 家。

二是完善园区建设，搭建聚集发展新平台。开远化工园区管委会成立以来，以企业为投资主体，相继完善了园区内道路、桥梁、电力等基础设施建设。同时，积极鼓励企业建设标准厂房，实现园区标准化建设。开远林达机械有限责任公司入驻化工园区后，投资 800 余万元建成占地 7000 余平方米、标准厂房建筑面积达 3500 平方米的生产区。

三是以招商引资促项目建设。开远推进工业向园区集中以来，制定出台了 10 余个鼓励产业发展的扶持奖励办法，通过优惠的招商政策营造良好的投资环境，吸引工业企业投资落户园区。

四是提升园区服务营造利于发展的"软环境"。园区项目审批进入政务服务中心的"绿色通道"，实行并联审批，全程跟踪服务，无偿代办各种审批手续。

随着开远化工园区的深入建设，工业园区的聚集效应开始凸显。园区内聚集了煤炭、发电、化工、建材、造纸等产业，园区企业数达 16 户。2010 年 1 月至 9 月，园区实现工业总产值 37.8 亿元，工业增加值近 11 亿元。

蜜桃甜美 幸福开心

开远蜜桃是红河州乃至全省的温带优质特色水果，以其甜、脆、外观奇特、耐储运而受到消费者的青睐。为使这一栽培历史悠久的地方特色水果快速发展，开远市委、市政府将其纳入农业产业"55110"工程进行培植。通过政策引导、资金扶持、技术服务，培植了一批农业龙头企业和种植专业户。近两年，开远蜜桃以年均 8000 亩的速度扩种，成为开远城郊农民增收的支柱产业。2007 年 2 万余亩蜜桃总产量约 1.4 万多吨，年收入达 4200 多万元，其中龙头企业和种植大户的销量占总销量的 70％以上。

目前，开远共有蜜桃种植龙头企业 2 户，其中红河林果种苗开发中心被红河

州人民政府认定为农业产业化经营州级重点龙头企业;农民专业合作社 2 个,农民协会 2 个,共有社员、会员 2000 多人。

《开远市人民政府关于加大农业产业培植扶持现代农业发展的决定》明确规定:(1)开远蜜桃每新增 1 亩种植面积,补贴种苗款的 80%,对建立新品种种苗繁育基地的,每新建 1 亩,给予 0.1 万元补助,现已投入补助资金 74 万元;(2)对采用无公害、绿色、有机食品栽培管理技术、且连片 100 亩以上的(含 100 亩)蜜桃,每亩给予新增生产费用 50%的补助;(3)对达到"一村一品"扶持条件的蜜桃种植村进行扶持,主要扶持:改善农业生产条件,设施农业补助,种苗补贴,参与"一村一品"建设的中介组织或农村经济组织收购农产品的贷款贴息;(4)对在国家、省组织开展的综合型农博会和在国家级、省级、地(州、市)级政府或部门组织开展的单项农产品评比中获奖的,分别给予 5 万元到 0.5 万元不等的奖励;(5)对获国家、省认证的有机、绿色食品、无公害生产基地、无公害农产品,分别给予创牌者 3 万元、3 万元、2 万元、2 万元奖励;(6)对认定为市级示范性农民专业合作经济组织的,当年给予 3 万元奖励,对新成立且运行正常的农民专业合作经济组织给予 1 万元的奖励;(7)对市内超市设专柜或在大中城市设立摊位销售本市特色农产品一年以上(含一年)的营销企业,给予摊位费 50%的补助资金,对年销售额在 50 万元以上的,给予销售额 2%的奖励,现已投入补助资金近 80 万元。

通过以上政策的扶持,加之农业龙头企业的带动,开远蜜桃产业快速发展,2 万亩蜜桃通过国家基地无公害、产品无公害一体化认证,成为开远城郊农户增收致富的一大支柱产业。

如今,开远蜜桃因其独具的特色被越来越多的人认识和喜爱,产品远销北京、上海、成都、重庆、贵阳、昆明等多个城市,并被外县(市)部分果农所引种,成为了消费者最受欢迎的"绿色水果"之一。

开心如桃,幸福似蜜,开远人的金字招牌!

一个城市的发展,与商业有着巨大的关系,它决定着城市的规模、功能、布局以及交通,等等。开远作为红河州商贸物资集散和仓储的主要基地,北接弥勒,西邻建水,南连个旧和蒙自,在物流运输上有得天独厚的优势,这为现代绿色工业产品的销售和推广起到了桥梁作用。

近年来,开远商贾云集,物资集聚,市场繁荣,商贸流通在能源、化工、建材等行业的支撑带动下,形成了滇南、滇东、文山、思茅乃至越南部分地区的商品物资集散中心。

2006 年时,开远城市建成面积已经扩张到 18.5 平方千米;城镇人口近 20 万人,与开远建市时相比,增长 13.4 倍,城镇化率达 68.1%,成为全省城乡一体化发展速度较快的城市。这座人口总量居全州 13 个县市第 10 位的现代工业城市，人均 GDP 达 2100 美元，居全州第二位，城镇在岗职工人均工资、农民人均纯收入居全州第二位，人均地方财政收入也居全州第二位。

开远有独特的地理综合优势，在土壤、气候、植被、农业技术等方面都有其他地方没有的特点。同时，丰富的自然资源为开远的发展提供了保证。我们知道，资源是任何一个区域发展的前提，自然资源是拉动区域经济最为直接和显著的一种因素。今天的美国称雄世界，离不开 19 世纪初全美参与的西部淘金热潮。

同样的原因，因为锡矿，开远邻近的城市个旧成为了中国的锡都，以个旧、开远、蒙自、建水、石屏为中心的滇东南区域，在中国的近代史上扮演了极为重要的作用，这个区域成为云南乃至中国的经济火车头。

开远市目前已发现矿产可分为 4 类 16 种，已开发 11 种。已探明储量的矿产有石灰岩、砂页岩、石英砂岩、耐火粘土、铁矿和煤矿。其中褐煤、石灰岩、无烟煤、砖瓦粘土等第一类矿产的开发程度最高，开发规模最大，已成为矿业的优势产业。境内矿藏主要有煤矿、锰矿、锑矿、铝矿、铜矿、石灰岩，砂页岩，耐火粘土矿床、汞矿等。

离城区 20 千米的小龙潭，褐煤储量达 12 亿吨，是云南目前最大的露天煤矿。由于煤电充足，为数百个工矿企业的发展创造了条件。丰富的矿藏资源为开远的工业发展奠定了雄厚的基础。依托资源优势，逐步形成了以能源、化工、建材等为主的支柱产业和食品、服装、印刷、机械、冶金等门类齐全的工业体系。

此外，小龙潭的地质结构有非常重要的科学研究意义：小龙潭煤系自下而上划分为三层：兴隆寨粘土沙砾层、小龙潭褐炭层、响水泥灰岩层，为上新统时代；同时，小龙潭地区新生代的古生物化石较为丰富，包括孢粉、植物、无脊椎动物和脊椎动物中的哺乳类。进一步开展对该地区地层、古生物的考察，对研究人类起源问题有较高的价值。

从城市经济学来看，开远市已经是中等发达城市。高速发展的现代工业经济带来了城乡一体化的快速发展，城乡一体化的快速发展决定了开远城市人的思想、观念及生活方式不再是小农经济状态下以种田为生的封闭、静态、落后的生存观，而是逐步呈现出在现代工业经济的形势下现代、时尚、动感、休闲的思想观念及生活方式。

开远处在地球上最年轻的横断山脉东界的起点位置，横断山脉从开远蔓延至四川广元，在横断山脉旅游圈中占据巨大优势。阳光、风、云、土地、草地、森林、乡村、花园——这些都是人类生活中恒久的元素，这些大自然的礼物，这是任何所谓的"人工"所不能比拟的。

在工业城市环境基础上重新构建起一种生态模式的生物生存环境，这无疑

是一种富有理性思想的举措。草坪、花园、树木、树丛、雕塑，这些都提供了视觉、听觉、嗅觉的愉悦感，这是一种居住人的幸福感觉。大的开放空间，田园河畴，小溪穿流，人们练武术、打球、跳街舞，这是一种田园般的恬静与惬意。让每一个开远人都切实活出幸福感，是开远市委市政府一直的努力目标。幸福不是空话、套话，而是自发的感受。走进开远市，"建美丽开远市，做幸福开远人"的标语大街小巷随处可见。一位在开远采访的记者这样写道：走在开远街头，你随机问任何一个市民"生活在开远，你觉得幸福吗？"，他们都会不容置疑地回答你"很幸福"，然后如数家珍地告诉你他们感到幸福的诸多原因。

开远市在 2007 年实施 51 项社会关爱工程，2008 年又启动了公厕免费、城市低保家庭菜篮子工程、残疾人免费乘坐公交车、少数民族聚居区发展专项工程、居者有其屋行动计划、农村客运站建设、村庄光亮工程、农户太阳能补贴、农民工社会保险补贴等 12 项社会关爱工程，这样的人文关怀让所有市民真正共享了开远经济社会发展取得的成果，增强了市民的幸福感。2008 年，市财政投入 6300 万元资金实施农村道路硬化建设工程，切实解决农村行路难问题；投入 700 万元实施村庄光亮工程；实施农村太阳能建设政府给予补助政策：按照每户农户每安置一个太阳能，政府补助 500 元的标准，兑现补助资金 150 万元，共补助农户安装太阳能 3000 套；在上级给予支持的基础上，市级财政共投入 315 万元，按照每建一口沼气池市财政补助 2500 元的标准给予补助建设沼气池；投入资金 300 万元实施广播电视村村通工程，并完成了当年计划实施的全部工程。城乡一体化的进程，就是让农业享受城市发展的物质与精神成果，让农村田园诗与厚重感回归城市。开远市以基础设施建设为突破口，让出门走马路、进门开电灯成为村里人一种与生俱来的生活方式，背后是大家对开远市市委书记李存贵的一句话的共识："同为开远人，农村人有权利与城里人一道分享开远改革开放以来经济社会建设所取得的各种文明成果。"

物质与制度为幸福铺路，如何让这样的幸福感具有感染性？开远人到别的地方也可以传达"开远式幸福"，也让外地人一到开远就感受到"幸福的开远人"。为了达到这个目的，开远市启动了"优化市民素质，培育良好市风"的工程，它需要时间、信心和勇气。《开远市民读本》与《市民文明公约》和《市民行为规范》免费在市民中发放，让每个人了解城市历史文化、学习礼仪、遵守市规、维护市貌以及城市形象，是一个幸福城市必须要走的路。通过引导方式，倡导文明、健康、科学的生活方式，让市民改变一些不文明行为，营造良好的社会风气。让开远外在和内在，都是美丽、幸福的承载。近年来，开远市以浩大的宣传声势和形式多样的教育活动，将市民行为规范教育摆在十分突出的位置。

"改陋习、树新风"是国家的口号，缔造开远城市精神，需要向各种陋习宣战，在天蓝、水清、地绿、景美的城市中,增加城市之魂。

灯让城市多彩,灯光拯救夜晚的城市。在城市文化的发展进程中,灯光作为城市文化的"明灯",有着不可低估的作用。灯光本身就是一件不断展示的艺术品,而夜晚市民走入灯光里就如进到了花园般盛开的鲜花中。

夜景夜市,是一个地方城市化的重要标志之一,而夜市的标志烧烤摊,则体现着一个地方城乡结合的程度。开远夜市最大的特点的就是,在这里,城市与乡村融为了一体,形成了城市乡村化、乡村城市化的独特景观。开远有任何大城市都有的霓虹景观,也有许多大城市无法享受到的市井烧烤,即便有些城市有夜市,但只可以欣赏霓虹灯,而无法观赏到大月亮。

开远夜景一直是开远市民的骄傲,今天的互联网上,只要你百度或谷歌"开远夜景",都很容易找到"秀"开远夜景的照片。有位网友这样写道,"买车后,发现车内异味较重,想找个地方好好地让车透透气,加上开远前几天比较热,人也需要清凉清凉,结果发现开远市政府的地盘环境优美、空气清新,果然是个纳凉解闷的好地方。"他上传的开远夜景照片得到很多人的赞赏,外地的网友惊讶于这个县级城市"怎么会有那么好的夜景,一定要去看看。"那些背井离乡的开远人则会说:"家乡越来越美,恨不得马上回家重新感受一下。"

在一幅大月亮的照片下,有人留言说:"看着大月亮,吃着烧烤,会觉得人生最幸福的事莫过如此。"华灯初上,夜幕下的开远烧烤摊,是开远人和外地人津津乐道的地方。说起开远烧烤,那色、香、味无一不俱,进嘴的味儿,可真是辣得口服,香得心服,鲜得味正,甜得味美。正如一位网友写得那样:"如与爱侣相伴,共赴开远烧烤,烤上一腿本地土鸡,烧上一段黄牛尾,要上一块大肠头,加上一把冲锋草,掺上几个土豆蛋,切上一个小瓜片。当然还得要上一瓶子小红河,那滋味肯定:吃在嘴里,美在心上。"

口碑在民间,让我们看看那些令人垂涎的吃品吧:"铁路那里的烤牛肉串,是最老的开远味道"、"绿水河的烤鸡"、"小肉串与烤茄子","小锅米线","烤小卷粉","荷叶洋芋"……

现在,泸江公园提升改造一期、迎旭广场电子显示屏、城市监控系统等重点工程建设顺利完成。城市所有公园全部免费向市民开放。市民享受上了全国县级市唯开远独有的双层观光巴士。靓丽美观的木制花槽绽放出开远的绿意春色。灿烂的灯光开始让人感受到"开远之夜"的魅力。开远村村寨寨全部免费安装路灯,总计7000多盏,这些灿烂明亮的灯光照亮了开远乡村的夜晚,照亮了开远城乡一体化的康庄大道,照亮了开远农民百姓的心!

曾任云南省教育厅长的龚自知先生曾在文中记述下这样的场景:"有一铁路,同国内外通邮,也比较方便。国内报纸、刊物、书籍、科学仪器、文教用品,日

渐输入云南……电影业，西医新药业，也在昆明逐步成长。当时火车票便宜得连普通大众都能享受。云南由于滇越铁路交通，昆明早期西式建筑，大都模仿法国式。建筑材料，逐步掺用水泥。有的房屋用花砖铺地，瓷砖镶浴室，红木做地板、墙板，人们开始吃面包……有的还喝汽水、啤酒、咖啡，当然，这些都是从铁路进口的。"开远正是在这样的氛围里，为自己的城市建筑风格、生活习惯、价值观念、文化内涵等方面开始了城市自身的营造。滇越铁路的开埠推进了开远的城市化进程，使开远逐步发展成为滇南的交通枢纽、仓储物流中心和物资集散地，成为四通八达、商贾云集、开放兼容的一座新兴工商业城市。

开远人重视自己的文化遗产，开远市文管所目前已收藏各类文物 8258 件，分历史文物、近现代文物、民族文物、民俗文物四大类，在全省各县市级文物机构中列居前茅，已为建立博物馆准备了良好的藏品陈列基础。

开远不断开展文物普查工作，力图从物质文化遗产、非物质文化遗产的层面为开远市博物馆的创立增加一批丰富的馆藏资料，满足人们的精神需求。据调查，开远市民间收藏数量已逾万件，是一笔可以积极利用发挥效应的社会流散文物资源。越来越多的私人收藏，既是国家文物机构的潜在竞争者，也是充实国家收藏的供给者。

文脉需要一代又一代人传承，开远人知道自己的使命。开远有一批学有专攻的本土专家，在不断实践探索中已出版《开远市志》、《开远年鉴》、《开远市文化艺术志》、《开远史话》、《开远市文物志》等，为研究和认识开远历史文化奠定了资料基础。目前，开远市正在整合资源优势，争取智力支撑，预计将会有一批高水平的研究合作成果问世。

深厚的人文传统，是开远能够走得更开阔辽远的保证。

首先是开远腊玛古猿化石的四次发现（1956—1982 年）。"开远森林古猿新种"被认为是人与猿的共同祖先，年代距今约 1500 万年。经著名古人类学家吴汝康教授潜心研究，将第一、二次发现的古猿化石定名为"开远森林古猿新种"，并认为是人与猿的共同祖先。学术界认定"开远腊玛古猿"所处的时代为距今约1500 万年的晚中新世，开远腊玛古猿也随之被认为可能是人类的直系远祖。

其次是灿烂的边地文明，构成了开远的多元文化特色。开远市总人口32.43 万人，少数民族占总人口的 52.9％，彝族、壮族、苗族、回族与汉族同胞胼手胝足，共同建设和开拓了自己美丽的家园。开远少数民族的建筑、服饰以及古朴的烟盒舞、芦笙舞、洞经音乐、民间剪纸、彝族民歌、彝文经书等颇具地方特色。物质与非物质文化遗产交相辉映，凸显出熠熠生辉的开远文明。

第三，以滇越铁路为发端，百年的工业化进程给这座城市注入了近现代文化元素，使开远文化呈现出保持传统、博采众长的发展格局，成为"四面伸开、联结广远"的重要表征。1910 年全线开通的滇越铁路标志着近代云南乃至中国工业文明史的开始,法国在云南修筑铁路的目的在于侵略、掠夺,"火车不通国内通国外"之怪状,却使滇越铁路成为进入云南及西南各省区最便捷的通道,为云南和毗邻云南的中国西南各省区提供了最便捷的出海通道。而开远则成了滇越铁路的中心站。火车的鸣笛声宣告着一个工业时代的到来,来自开远火车站的嘶叫声撕碎了大清帝国的南大门,这是任何人力和木棍都无法抵挡的钢铁之物,它带来了速度、力量……重要的是,它所带来的新观念。在这片土地上,许多东西都被改变。

　　幸福,是开远人的梦想;

　　幸福,是开远人的追求;

　　幸福,开远人正在实践;

　　幸福,是开远人最大的品牌;

　　幸福,且行且创造!

附:开远市特色优势产业目录

	序号	特色优势产品名称
当前特色优势	1	优质稻产业
	2	开远蜜桃生产产业
	3	禽蛋生产产业
	4	葫芦梨生产产业(已通过农业部"无公害质量"认证)
	5	苗木花卉产业
	6	种桑养蚕产业(种桑 5 万亩,年产鲜茧 6000 吨)
	7	肉牛生产产业
	8	中华冬桃生产产业
	9	东山李生产产业
	10	冬早蔬菜生产产业
	11	早桃生产产业
	12	白花大粒蚕豆生产产业

66

	序号	特色优势产品名称
产业及发展布局	13	甜油桃生产产业
	14	冬马铃薯生产产业
	15	花椒生产产业
	16	甜脆豌豆生产产业
	17	肉牛屠宰特色牛肉加工产业
	18	土杂鸡生产产业
	19	反季节芦荟生产产业
	20	年产 100 吨豆腐皮加工产业
	21	1 万吨药食青花椒深加工产业
	22	年产 1500 吨微囊花椒粉加工产业（入汤无渣）
	23	年产 100 吨花椒芳香精油加工产业
	24	年产 150 吨花椒精加工产业
	25	苦荞生产产业
未来特色优势产业及发展布局	1	核桃产业
	2	肉羊生产产业
	3	生猪生产产业
	4	年产 1000 吨盐渍葫芦梨加工产业
	5	4 万亩"双高"甘蔗原料生产产业
	6	乡村旅游产业
	7	桉树产业
	8	年产 100 吨花椒绿色医用麻醉剂加工产业（已与海军医学研究所签订攻关协议）
	9	年产 50 吨抗癌素加工产业（已与海军医学研究所签订攻关协议）
	10	生态山鸡产业
	11	年产 500 吨花椒杀虫剂加工产业
	12	年产 2000 吨花椒渣生物有机肥加工产业
	13	年产 3 万吨锑矿开采业
	14	年产 15000 吨鸡肉加工产业
	15	年产 150 吨花椒洗剂系列产品加工产业
	16	10 万亩优质粮食作物生产产业
	17	10 万亩冬早蔬菜商品创汇生产产业
	18	5 万亩温带水果生产产业
	19	10 万亩人工栽培饲料作物发展"种草养畜"产业
	20	臭参生产产业

第四章
文化建设 文而化之

东君于此最钟情，妆点村村入画屏。

向我无言眉自展，与人非故眼犹青。

——宋·王十朋

比较高兴 快乐文化

　　30 岁出头的开远通灵村妇女文继华望着自己新开张的青瓦白墙的农家乐，高兴得不知说什么才好。她以前不敢想象，狭窄泥泞的土埂路摇身一变就成了围栏式的小桥流水村庄，七八户农家乐一字排开。而这一幕得益于开远市数年前就开始的城乡统筹规划。

　　早在 20 世纪初，滇越铁路的汽笛声就拉开了开远现代工商文明的序幕，开远一跃成为了云南省重要的能源、化工、建材基地。

　　近年来，城乡居民生活方式发生重大转变，村与村、乡与乡、城与乡实现快速便捷来往，免费逛公园，免费看

广场电影、广场文艺、广场电视、免费喝直饮水等,不再是城市居民的专利。每家农户平均拥有2部手机,别墅村、汽车村一个个涌现;开远农民街舞团跳到了中央电视台,与深圳农民工街舞团同台PK;农民打起了网球、围棋走进了乡村,农村出现了城市上门女婿。外出考察、学习、旅游成为农村时尚。城市居民到农村度假、休闲、体验开始成为潮流,开远城乡社会充满了生机与活力。

近年来,城乡面貌日新月异,自然村进村道路和村内道路村村硬化,广播电视村村通,路灯村村亮,公厕村村有,村村实现人畜饮水基本安全;村委会建有标准化卫生所;乡镇全部建起幼儿园并向自然村延伸,农村中小学D级危房全部排除;2/3农户有了家庭浴室,80%以上适宜建池户建起了沼气池;排水管网、生物污水处理池历史性地出现在开远村庄;乡村旅游开发,"花果村"、"花海"工程的实施,使开远农村呈现整洁干净的风采。按照"公园城市"的定位,打造绿城水洲、建设山水田园城市,"臭热闹"、"脏乱差"的历史从根本上告别了开远,城市空气质量优良天数达到了每年310天以上,城市绿化覆盖率达42.8%,清新亮丽成为开远的新特征。

开远市是云南省统筹城乡发展试点,在农村基础设施发展起来的同时,农村文化事业也在蓬勃发展,从文体发展的基础设施建设,到文艺繁荣的农村文艺队,再到每个村庄自我文化的挖掘提炼成书出版……文化事业惠及每个民众,在开远,你听到最多的一个词是文化自觉。

在开远市乐白道办事处红土村的村民活动广场,篮球场、乒乓球台、健身器材等一应俱全,一些村民在这里健身锻炼,这是开展统筹城乡发展以来,开远市打造农村文化服务体系的具体所在,政府加大了对文化事业的投入,开远在全市452个自然村展开"四位一体"阵地建设工作(即:在全市每个自然村都建设一个文化活动室、一个露天舞台、一个篮球场、一个小公园),让文体基础设施向自然村延伸,截至目前,项目总投资2.4亿元。同时加强了文化站建设和农村文艺队建设,促进了农民农闲时节的文化娱乐。

据开远市文化局陈秋圻局长介绍,开远的文体事业"四位一体"的硬件建设是促进城乡公共服务硬件设施均衡配置的重要举措,现在市里建成的文体基础设施仅文化艺术中心就耗资1.6亿元,体育中心耗资1.8亿元,全市人均体育馆面积远超全国平均,文体事业逐步向农村倾斜,"四位一体"的农村文体基础设施趋于完善。

文化建设 脚踏实地

文化建设并非只是口号,更是务实的支持,从政策支持到制度保证,从文件到实施,在开远,文化建设是如此彻底,且执行到位。早在 2008 年,开远就走在了前列——《开远关于加快农村文化体育事业建设的决定》。

经市人民政府研究,对加快农村文化体育事业建设作如下决定。

一、基本情况

全市 8 个乡(处)中,小龙潭、马者哨、中和营、碑格等 4 个乡(处)有文化站办公楼,52 个村委会中 31 个有文化活动室,总面积为 3363 平方米。全市农村有足球场 4 个、篮球场 63 个(大多数与当地学校共用),有台球室、歌舞厅、电子游戏、网吧、音乐茶室、音像制品出租出售等各类文化娱乐场所 104 家。乡(处)文化站编制人数 11 人,在职人数 18 人。

二、总体目标任务

(一)加大农村文化体育基础设施建设

到 2010 年,全市各乡(处)达到有 1 个等级标准文化站、1 块足球场、1 块灯光篮球场、1 个综合性群众文化广场;每个村委会有 1 个文化活动室、1 块篮球场;有条件的村民小组有 1 个文化活动室、1 块篮球场。

(二)加强农村文化体育人才队伍建设

在稳定乡(处)文化站人员编制的基础上,加强农村文化体育人才的培训,扶持、发展农村文化体育人才队伍。到 2010 年,每年为每个乡(处)培训 10 名文艺体育骨干;每个乡(处)至少要组建 1 支足球队、1 支篮球队、1 支不少于 30 人的文艺队;每个村委会至少要组建 1 支文艺演出队、1 支单项体育运动队,并安排时间加强训练和参加市乡组织的各类比赛活动;各乡(处)要适时组建各类农村文化体育协会,使之成为农村文化体育工作的桥梁和纽带。

(三)积极开展各类农村文化体育活动

1.继续开展好文化、科技、卫生"三下乡"活动,认真组织好"2131 工程"。

2.每 4 年举办 1 次全市性的农村文艺汇演和综合性的农民运动会。

3.每 2 年举办 1 次农村单项群众文艺比赛和单项体育比赛活动。

4.扶持各乡(处)开展"花山节"、"火把节"等民族节日庆典活动,弘扬民族文

化,增进民族团结。

5.组织市图书馆、新华书店向广大农村开展科普图书流动送书和优惠售书活动。

6.各乡(处)每年要举办具有一定规模的文艺演出、体育竞赛、农耕技术比赛等文体活动,定期组织文艺队参加周末广场群众文艺演出,丰富广大农民群众的精神文化生活。

(四)开发保护农村民族民间文化资源

由市政府相关部门组织专业人士,深入各乡(处)对全市农村民族民间文化资源进行挖掘、整理,并选择部分有推广价值的项目进行开发、保护和推广,使每个乡(处)具有1~2个农村民族民间特色的文化体育项目,打造具有开远特色的农村文化品牌。鼓励、扶持各种社会团体或农民群众自筹资金、自我管理,大力兴办书社和演艺团体等各种农村文化体育产业,丰富、活跃农村文体市场。

三、保障措施

(一)加大农村文化体育基础设施建设

1.乡(处)等级标准文化站建设,市财政将根据州级补助标准,按照1∶1的比例配套资金,具体标准是:一级文化站建设配套资金30万元;二级文化站建设配套资金20万元;三级文化站建设配套资金15万元。

2.各乡(处)每改扩建1块足球场,市财政补助建设资金20万元。

3.各乡(处)所在地每修建1个综合性的群众文化广场(广场至少可容纳1000人,符合安全要求),市财政补助建设资金20万元。

4.全市各乡(处)、村委会和有条件的村民小组每修建1块篮球场,市财政补助建设资金5万元。

5.各村委会和有条件的村民小组每修建文化活动室、露天活动场所,市财政将根据其建设规模补助一定的建设资金。

(二)加强农村文化体育人才队伍建设

1.每年每培训1名农村文化体育骨干,市财政补助经费100元。

2.市财政每年补助各乡(处)文化站工作经费1万元,专项用于组建各类文体队伍和组织开展好农村文化体育活动。

3.市财政每年补助各村委会文体工作经费5000元,专项用于组建各类文体队伍并组织开展好相关活动。

4.各乡(处)每成立1个农民文体协会且活动正常,市财政给予经费补助5000元。

（三）积极开展好各项农村文化体育活动

1.每年的文化、科技、卫生"三下乡"活动，市财政补助经费 3 万元；农村"2131 工程"，市财政补助经费 5 万元。

2.每举办 1 届全市性的农村文艺汇演和综合性的农民运动会，市财政补助经费 10 万～15 万元。

3.每举办 1 次全市性的农村单项文艺比赛和单项体育比赛，市财政补助经费 5 万元。

4.各乡（处）每组织 1 次"花山节"、"火把节"等民族节日庆典活动，市财政给予一定的经费补助。

5.各乡（处）每举办 1 次具有一定规模的综合性文艺汇演、体育竞赛等文体活动，市财政给予一定的经费补助。

（四）加强督查，严格奖惩

市政府每年将对各乡（处）的文化体育事业建设项目实施、资金管理、人才培养、队伍建设、活动开展等工作情况进行督促检查，对目标任务完成好的乡（处），市人民政府将给予表彰奖励。对目标任务完成不力的乡（处）进行通报批评，并酌情扣减次年补助资金。

本决定自 2008 年 1 月 1 日起实行。

说到做到，文化之花开遍每一个村落，你可以看到：

5000 元拉起近千支农村文艺队：乐白道办事处的红土村是一个自然村，全村只有 500 多口人，却有 4 支文艺队，据该村的村民小组长王贵航介绍，在红土村参加文艺队已经成为村民的自觉文化行为，4 支队伍 100 个人分成不同的年龄段，不管是市里还是乡里村里举办活动，这些文艺队都会踊跃参加。

为了抓好农村文艺队伍建设，市财政每年出资对乡镇文化站、行政村、自然村进行农村文艺队的鼓励扶持，每个乡镇文化站每年补助 1 万元，每个行政村每年补助 5000 元，用于抓农村文艺队伍建设，目前全市 52 个行政村在财政资金的扶持下建立了近 1000 支农村文艺队。

自 2006 年起，开远市下发《乡镇综合文化站建设标准》，实施国家数字图书馆推广工程，实现优秀数字文化资源共享。目前，全市农村 5 个乡镇全部建立了独立的文化站，共投资 218.2 万元，文化站在扶持发展农村文化发展方面起到了巨大作用。

同时，开远市加大了培训骨干文艺力度，在城乡建设基层文化活动示范点 14 个，举办各类培训班 400 余场次，2008 年以来培训文艺骨干达 20000 余人次。

目前,全市农村业余文艺演出队 874 支,各类文艺骨干和参与群众共 16600 多人。其中各乡(处)共有村级演出队 809 支,群众演员 13579 人。广场舞蹈培训从 2006 年始至今已达 1300 多场次,参加人数累计达 33 万多人次,形成了群众文化体育活动"日日欢"、广场文化体育活动"周周乐"、具有一定规模的中小型文化体育活动"月月有"、大型文化体育节庆活动"年年办"的城乡联动态势,广场文艺和广场健身操形成了两张靓丽的文化品牌。

"三建三评"成为提升农村道德水平标杆:开远市发兴寨是该市远近闻名的"孝老爱亲"村寨,干净的街道、美丽的乡村墙体文化,让这里充满了浓厚的文化气息。从传统文化中的孝道到现在社会的精神文明建设,"孔子论孝"、"精忠报国"、"斥盗护婆"、"负米养父"、"卧冰求鲤"以及开远市现在举办的"三评三建"精神文明风尚等,形成了美丽的墙体文化。

发兴寨还通过"孝老爱亲"评选活动,选出好公公、好婆婆、好媳妇、好孝子。通过评选活动,现在寨子里的人更加和睦,家庭邻里关系更加和谐。发兴寨的墙体文化教育,"孝老爱亲"评选活动已经开始在全市推广,成为全市学习的榜样。

而发兴村以上成绩的取得始于 2010 年 8 月开远市针对农村精神文明建设开展的"三建设"、"三评比"(简称"三建三评")活动。"三建设"即:优美环境建设,多彩文化建设,和美村风建设;"三评比"即:优美环境村、户评比,多彩文化村、户评比,和美春风村、户评比。"三建三评"综合评比成绩优异的自然村和农户家庭,被评为"开远市十大最美村庄"、"开远市十大最美农家"。这一活动让全市的农村更美了,道路畅通了,人与人更和谐了。

同时在开远,高端文化的大众化趋势明显,围棋等高雅艺术走进校园,走进乡村,目前,开远市学校里有 3000 多个孩子对围棋产生了浓厚兴趣。2006 年开远市拨专款编撰《开远文库》6 万余册,深入挖掘开发本土文化、乡村文化、民族文化,几乎每个乡镇、每个农村都出版了自己的文化书籍。

开远一直坚持文艺为人民大众服务的理念,让文化上升到自觉的高度,形成文化自觉,民间自觉,同时在民众的自觉性下,加大政府的扶持力度,让老百姓成为文化的推动主体,而政府通过扶持起到促进文化发展的作用,也是开远文化事业得以发展的重要原因所在。

乡村文化,显现着开远人的文明生活:走进旧寨,就能看到小广场、小舞台、篮球场和多功能文化室的"四位一体"的文化阵地。"文化阵地"让乡亲们有玩处、有乐处。每到傍晚时分,这里就人头攒动,热闹非常。"知青故里"、"旧寨重游",初听介绍就让人产生一种浓浓的怀旧情绪。近年来,该村把保存较为完好的知青房旧址作为独特的历史资源进行打造,深入挖掘知青文化,提炼艰苦奋斗精神,在村内办起了"知青茶庄",建起了火红年代记忆园、火红年代文化长廊,再现知青文化,吸引了众多怀旧的游人。

在开远市,像旧寨这样既有干净整洁的村容村貌,又有精彩纷呈的文化魅力的村庄不胜枚举。开远市的村村寨寨,总能应验这样的辩证关系——经济的稳定发展让人民过上了富裕的生活,而富有特色的精神文明建设让快乐文明之花在人民生活中灿烂绽放。

近年来,为推进统筹城乡发展、缩小城乡公共文化服务差距,开远市把文化惠民作为农村精神文明建设的重要一环,着眼于推动城乡文化资源下移、文化服务下移,加大农村文化投入,提高农村公共文化服务能力,有力推进了农村移风易俗,促进了开远市农民素质的提升,为培养新型农民、促农增收奠定了坚实基础。从 2010 年开始,开远市按照"村村有文化室、篮球场、露天舞台和小公园"的目标,全面启动了 442 个自然村"四位一体"阵地建设。截至目前,已有 102 个自然村建成了文化活动室和露天舞台,建筑面积达 28116 平方米,投入资金 4080 万元;在全省率先普及农村数字电影放映;实施世居少数民族村寨专项建设,挖掘开远市历史内涵和民间文化,编撰出版了《开远市少数民族传统文化及其现代适应》《开远市村庄文化》丛书;通过财政补贴,开辟绿色通道和工作业务指导等方式的支持,新农村理事会、村民道德评议会、农村合作经济组织、文化体育协会社团等组织蓬勃发展,全市有文化体育社团协会 100 余支;出台相关政策,每年对每个乡镇文化站补助经费 1 万元、对每个社区和村委会补助 5000 元文化活动经费的政策,催生了近千支农村文艺队。群众性文体活动以蓬勃之势迅速在开远市大地上激情绽放,释放出强大的生机与活力。

老燕子村、发兴寨、旧寨、通灵村,这些都是开远市闻名遐迩的明星村。以上4 个村寨都位处开远市推动乡村旅游的凤凰谷片区,近年来,以专业合作社为龙头的农业产业化发展让村民们的"钱袋子"迅速鼓起来。有了良好的家庭经济收入,加上政策的大力扶持,盖栋楼房和改善村容村貌就不在话下了。家家户户住别墅,条条巷道铺水泥,还有路灯和灯光球场,这样的农村怎一个"新"字了得,而更了得的是他们在精神层面上的"新"。老燕子村兴起了"互助建房"、"互助农业生产"抱团发展模式;发兴寨不定期举行媳妇给婆婆洗脚、娃娃给老人捶背的孝老爱亲活动;旧寨创建了新中国农村发展历史长廊以及果蔬展示采摘园;通灵村创建了"通灵长廊"瓜果走廊、"通灵故事"稻作文化展馆,并创办了小组集体大食堂。

开远市的统筹城乡发展,紧扣"加快城乡一体化发展"这一主题,研究乡村旅游发展对乡村文化建设的影响,加强乡村文化建设的对策和建议,加强乡村文化人才培养、乡村传统文化的发掘保护与传承发展,加强乡村民风习俗的挖掘、传承与提升、"农家乐"创新模式初探等。经过几年的统筹城乡发展,开远农村文化

基础设施建设和农村文化管理等方面有了很大进步,已站在了一个新的起点上,中共十七届六中全会为深化文化体制改革、推动社会主义文化大发展大繁荣指明了前进的方向,开远应抓住这一机遇,把文化建设作为统筹城乡发展的重要内容,因势利导,推动全市文化建设更上一层楼、再上新台阶。开远的文化工作认真分析和总结了乡村文化建设取得的经验和成效,正视存在的困难和问题,积极作为,创新推动开远文化蓬勃发展的方式方法,为"人文开远、幸福之城"注入强劲活力。

开远市委书记李存贵曾为开远市的党政干部作过题为《开远市对农村精神文明建设九个问题的思考和实践》的报告,从农村精神文明建设的主体、内容、方法论、载体、投入、特色、认识,"四个文明"的关系以及城乡精神文明的互动9个方面,全面介绍了开远市农村精神文明建设所取得的成果和经验。精神文明是对美的追求、对美的创造,精神文明的作用不可估量,精神文明是软实力、文化力,是快乐的生产力。市委、市政府把农民群众最迫切、最关心、最需要解决的难题作为精神文明建设的最佳切入点,通过为老百姓办实事、解难题振奋了精神,协调推进了"四个文明"建设,使开远文明发展的成果最大限度地转化成为人民群众实实在在的享受,以城带乡、以工促农、城乡文明一体化建设是开远精神文明建设的重大特征。

随着开远的不断发展、诸多文化项目的实施,将逐步改善开远农村文化体育场地设施落后的局面,推动开远自然村"四位一体"阵地建设,支持统筹城乡发展,促进农村文化体育事业繁荣发展。开远市委、市政府正按照中央、省、州文明委的统一安排部署,进一步总结完善工作思路,加大工作力度,为早日实现"城市有乡村的风格,乡村有城市的品位,乡村比城市更美好"的理想愿景和"美丽开远市、幸福之乡"的宏伟目标作出不懈努力。

第五章
快乐农民 再造乡村

曲台送春目,景物丽新晴。
霭霭烟收翠,忻忻木向荣。

——唐·李程

大乐,一年常乐

　　大乐村三面环山,所在的这个坝子有一个很美丽的
名字——凤凰谷,至于为什么叫凤凰谷,大约是因为坝子
周围有一座以凤凰命名的山,山谷便也以此命名。当然
自古以来凤凰就是瑞兽,人们也是以这种方式表达对美
好生活的憧憬,期盼着山窝窝里也能飞出"金凤凰",大家
从此过上好生活。大乐村窝在这个"凤凰窝"里,想不
"乐"都难啊!

　　现在的大乐村隶属于乐白道办事处的旧寨委会,属
于开远坝区;位于乐白道办事处的西边,距离旧寨村委会
有大约 2 千米的路程,距离乐白道办事处有 16 千米远。

面积有 4.76 平方千米,海拔 1040 米,年平均气温为 22℃,年降水量 800.7 毫米,适宜种植稻谷、蔬菜等农作物。拥有耕地 801 亩,其中人均耕地 0.79 亩;有林地 3408.54 亩。全村为一个村民小组,有农户 162 户,乡村人口 583 人,其中农业人口 575 人,劳动力 374 人,其中从事第一产业人数 328 人。农民主要收入来源为种植、养殖收入。

安居乐业是老百姓对幸福生活的一种愿景,唯有安居,才能乐业。在繁华拥挤的都市中,无数人为了生活忍受着蜗居,而更多的人则心甘情愿地沦为房奴。"房子那些事"是都市人最关注也是最纠结的事情。房子那些事在大乐村却是另外一番景象。大乐村的人们不懂蜗居,更不屑于做房奴。在大乐村,一个四口之家住 200 多平方米的房子并不算"阔绰"之家,很多家庭的房屋都可达五六百平方米。如此看来,大乐村人着实很幸福、很快乐,一个四口之家拥有独幢洋房并不是什么稀罕的事情,如果要问大乐村这些年来最大的变化是什么?老人们都说家里的房子越盖越好了,全靠政府的好政策。

大乐村旧房改造的负责人介绍,因为 2009 年 12 月份开始的凤凰谷片区的乡村旅游进行规划,就开始对大乐村民居进行改造。负责人介绍,大乐村的重点是民居改造和田院改造,到 2010 年 8 月份,大乐村的 160 余户居民已有 45 户拆旧重建,20 余户新建,还有部分是在原来的基础上加盖或整修。这些改造也配套了绿化,结合当地情况,主要是种龙眼和芒果树,这样既美观又实用。经过改造后,现在的大乐村正如村里人所描述的,"一眼望去只有白花花的房子和蓝天"。

改造之后的房屋大多是独栋别墅,外加一个绿意盎然的庭院。以村里王大姐家的新房子为例,她们家从 2010 年年底开始改建新房,2011 年五月竣工,现在有三口人,房屋的建筑面积达 250 平方米,是两层的混凝土浇筑的楼房,一楼有一间客厅、三间卧室,楼上也是相同的格局。不管是过去的平房还是现在的楼房,村子里的人都喜欢宽敞的院子。王大姐家的院子就很大,院子的左边种了一棵龙眼树,7 月份的时候,龙眼树上就会挂满一串串香甜可口的龙眼。在一些较偏远的乡村,厕所和洗澡是两个比较困扰外来人的问题,但是在大乐村,这些顾虑都可以打消,村里的这些设施和城市里的一样方便,基本上家家都安上了太阳能,只要你愿意,天天都可以洗个热水澡。

别墅有了,太阳能有了,果树也有了,但是这些并不是农村生活的全部。王大姐家院子较远的一个角落是给小动物们留的,那里是小胖猪和小鸡仔的家,王大姐家说自己家养猪不喂饲料,一般就喂些家里的剩饭剩菜和从自家地里割回来的菜叶,这样慢慢地养,年底了就杀一只来宴请朋友,有的时候也会卖几头。而旁边鸡圈里的鸡都是自己家养着吃的,想什么时候吃就什么时候杀。她还说,家里过段时间打算修个沼气池,这样就能充分地利用这些免费的"资源"了。

2010 年的 7 月,大乐村旅游文化村房屋改造工程已经接近尾声,大多数人家都已搬进新家。现在的生活固然美好,过去的日子虽然辛苦,也是让人难以割舍的。大乐村离市区不远,但是在新房改造之前还是有许多土墼房,现在也还可以看到一些过去的残垣断壁。村民们很欣喜现在的改变,用老人家的话说,就是今天的生活是做梦也不敢想的,在一幢幢新房的后面,我们看到的是一种满足和安逸的生活。

老乡们常说:"娃娃靠奶养,庄稼靠水长。"大乐如果离了水,怕是也会成一片穷乡恶壤。在 1990 年冬,由乐白道办事处组织全线大整修,重点针对 90 多个缺口、险要部位进行下沟帮支砌和沟底浇灌。沟渠全线仅三面光砌的长度就有 4000 米,基本实现了沟水不断,保证了灌区农田、人、畜用水。在 20 世纪 90 年代长沟彻底翻修之前,寨子里的灌溉用水还是主要靠的南洞河。南洞河是整个寨子里的骄傲,不仅因为它灌溉了整个坝子的农田,它风景秀美的源头和怪石嶙峋的溶洞——它的美丽是大家喜爱它的一部分原因,但是更多的可能是因为大家世世代代受着河水的滋养,不可避免地对它产生了依恋,说到底南洞河就像寨子里的母亲河一样。

寨子头的农田里有一条河穿流而过,那就是南洞河了。原来的南洞河全长 6.6 千米,后来因为河道曲折,每年汛期时水流量稍大,就会引发洪水淹没两岸的农田,在 1976 年 12 月由乐白道公社出资进行了改造,整个工程量在 1978 年完工。改造后,全长 5.3 千米,平均流量 8.18 立方米/秒,最大流量 86.5 立方米/秒,最小流量 2.97 立方米/秒,年平均径流量 2.94 亿立方米,含沙量每立方米 0.97 千克,积水面积 160 平方千米。寨子里的老乡们说起南洞河都是一脸骄傲,"南洞河的水是不会干的,所以我们的农田这么肥沃。"改造后的南洞河划去弯道、疏通了河道,河水被老乡们巧妙地截流,蜿蜒曲折地流经每一块农田。因此大乐的农田可以很方便地改成水田或者旱田,只需堵上或疏通流经田间的小水渠即可。遇上春天雨水不够的时候,就轮流放水浇地,寨子里有一个约定俗成的水规,大家都自觉地遵守水规。

有了南洞河和长沟以后,寨子里的生活可说是有了翻天覆地的变化,田地也滋润了,水也够吃了,手里的钱也多了,生活越来越好了。大乐村在 1984 年的时候修了自来水管道,这样家家户户都有水吃了。吃的水是自来水,生活用水就是水泵里泵出来的,寨子里几乎家家都有一口井,现在的大乐正走向更好的明天。

一方水土养一方人,"种瓜得瓜,种豆得豆",你种什么样的籽,便结什么样的果。寨子里都是庄户人家,一年到头都在跟庄稼打交道,只有把这些庄稼伺候好了,才有好收成,这日子也才过得舒坦。大乐村的地理位置好,一年到头气温变化不大，十分适宜植物的生长，所以寨子外的农田里一年到头可以见到各种各样的蔬菜、谷子、玉米，个个都水嫩嫩的，看着葱绿可爱……

现在大乐村种植的水稻大都是"云恢290"，这种米的颗粒纤长，滋味香甜可口，曾经被选作"贡米"送到中央政府。因此寨子里的老乡都戏称："现在生活好了，家家都吃'贡米'了！"以前寨子里种的都是杂交水稻，由县里的农业局把稻种推广到村里，并把种植技术教给村民，杂交水稻产量高，但是不好吃。后来农业局来推广"云恢290"的时候，寨子里只有一两家人试种了，大家都抱着怀疑的态度。"云恢290"长出来的时候，因为稻秆比别家的稻谷都长得高，寨子里的人还都当作稀奇的事来说。收谷子的时候，"云恢290"的产量比杂交稻少了许多，号称"三袋谷子一袋米"，但是实在是好吃。寨子里的人一吃就忘不了了，最后大家几乎都改种了"云恢290"，现在家家户户饭桌上都是"云恢290"。说起寨子里的米，是大家共同的骄傲。逢年过节，总也少不了"云恢290"。祭龙树用的香米蒸糕，还有杀年猪时候做的香米粑粑，都是用"云恢290"做的。

在大乐村一般种植两个品种的玉米：用来喂猪的一般玉米和用来吃的糯玉米。一般糯玉米都是嫩的时候摘来做菜吃，大批量地卖给菜商。在大乐还有一种令人垂涎欲滴的吃法，就是做成玉米粑粑。具体的做法是，把鲜采的嫩的糯玉米洗净，把玉米粒磨成浆，然后用玉米苞叶包起浆液，放入蒸锅，蒸熟即可。由于这种糯玉米很黏，打出来的浆液很浓稠，采用清蒸的方法又恰如其分地保存了玉米原有的清香，光是听就让人食欲大开了。如今寨子里只有老人们才会愿意花时间去做这种食物了，年轻人虽然喜欢吃，却不愿意花太多工夫去做。在开远城倒是有些餐馆会卖这种小吃类的玉米粑粑，但是与寨子里的做法不大相同，他们是采用油煎的方法做的，虽然也令人食指大动，但终不及清蒸做法清淡，更能保留玉米的清香。

在大乐村，番茄是蔬菜种植的主流，邻近的几个寨子每年都是番茄种得最多。这主要是由于番茄的产量很高，一般一亩地产四五吨，寨子里的种菜能手曾经达到一亩六七吨的高产。番茄的价格浮动比较大，好的时候可以卖到两块到三块多钱一千克，差的时候只能卖四五毛钱一千克。赶上年份不好的时候，家家都是成堆的番茄卖不上好价钱，寨子里愁云一片。当然大部分时间，番茄还是好卖的，2008年奥运会的时候，番茄着实让大家都赚了一把，价格飙到三块钱一千克，家家户户赚了个满满当当。

大乐村还种植辣椒、茄子、四季豆、无尖豆、菜豌豆等作物。这些植物都是在寨子里经常见到的，除去各家菜园子里的不算，它们既是大乐村寨子里的生活重心，也是寨子里致富发家的门路。寨子里这些年发展种植业，靠的全是这些蔬菜。没种菜的时候，寨子里一年种两季稻，粮食是够吃了，但是大家的钱包干瘪，手里连个闲钱都没有。如今种了菜了，收入也高了，家家户户都盖起了小洋楼，日子一天比一天好。

旧寨新颜

旧寨是由两个小组合并而成的，一个是旧寨，一个是红冲子。由于红冲子人口较少，所以就归并到旧寨了。旧寨村，隶属于乐白道办事处旧寨行政村，与大乐村紧紧相邻，北接仁者村，与对面的玉林山、发兴村、地灵村隔"东沟"相望，距离旧寨村委会1千米，距乐白道办事处15千米，村口有昆河公路通过。整个村子土地面积5.06平方千米，海拔1000米，年平均气温22℃，年降水量800.7毫米，适宜种植稻谷、蔬菜等农作物。

全村耕地总面积为953亩，其中田地386亩，旱地567亩，人均耕地约0.77亩，主要种植稻谷、蔬菜等作物；有林地3630亩，其中经济林果地60亩，人均经济林果地0.08亩，主要种植蜜桃等经济林果，其他面积3002.34亩。

整个旧寨村的产业以种植业、养殖业为主，第一产业占全村经济总收入的71.83%。2009年，全村经济总收入达336.47万元，农民人均纯收入达3172元。其中种植业收入199.9万元，占总收入的59.41%；畜牧业收入66.27万元，占总收入的19.69%（其中年内出栏肉猪749头，肉牛16头）；林业收入6.8万元，占总收入的2.02%；第二、三产业收入53.5万元，占总收入的15.9%。

目前，全村已实现电、路、电视、电话"四通"。村外，昆河公路从村子旁边绕村而过；村内，进村道路为水泥路路面，距离最近的车站只有0.3千米，距离最近的集贸市场只有9千米。每户人家里，至少拥有一辆车，要么是摩托车，要么是农用车。富有的家庭里，摩托车、农用车、小车都有。很多家庭都是开着摩托车或农用车去地里干活。安装固定电话或拥有移动电话的农户数达190户，占总数的91.79%，其中拥有移动电话农户数70户，占总数的33.82%。拥有电视机的农户达180户，大约占农户总数的86%。至于通电情况，每个家庭都通上了电。此外，建有沼气池的农户92户；装有太阳能农户80户；已完成"一池三改"（改厨、改厕、改厩）的农户92户；建有公厕1个；建有垃圾集中堆放场地1个；建有村内生活排水沟渠设施。

全村参加农村合作医疗706人，参合率达到了94.80%；参加农村社会养老保险17人，占人口总数的2.25%。村民们的医疗主要依靠村卫生所和乐白道卫生院，距离村委会卫生所1千米，距离乐白道卫生院15千米。

村里小学生就读于旧寨完小，中学生就读于十四中学。村子距离小学1千

米,距离中学 3 千米。目前全村有义务教育在校学生 102 人,其中小学生 75 人,中学生 27 人。

作为开远乡村旅游的一个重点村寨,旧寨的旅游形象定位为:知青故里,田园人家。走进旧寨,一股股绿色的气息就迎面扑来,田地里,旱地里都种满了番茄、无筋豆、丝瓜、茄子等各种各样的瓜果蔬菜,处处洋溢着一片丰收的气息。这才蓦然发现,旧寨把自己归结为"田园人家",一点也不过分,名至实归。

到了 21 世纪,随着城市化的发展和人们生活水平的提高,人们对蔬菜的品种、质量要求越来越高,蔬菜价格也水涨船高。开远的蔬菜,不再仅仅局限于供应开远,而是卖到了昆明与省外等许多地方。旧寨的蔬菜自然也不例外。近几年来,蔬菜价格趋于稳定,如番茄的价格在每千克 1.50 元左右,其他蔬菜的价格也与番茄差不多,但总亩均收入没有番茄的多,因为番茄的产量高,一亩可产七八吨,一年可种两季。2010 年是旧寨蔬菜种植史上极不平凡、可以大书特书的一年。这一年,由于全国很多地方发生了这样或那样的自然灾害,导致很多地方的蔬菜减产,引发了对蔬菜的大量需求。于是,蔬菜供不应求,价格一路飚高,创下了史无前例的高价。到了下半年,番茄的价格翻了一倍多,达到了平均每千克 3.50 元左右,最高时卖到了每千克 4.60 元,一亩番茄可产生大约 2 万元钱的收入。其他蔬菜价格也一样,均创历史新高,价格都至少翻了一倍。这可让旧寨的村民们心里乐开了花,谈起蔬菜价格,嘴角总是荡漾着笑意。

以前,菜商们通常是在开远城里的农贸市场收购番茄,农户们用自家的拖拉机装载丰收的番茄,一车又一车拉去农贸市场,批发给菜商,再运到北京、上海、广州、深圳、武汉等地,还会运到河口,再出口到越南、泰国等地。但是有时由于番茄的价位太高,越南等国家也买不起了,所以个别时候出口这些国家的番茄较少,大部分去了欧美等发达国家。

从村口一走进旧寨村,最先映入眼帘的便是一面巨大的落地"红色"墙体画,画的正中间上方是毛主席的头像,下方是 20 世纪五六十年代典型的工、农、学、兵代表扛着火红的五星红旗齐头并进的肖像画。正中央的两侧,是当年毛主席用"毛体"书写的一副红底黄字对联:春风杨柳万千条,六亿神州尽舜尧。对联两侧,用红底黑字书写着八个大字:"知青故里,田园人家"。整个画面洋溢着一股当年"红色文化"的气息,让人感觉仿佛又回到了那个"火红"的时代。

知青房大约位于旧寨(二组)的正中央位置,占地面积约二亩,主体建筑分为两栋,只有一层,高 3 米左右,左右对称,为石体黑瓦结构,且墙体均用黄泥胶粘,现今除了厚厚的铁大门之外,整座房子把开远 20 世纪六七十年代的建筑风格都完整地保存了下来。每栋房子共 9 间房子,大小一样。每间房大小约 10 平方米,由于有门无窗,再加上门有点低矮,又不朝阳,所以整个房子里显得有点阴暗，由此可想象当年来旧寨的那些知青们，其生产生活条件是怎样的艰辛。

2010年，市委书记李存贵和市长庞俊先后来到这里，他们都认为，旧寨必须保存好公社革委会所在地原址和知青房等，做好文物古迹的保存和修缮工作，打好"知青故里"这张文化牌。据旧寨工作组的杨副组长介绍，原址将本着"修旧如旧"的原则进行修缮，甚至房间里面的石灰都要敲掉，还其本来的面目，届时，这里将成为旧寨旅游最富特色和最有力量的亮点。

进入21世纪来，特别是近几年来，随着蔬菜行情越来越好，居民的钱包越来越鼓，旧寨的民居风格又为之一变，不仅占地宽广，而且建筑融入了欧式风格，高度也从两层变成了三层，显得富丽堂皇，气派非凡。有些人家的庭院里还停着私家小车。

旧寨的孩子们，都到附近不远处的旧寨小学上学。旧寨小学离村子大约1000米，是一所乡立性质的现代化小学，除接纳整个旧寨村公所的小孩外，还接纳附近其他村寨的小学生们，在整个开远坝区的小学里，都颇负盛名。

在旧寨，人们的娱乐活动都是"成群结队"的，也就是各个小组都有各自的文艺队，有各自的娱乐花样。不仅有老年组，还有中年组；不仅有歌舞文艺队，还有狮子队。这其中，队员们大多既会表演歌舞庆祝喜事，也会为丧事耍狮子跳蚌壳，同时还会参加很多比赛活动。总之，旧寨的生活中还是有不少乐趣的。

旧寨现在一共有7个文艺组，包括1个老年组和6个青年组，年纪最大的就是老年协会组成的文艺队，大多是六七十岁的老年人；最年轻的是旧寨文艺七组，都是三十岁左右的妇女。这些文艺组都是自发组织形成的，哪几个人比较合得来，较有默契，就可以组成一个组，所以这些队都称为"合心队"。

在旧寨村，80后的年轻人们都在做着自己的事情，有到公司上班的，有外出打工的，也有种地的，不管是干什么，都是在认真地生活着，努力着，为着一个好前程，为着在这个大好年华做出自己的一番成就。

八 盘 寨

八盘寨隶属于乐白道办事处仁者村委会，位于乐白道办事处东南边，距仁者村委会1千米路程，距办事处5千米路程。

八盘寨和仁者村、卧龙邑同属于田坝心的地界，去八盘寨的时候要经过仁者村和卧龙邑，从卧龙邑到达八盘寨车程大概只需要五六分钟的样子。与红土寨隔丘陵相望，丘陵现已变成了层层梯田，成为几个寨子最重要的土地资源，与家兴寨环丘陵梯田周围而居，相距家兴不过半里路。向西南越过桉树林坡顶，便可

达小乐村。北边远景就是层层山峦，在山峦间显露出高层楼房的地方就是开远繁华的市区。

八盘寨属于季风气候，主要是太平洋季风，而印度洋季风受阻挡，所以受影响非常小。干湿两季明显，地处热带与亚热带，适宜植被生长。年平均气温20摄氏度，冬暖夏凉，年降水量800.07毫米，适宜种植稻谷蔬菜等农作物。山地与丘陵、坝子相钳，沟壑纵横，山水相间，地势起伏不大，退耕还林后树林茂密。海拔1044米，地势西南高东北低，缓缓下降至河谷。

八盘寨拥有土地面积约2.33平方千米，耕地320亩，有林地1455亩。土壤由三种构成：河谷两边为小河带来的泥土，经年累月的种植使土壤呈黑色，为比较肥沃的黑土地，面积占了全寨耕地面积的1/5，每家每户差不多一亩多，多为蔬菜地。沿坡土地为腐质土与红土的综合，通过施肥与改造，土壤也很肥沃，多种稻米与其他谷物种植区，也有部分蔬菜种植区。另有红土片片，高温多雨，由土壤中的矿物质随雨水流失而形成，主要是砖厂区与植被区。

八盘寨所拥有资源总量与人均资源都不算多，加之以前道路的限制，发展比家兴寨、红土寨慢。2006年全村经济总收入47.66万元，农民人均纯收入2081元。该村经济结构单一，农民收入主要以稻谷和蔬菜为主。

八盘寨在2009年5月时共有48户、193人，对比2006年的42户、189人，增长了6户、4人，皆为新增家庭与新增人口。就人口的职业构成而言，全寨劳动力集中在20～60岁阶段，共100人左右，主要是务农及临时工。其中1人在砖厂上班，平时务农。一个家庭在城里搞批发，算是本寨在城里的商人。另外，离土离乡外出打工者占1/4左右，主要从事建筑工作或在工厂当合同工。其他多为农副业兼职。目前乡村的劳动力资源充足，农业的从业成员较多。八盘寨村民比较勤劳，无不务正业之人及懒惰之人。

八盘寨今天的住房大多为砖混结构，有全部钢筋砖混的，也有砖混木石结构的。八盘寨最漂亮的楼房是外墙涂了绿色涂料的一栋三层中式楼房，被称为寨子里的小洋楼。砖混木石结构的以瓦做屋顶，为两层，院子较大，院里种上果树，两旁为六畜圈。厅堂较宽，摆放相应的现代茶几、竹椅等农具，厅堂内也摆放供桌，供桌为进香的香案，为供奉祖宗之用。另外还摆放转角柜，放电视、音箱、碟机之用。厅堂两侧为房间，二楼也有相应的房间，皆为卧室。卧室会开一个窗户，窗户不大，感觉采光不是很好。洗澡间一般建在院内，在大门上装上太阳能，有的也在厢房上装太阳能。

出村公路2008年6月破土动工，从村口的桥头一直修到卧龙邑转弯处的电杆下，总共1千米长，宽有3.8米、4米、5米不等，村口桥头这段最宽，有5米。这条公路是由开远市政府补助10万块钱后，全村人出力修建。村里人说："投工投劳建起水泥路"。要致富,先修路,这1千米的公路修起来后,就连卖菜的都主动上门服务了。

2008年12月22日举行了道路竣工庆典。竣工庆典在八盘寨还是头一回,没有什么章法可循。村民们从桥头开始,沿着公路两旁挂满了彩旗,一路迎风招展,摇得大家心花怒放。剪彩过后,噼里啪啦炸了二十多分钟的炮仗。晚上杀猪宰牛,沿着村子的路边摆满了桌子,村民们热热闹闹地大吃了一顿。

如今在这1千米的路上,各种车辆来来往往,不时还有小孩子在桥头上滚轱辘花的嬉戏声,忐忑而又惊慌地将这小寨惯有的安静撕碎。

八盘寨人的生产用水和生活用水全部都是源自黑龙潭水源,黑龙潭离八盘寨约有1千米的路程,八盘寨的人称呼那座山为"龙潭坡"。

站在八盘寨的桥头,向西面远眺,冲水河南岸,大片土地中央一方水塘,外围桉树、芭蕉树、玉米秆、刺棵笼,高低层层,倒映水中,天地浑然一体。

从公路边挑个稍高的土堆一纵而下,沿着地埂子左弯右拐,过了几块地后,再被会粘人但可以喂猪、揉揉叶子还可以止血的叉叉菜黑乎乎地沾满两个裤脚后,基本就算到了八盘村的泵水塘。水塘由大小两塘组成。小塘位于大塘南边,长约5米、宽约5米,两塘之间有一条宽约1米的水渠,两块长1米、宽0.4米、厚0.15米的石板横搭在水渠上。

八盘寨的人以养鸡场和红砖厂为傲。

在云南的农村,"八盘四碗"这个词应该是用作形容词的。饭桌上有丰盛的菜肴,来人会叹一声:"八盘四碗的,吃得很好嘛"。人们也会这样来描述富裕的人家:"天天八盘四碗的,生活好得很啊"。八盘四碗其实也是八盘寨人的一种生活状态。八盘寨里的小菜凑起来,那是真的有"八盘四碗"。第一碗,玉合花;第二碗,芋头花;第三碗,苦刺花;第四碗,野生菌子;八盘寨里还有出门去压根捞来就炒的甜竹笋、过水可吃的灰漂菜(音)、红白两色的旱菜(音),过完年后大朵大朵的木棉花(攀枝花),还有马桑花、芭蕉花等,甚至在红薯地里挑薯藤条都会踩到螺蛳,若真是开出一张野味菜单,一盘,两盘,三盘……八盘寨还有很多盘。难怪人们说:"村里很清秀,没有吃药的、没有上吊的、没有一个得绝症的。"

2009年,八盘寨的八盘四碗里又新添了一道野味——蚂蚱。云南十八怪里有"三个蚂蚱一盘菜",八盘寨也有一怪:蚂蚱新房在。原来是李祝珍家为两个儿子新建的两层小洋房里,没有住人,反倒是在院子里搭了三个大棚养蚂蚱。八盘寨里现在共有五家人养着蚂蚱——老书记白宗元、杨秀清、李红、李祝珍、白跃成,他们都是村里的党员,带头养殖蚂蚱,如果成功了,将在全村推广养殖。

随着乡村经济的发展,小型的机械渐渐用于乡村土地的耕种与收割过程。八盘寨犁田耕地的工具共有三种,一是水牛,二是犁田机,三是拖拉机头,俗称

"小金牛"。有犁田机的农户有六七家,有"小金牛"的农户有十多家。随着时代的变化,年轻人的意见在家庭生活中越来越具有重要地位,新的工具、新的机械使用越来越多,八盘寨现已呈现出机械工具逐渐代替传统畜力的局面。

八盘寨的生产工具数已经有了很大的改观,部分家庭已经开始使用稻谷收割机和猪食切割机,大多数家庭都有了打谷机。

八盘寨的老人罗惠琼和杨莲美每逢初一、十五都会去卧龙寺吃斋饭,平时有其他村的庙会会友发请帖给她们,只要她们没有太多的农活要干,就都会去赶庙会。

在八盘寨,总能看到有年近七十的老人在田里干农活,在家打扫卫生、做饭及饲养家畜。除了生病的老人和高菊英老人外,所有的老人都会下地干活,除了一些挑担之类的重体力活不干之外,打药水、割草、割猪食、薅地、扎番茄架、插秧、种玉米、薅玉米、挖白薯、种番茄、栽洋豆等都是老人工作的范畴。3—7月种谷子,种完谷子种菜,如番茄、辣椒、豇豆、洋豆(无筋豆)等。种完水田种干地,4—5月种花生、玉米、白薯。冬天种冬苞谷,有糯玉米、饭玉米,糯玉米可以拿到市场卖,饭玉米种了可以喂猪。

经常劳动和内心的豁达使他们以顺其自然的态度对待生命,身体也就比较健康。四十多户人家,无任何一户有家庭遗传病史,因病而亡的老人比较少。在节日时,许多老人还经常进行交流式的表演。人们在节日期间拍下的节目往往成为他们的珍品,藏在家里,有亲朋来做客的时候,往往会拿出来放一放,让亲朋欣赏。

红果哨村,红灯俏果

红果哨,原名红果树,得名于曾经围绕着寨子生长的茂密繁盛的红果树林。现在的红果哨隶属于开远市羊街乡红土村委会,位于羊街乡西边,距离红土村委会约3千米、羊街乡政府8千米。整个寨子属于坝区,海拔1294米,年平均气温为18.5℃。一年四季气候温和宜人,适宜种植水稻、蔬菜等农作物。全村有4个村民小组,440多户人家,1800多人,面积5.74平方千米,耕地3338.3亩,林地270亩。寨子的历史大概由于年代久远,许多细节已经没有人记得,但对于当年祖先们是从哪里来,又是如何在这里安营扎寨等这种类似于家族大事记的问题,大家还是可以描述得很清楚的。

红果哨在很久以前不是位于现在这个位置,而是经过一次大规模的搬迁才挪到了如今的位置。大家习惯称呼以前寨子所在的地方为旧寨坡,大意是说以前的村址是在一个坡地上，而且水源不如现在充足，后来是水牛引着大伙儿找到了现在的寨子。在当年那个让老水牛迷恋无比的水塘边，大家一起打了一口井。就是这口井养育了寨子里的祖祖辈辈，一直到 20 世纪 60 年代寨子里打了水泵井之后，这口老井才算不用了。这口老井附近可以算是寨子里最繁忙的地方了，从早到晚，人来人往，络绎不绝。

2010 年 10 月份的时候，红果哨的村民们都放下了农活，每天热火朝天地忙着在地里丈量土地，各个小组长更是忙得水都顾不上喝一口，原来是开远市羊街乡正在推进的土地"化零为整"工作。在整个羊街乡已经有大半的村寨完成了这项工作，并取得了良好的社会效应和显著的经济效益。在这之后，羊街乡开始大规模地推进这个项目，红果哨的村民正积极响应这项活动，很多村民已经在着手规划"化零为整"之后要种植什么农作物了。土地"化零为整"是开远市羊街乡农民群众在生产实践中创新出的一种新型土地生产管理模式。这种模式是在群众自愿的基础上，把原来各家各户分散的土地聚集起来，按照有利于现代化农业耕作的要求，实行统一规划，在田地间设计建设灌溉水沟和机耕通道，然后以原来的土地承包面积为依据，再次连片分配到农户手中。这种做法解决了过去土地承包时由于土地"肥瘦"搭配导致农户的土地过于分散而不易耕种和管理的问题，从而更有效地促进了农业结构调整和产业化经营，适应了农业现代化发展的大趋势，为提高农民收入水平打下基础，也为进一步的农田水利建设做好铺垫。寨子里的村民对于这项政策是极为拥护的，尽管丈量土地的活儿很辛苦，但是没有一个人叫苦叫累。

"化零为整"之后不但节约了农田水利建设的成本，也节约了大伙儿耕作的时间。以前由于土地分布的零散，一户农家仅简单的栽种就需一周以上时间，同时也不便于机械化操作，这样就只能用人力耕作，自然要慢得多。依照草达子村的经验，"化零为整"将土地进行平整之后，大约现在 3 天就可以栽完。另外，这种把一户的土地集中起来的做法也方便农户们扩大大棚种植蔬菜的规模，以前土地分散，不便搭建大棚，农户们大多将自己的土地低价出租给别人，自己又到别的地方高价租地开展大棚种植，辛苦又麻烦。现在土地连片并且配套修建好水沟、机耕路，农户们高高兴兴地回到自己的土地栽种大棚蔬菜。红果哨的小米辣种植已经有很久的历史了，这种植物好打理，且产量高，挂果周期长、市场价格好，许多红果哨的村民每年都会种上几亩。土地整合以后更适合发展大规模的农业经营，可以预见，在不久的将来，就能看见漫山遍野的小米辣茂盛生长的样子。

红果哨的街心差不多是一个小市场了，既有流动性的菜摊，也有固定的小卖部，更重要的是寨子里的人没事的时候也会自发地聚集到这里吹吹牛，闲话家

常。街心小卖部前面的空地上，每天都会有一个简易的菜摊摆在学校小卖部前面，通常会有新鲜的豆芽、碧绿的苦菜或者是别的某种青菜、豆腐，还有云南人餐桌上必不可少的米线。菜摊虽然简陋，但是水灵灵的蔬菜硬是能勾出你的口水来。每天早晨都会有村民来买米线做早点，雪白的米线，再加上一把碧绿的泛着香味的韭菜，拌上用红果哨出产的小米辣特制的辣椒油，短短几分钟就变作餐桌上让人食欲大增的美味了。每年谷子收获的季节，还会有一辆辆的大卡车等在街心，村民们会排着队把自家的谷子过磅，然后卖掉。这里就像是红果哨的小市场一样，除了这种每天出摊儿的简易菜场之外，还有好几家小卖部。这些小卖部一般只卖一些生活日用品，小菜摊儿就卖一些蔬菜、米线之类，偶尔还会有卤制的熟肉，两相搭配，互不干扰。菜摊的生意一般在早晨，过了中午，基本上就沦为一个摆设了，摊主也不在意，继续和围坐在菜摊周围的人们说笑，有人来买菜就招呼一下，不然就大家一起吹牛。兴致高的时候，一群人围坐在一起打打牌，往往看牌的人比打牌的人多，里里外外围了一堆人，小孩子也忙里忙外地凑热闹。

2009 年，红果哨建成了开远市第一所由上海社会人士捐资建设的希望小学。这个希望小学就建在原来学校的位置，还保留了以前所建的一些房屋。新建成的楼房为两层砖混结构教学楼，设有 5 个教室、两个教师办公室，配套教师和学生设施，可接收 100 余名适龄儿童入学。新建成的学校占地面积 848.54 平方米，建筑面积为 351.74 平方米，现在在这里上学的只有学前班和一年级的学生，共 60 个左右，新建成的学校显得特别的宽敞。

下 田 心

下田心，又名下田村，位于开远市区西南部，海拔 1400 米，村庄正东方向 150 米处是泸江河，河对岸是未来的人工湖，河上有铁路花桥和英雄坝。正西方向毗邻四星级宾馆红电文化城，西南村口与红电（天星）文化城南门相距仅 30 米。土地面积 4.21 平方千米，年平均气温 25℃。

下田确实是有"下等的田"之意。全村耕地总面积 720.86 亩（其中田 570.42 亩，地 150.44 亩），人均耕地 0.9 亩，主要种植稻谷、蔬菜等作物；拥有林地 2952.73 亩，其中经济林果地 210 亩，人均经济林果地 0.3 亩，主要种植龙眼等经济林果，其他面积 2643.65 亩。耕地有效灌溉面积为 570.42 亩，有效灌溉率为 79.13%，其中有高稳产农田地面积 500 亩，人均高稳产农田地面积 0.68 亩。该村农村经济总收入 254.02 万元，其中种植业收入 73.78 万元，占总收入的 27.05%；畜牧业收入 76.19 万元，占总收入的 29.99%（其中年内出栏肉猪

1135 头,肉牛 14 头);林业收入 42 万元,占总收入的 16.53%;第二、三产业收入 25.29 万元,占总收入的 9.96%;工资性收入 51.43 万元,占总收入的 20.25%。农民人均纯收入 2633 元,农民收入以种植、养殖等为主。全村外出务工收入 51.43 万元,其中常年外出务工人数 30 人(占劳动力的 6.65%),在省内务工 25 人,到省外务工 5 人。该村的主要产业为种植业、养殖业,主要销往省内。主产业全村销售总收入 186.97 万元,占农村经济总收入的 73.60%。该村目前正在发展种植、养殖特色产业,计划大力发展种植、养殖产业。

在开远新农村建设农房改造过程中,除了 4 幢老宅外,古街上的房子都刷成了明黄色。工作组下来考查后,考虑到古街的历史文化因素,同时老房子都是土基墙,颜色十分接近黄色,于是选了黄色作为主体颜色。古街从街头碾米房开始,到街尾的小卖部,400 米的范围内,集中了 100 余户人家、一间集体仓房和活动室、一个小广场、小卖部,还保存有经州、市文物所鉴定的 4 幢民国初期老宅,以及一座关帝庙。关帝庙隔壁是老年人活动中心,2008 年建成。活动中心的门开得很不显眼,钻进门后,里面豁然开朗——大约 500 平方米的操场,沿着四周搭建了房子。进门右手边供着本家先人马岐山,紧挨着的是祖公堂。从关帝庙再沿古街往北走过十户人家,就到了集体仓房。仓房经过几次翻修,现在已粗具规模。市里的摄影队来给村民免费拍照、卫生队来做免费体检、供电局的来村里收电费,等等,都把点设在这个老仓房里。

老仓房的对面是后来新建的操场。操场东西两边各有一个绿色的篮球架,北边是一排平房,贴着乳白色瓷砖,平房左起第一间是村小组的办公室。操场南边是一排屋棚,棚下有两张蓝色的乒乓球桌。村小组办公室有 5 名村民代表:书记、组长、副组长、农经员和一个大学生村官。他们常常聚在这不足 20 平方米的临时办公室里开会、办公、统计数据。村小组办公室里有两个地方最引人注目,一是"村民家庭档案柜",二是"农家书屋"。下田心村全村共有 271 户,除户口已迁出本村的 11 户外,其余 260 户每户均有一盒档案,档案盒均以户主的名字命名,并按序号编写入柜。档案里装着每户的各种资料,比如家庭历史、调解纠纷、签订的各种合同、乡村旅游工作前期摸底调查表、房屋改造前后的照片资料、农村民居地震安居房改造资料及农民贷款申请表等。下一步,该村乡村旅游工作组将把村民的计划生育档案、健康档案等所有由村民小组管理的各项内容都归入各家的档案盒,逐步完善档案内容。村民档案柜是村小组和乡村旅游工作组在乡村旅游工作过程中探索出来的一个有效办法,建立村民档案,既可为工作留下文本资料,又可方便查找信息,这一举措得到了广泛好评,市委书记李存贵曾因此专程来到下田村参观过。这些档案建立后,作为村内永久性的资料,待乡村旅游指导工作结束时移交给村民小组。村民档案柜旁边拐角处是"农家书屋",

现在仍是个图书角,拐角左右,放着四个灰白色五层书柜,按政经类、少儿类、综合类、科技类、文化类、生活类六类分列,政经类、科技类、生活类三类一柜,其余每柜一类,总共有七八百册。比如杂志有《奥秘》、《演讲与口才》、《农家女》、《今日民族》等,书籍有《说文解字》、《水浒传》、《中外名人传记》等。农家书屋里的书都按图书馆的管理方式贴了标签,村民只需按书本的价格交押金就可以借书。古街上有四家小卖部,有两家很早就已经关门了。集体仓房门口这家属于较为现代的小卖部,有卷帘门为证。另一家位于古街上段的小卖部可看作是下田村老式小卖部的代表。小卖部的老体现在其建筑风格上,30厘米厚的土基墙上打开一个四方口,五块木板插起来,里面一根横木作插销,无需钢筋、保险锁。窗口上方伸出两截木棍搭着一块石棉瓦,一根白色排水管暴露在墙面上。面条、烟、啤酒、饮料、洗衣粉,零散地摆在木制的货柜上。

四幢老宅分别是马将军家,何存华家,白秀荣家以及白进云家的老宅子。经州、市文物所鉴定,4幢民居均属民国初期的古宅。

下田村是一个极具包容性的城郊村庄,古老与现代在这里和谐相容,简单与复杂在这里相生。因拥有得天独厚的自然条件,秉承悠久的历史文化积淀,下田村在开远市凤凰谷片区旅游计划中被列为重点打造的村庄。本着"下田古街,开远老家"的中心理念,开远市政府计划重点打造"一街两景三广场"。青石古街、关圣庙、四栋老宅以保护为主,通过"修旧如旧",略加修缮后,将以古朴的风格呈现。新建东、中、西三个休闲娱乐文化广场,东面入口的广场占地面积10亩,建设了文化活动室、警务室、小超市,安置了健身器材,建五人制足球场1个,网球场1个,其余地点以种植大榕树为主,形成村庄的主休闲区。将其余空地进行绿化,配上石桌椅等,建设成村庄日常休闲集中地。村庄中部将原集体碾米房拆除,绿化建成300多平方米的小型休闲广场;村庄西部对目前进村路口停车场进行绿化美化,建休闲广场或停车场,村庄内两个小广场种植树冠较大的常绿果树。开远有苗木基地近3000亩,经营户200多户,是云南省第二大的苗木集散地,主要集中在市郊昆河公路沿线。然而,到目前开远还没有一个集中展示、交易苗木的场所。工作小组及村小组看到下田村以东有大片平整的土地,水肥条件好,如果沿泸江河大道修通,下田正好位于市区与昆河公路的中间,是建设苗木花卉市场的理想地之一,同时计划着力培植特色农业,招商引资,以旅促农,农旅互补。下田人在描绘着明日的蓝图,每一笔都将是浓墨重彩的。

据不完全统计,下田村有三轮摩托五六辆,燃油摩托四五十辆,充电摩托七八辆,90%的人家都有电动三轮车。电动三轮车一辆1800元左右,全村统一用的牌子是"光明力车"。车行的人见下田村有广阔的市场,主动到村里推销,一来二去,买电动三轮车都买了"光明力车"。"开远市西中路60号,光明力车,电话:

7127672"的标志在三轮车尾走遍了大街小巷、村村落落。此时正是番茄收获的季节,村民去农贸市场卖番茄都是用电动三轮车,很少用谷篮挑去。一辆三轮车,可以装 200 千克左右的番茄,按当年的市场价,一车番茄可以卖 600～800元。要用"光明力车"时,只需要提前充上电,平时也不需要特别的护理,方便、省钱、省力,村民现在日常生活中根本离不了它,下地干活、去农贸市场卖菜,甚至只是出门走走亲戚,都会以三轮车代步代劳。男人办事,出门喜欢骑摩托车,三五个人约着,在田间小道上左转右拐,组成了一支乡土的摩托车队,看着无比拉风,回到家里满脸土灰。

碑格,滇杨树下甜蘦头

"碑格"在朴拉语中是"石山那边再过去一点的地方","碑"指石山,"格"意为过去一点,合起来就是"在石山过去一点的地方建村",从这个别具一格的名字,我们就可以想象碑格所处的地形。碑格乡是开远市下属的五乡之一,也是整个开远境内唯一的高寒山区,位于开远市东南部,距离开远城区 81.5 千米,进出入主要依靠 323 国道;平均海拔为 2212 米,最高海拔达到 2776 米,境内是连绵起伏的大黑山山脉,开远坝子人习惯称之为东山。

碑格乡一共有 6 个村委会,大约 41 个自然村,44 个村民小组,全乡总人口约 14000 多人。居住的居民主要有彝族(朴拉)、苗族、汉族,彝族朴支系是碑格的主体民族,占到全乡总人口的 97%,汉族在这里是地地道道的"少数民族"。全乡被分为上半乡和下半乡两个部分,"上半乡"在朴拉语里是"腊拨颇",意思是"生活在最高山上的朴拉人",包括架吉村委会、鲁姑母村委会、落破洞村委会;"下半乡"用朴拉语说是"呆占坡",意为"居住在云彩之外比较远的地方的人",共包括碑格村委会、小寨村委会、下米者村委会;碑格乡政府就位于碑格村委会的碑格村。

碑格乡也算是处在开远的"边疆"了,东部与文山州的砚山县阿舍乡毗邻;南边与羊街乡、大庄乡隔山而望,站在山头上就可以遥遥地看见山边上的寨子,过去交通不便,山里的朴家人赶个街都要跋山涉水走到羊街去;西北部就是和碑格乡挨得最近的中和营镇,整个东山上除了碑格就是中和营镇了。碑格乡地广人稀,全乡面积共有 229.6 平方千米,东西横距 20.8 千米,南北纵距 17.4 千米。耕地面积也十分广泛,但大多是旱地。按人均来算,平均每个人可以有上百亩地,加上碑格的气候原因,每年只种一季收一季,所以家家的地都种不完,常常是轮上三年自家的地才刚刚种过一遍,村子里大家常常笑着说:"我们都是轮耕。"

这些耕地都是勤劳的朴家人一点一点开垦出来的。

这几年村里大搞水利建设,修建了鲁姑母水库,把大黑山上大大小小的出水点集中起来汇集到一起,然后再分流出去,把曾经失散的水源积攒起来,这才告别了以前"吃水靠背"的历史。

一进入碑格的地界,入目就是绵延的大黑山。大黑山上资源极其丰富,不但有丰富的矿藏资源,还有各种珍稀的动植物资源。上米者、左西果一带藏有锑矿,并且锑矿含量最高为 69.7 度;左美果、落坡洞一线有丰富的煤矿储量,目前有 5 个煤矿,年开采量可达 20 万吨。山上的植物多为水冬瓜、黄山松、思茅松,比较珍稀的植物是黄杨木,山间生长有各种兰草、中药等,如野生臭参、草乌,在一些村子,采集中草药是家庭经济收入的主要来源。

碑格乡属于山区,土壤贫瘠,气候严寒不适于蔬菜的生长,所以很长一段时间,山里人都是靠山上采来的野菜来补充蔬菜的空缺。大黑山提供了丰富的野菜资源,几乎每个月份都可以吃到各种美味的野菜,野生蕨菜、苦马菜、刺五加、木耳、野生菌、苦刺花、玉和花、棠梨花、木浆子等。每年农闲时节,都可以见到朴家妇女背着背篓在山上辛勤地采集野菜、草药的身影。而男人们就在家里,用从山上采下来的竹子编成各种各样精巧的器具,篾帽、竹篾桌、竹箩、竹饭盒等等,朴拉族的男人们编的"朴拉篾帽"、篾桌,在开远城都享有盛誉。

现在的大黑山一眼望去,只有少数的山头上还保留着原有的森林,大部分都已经变作田地,走在弯弯曲曲的盘山公路上,看下去都是整齐的梯田。现在的碑格人正在重新给大黑山披上绿衣。早在 2000 年的时候,《恢复大黑山森林植被》议案已经被提上日程。核桃、滇杨、花椒、冬梨等各种经济树木悄悄地在大山深处落脚,开远市林业局还专门制定了《开远大黑山山区发展规划》,要把碑格乡作为高寒山区林业培养试点,计划在碑格、羊街、大庄大黑山片区发展滇杨 5 万亩,建设 100 亩苗圃和 50 亩的采穗圃,着力把"开远滇杨"培植成高寒山区人民增收致富的支柱产业,同时发展多种经济林木的种植。

选择滇杨作为主要的林业树种,主要的原因是这种植物是碑格乡土生土长的树种,它能极好地适应碑格山区的恶劣气候,并且这种树木富含纤维,是很好的造纸原料,树干笔直,树形美观,生长极快而又易繁殖,是一种集生态效益、经济效益为一体的速生树种。2008 年,开远市林业局采取种苗补助的方式扶持农户在架吉村委会左西果连片种植 300 亩滇杨,2009 年在鲁姑母水库旁建滇杨样板示范林 400 亩。2010 年又扩大了种植规模,仅 2010 年一年,碑格乡就种植了滇杨大约 500 亩,这样一来就造成了树苗紧缺的局面。于是 2008 年就开始种植"开远滇杨"的碑格乡架吉村委会左西果村村民就正好可以卖树苗,由于滇杨是靠扦插繁殖的,生命力又特别强,几乎把树枝从树上剪下来就可以卖钱了,这可让左西果的村民们大赚了一笔。树苗可以卖到每千克 4 元，而且不用愁销路，村民们都感叹说："树枝剪下来就能卖钱。"现在碑格的"开远滇杨"已经是家喻户晓，每个人都对这个以"开远"命名、并且在碑格的大黑山发现的植物充满感情，"这是我们这里的树，是属于我们的树！"村子里的人说起滇杨，都会不由自主地发出这样的赞叹。相信不久的将来，一株株开远滇杨一定会给苍茫的大黑山换上一副新面孔。现在交通便利了，经常有外地人被大黑山的秀丽风景吸引而来，神秘的大黑山正在慢慢地走入人们的视野。

左美果是碑格乡架吉村委会下的一个自然村，寨子里的农作物历史最悠久、最有名气的就是藠头了。藠头是一种名为薤（xiè）的多年生草本植物的地下鳞茎，叶子细长，花紫色，伞形花絮，主要生长于海拔 2000 米以上，温度在 15～20℃ 的高寒山区。碑格年平均气温 15℃，年降雨量 1450 毫米，正是藠头生长的最佳地区。碑格的藠头比起别处的藠头，不仅个头比较大，而且色泽晶莹剔透，腌制以后甜脆糯鲜，有色泽晶莹、脆嫩化渣、生津开胃的特点，并且没有腌制食品的特殊味道，一直以来深受大家欢迎，被称为"珍珠藠头"，吃过的人都赞不绝口。现在藠头还被选入中国农业名特优新品种资源选录，成为出口产品，远销韩国、日本等地。碑格人只要一说起藠头来，都会非常自豪。

20 世纪 80 年代初，经开远市酱菜厂的努力，为甜藠头打开了销路，加工出口到日本、韩国等地。碑格藠头种植规模逐步扩大到 5000 亩以上，年产量达 5000 吨以上。现在碑格藠头渐渐在国际、国内市场打开了知名度。碑格乡也就顺势成为甜藠头的原生产地，发展到现在，藠头种植已经是碑格乡农户经济收入的主要来源。

地灵村，天灵地灵人更灵

开远地灵村隶属于乐白道办事处仁者村委会，面积 2.50 平方千米，在开远众多的自然村中，不算大，但也不算小，位于开远坝子的核心地带，海拔 1044 米，距离仁者村委会 1 千米，距离办事处 5 千米，前临水，后枕山，中间有田地，实可谓"钟灵毓秀"，以"地灵"二字称呼，可以说是水到渠成，名至实归。

今天的地灵村，确实配得上"地灵"两字。前有东沟缓缓而流，终年不息地灌溉着村中几百亩农田；旁有沙沟潺潺溪水，无声地浸润着两岸的土地；后有大片山林，葱葱郁郁。人均耕地 1.71 亩，人均山地 1.9 亩，家家都有水井，家家都有电视，家家都有电话，已实现"路通、电通、路灯通"。一条崭新的水泥马路把村子一分两半，从正中穿村而过，使得村子现在距离开远城只有 10 分钟的路程，交通

十分便捷。2009 年，全村人均纯收入 3000 多元。2010 年，地灵村被评为"云南省文明示范村"。

地灵村面积 2.50 平方千米，两面临水，一面背山，东沟、沙沟与后山呈三角形形状，把全村紧紧夹在了中间。全村现有耕地总面积 500 亩，其中水田 151 亩，旱田 349 亩，人均耕地 1.71 亩，这在仁者村委会中居于中上水平。而对于地灵村的村民来说，这 500 亩耕地有着不同寻常的意义。

全村 75 户、283 人中，没有全家在外做生意的，也没有举家迁往城市的。俗话说"靠山吃山，靠水吃水"，地灵村有着不少的耕地，绝大部分的家庭就靠家里的几亩地来维持家用，田地成了家庭收入的主要来源。多年来，每户人家就在自家的田地里种植稻谷、蔬菜等农作物。而地灵村这种得天独厚的地理位置和气候也为他们提供了极为优越的条件。

再说地理位置。地灵村的地理位置在开远城郊南部，距离开远城只有 5 千米。以前水泥路没修通时，村里人从地里摘下了蔬菜，还得一担担地挑着去城里卖，费时费力。现在随着水泥路的修通，每户家里基本都有了一辆车，全村从小轿车、大卡车、农用车、摩托车、三轮摩托车到电动车，应有尽有。有了车，就再也不需要用肩膀费时费力地去挑着卖菜。从地里把蔬菜一摘下来就放到车上，去城里批发市场卖，只有 10 分钟的车程，省时省力。还有，随着开远新农村运动的深入开展，市委、市政府充当"开远蔬菜基地"的领头羊，不仅带领着农民种植农作物，还通过各种手段把菜商引进来，帮助农户卖蔬菜。所以在很多时候，地灵村里的蔬菜压根就不需要拿到城里去卖，而是一些菜农找上门，从地里直接就买走了。

所以，地灵村的农作物，不怕种不好，也不怕卖不出去而产生不了经济效益，唯一的问题是外面蔬菜市场的价格。外面市场价格好，当然反映在村里蔬菜的价格就高，村民收入就多。市场价格低，相对来说地里收入要低一些，可这也无需太担心，因为蔬菜高产，尽管价格低些，总还是有赚的，卖不完的蔬菜，就拿到家里喂猪，把猪喂得膘肥体壮，也能转化为经济收入。

在地灵村，一亩地按三作物轮种法算下来，一年到头的收入大约在 8000 元，高者可达上万元，其中还不包括大棚蔬菜。种大棚蔬菜相对于露天蔬菜，收入要高一些。

村里白静林家有田地约 7 亩，在村中属于拥有田地数多的家庭之一，也是村中家境比较殷实的一家。白静林是个生意人，以卖菜为主业，没菜卖时，就回到地里干活，回归农民本色。妻子余惠芬除了操持家务、下地里干农活外，还是村里面最大的养殖专业户。据余惠芬说，2010 年家中仅仅地里的收入，大约有 3 万多元，有 3 亩多地采用了三作物轮种法。2011 年下半年已投资 1.5 万多元，在房子前面的 1 亩多地里搭起了大棚，准备搞大棚蔬菜。据男主人介绍，大棚蔬菜不仅产量高,而且质量好,价格也高些,当时,预计那一年的这一亩大棚蔬菜可产番茄 10 吨,黄瓜 7~8 吨,毛收入可达 2 万多元。扣除各种成本,一轮作物的纯收入就可把大棚的成本收回来,以后这一亩大棚蔬菜的产值比其余 5 亩多地的总产值还要高。

热情、开朗、乐观、礼貌、快乐,这就是地灵村人的生动写照。其实,通过深入调查,还会得出一个非常令人惊奇的结论:尽管地灵村人的整体受教育水平并不高,但村中并无任何"黄、赌、毒"现象,也没有任何打架斗殴的不良现象发生,是名副其实的文明村。这一切,首先要归功于地灵村人所受的良好道德、素质教育。

核 桃 寨

核桃寨位于开远市南郊,是开远市乐白道办事处仁者村委会下属十二个自然村之一,距开远市区 5 千米,326 国道即昆河公路(昆明至河口)穿寨而过,将寨子分为老寨和新寨两部分。现有农户 84 户,总人口 307 人。

核桃寨隶属开远市乐白道办事处仁者村委会,地处乐白道办事处南边。乐白道办事处近年来强化现代农业的科技支撑,拓宽先进实用技术推广渠道,继续加大新品种、新技术和新经验的引进和推广,共引进丰优 115、D 优 827 等 5 个水稻新品种以及云优 19、三北 6 等 5 个玉米新品种,康红 99、滇宏辣椒等 6 个蔬菜新品种,同时完成改灶、改厕、改猪圈 20 户,极大改善了农民的生活质量,保护了生态环境。把冬早蔬菜作为优势项目重点发展,采取四项措施加强冬季农业开发力度。冬早蔬菜"一村一品"格局已具雏形。办事处十分重视农业生产结构调整,积极鼓励农民发展设施农业。目前设施农业已成为该处农业生产中极具潜力的经济增长点,显示了强大的生命力和广阔的发展前景,种植品种、养殖品种逐渐增多,品种质量有所提高,已经具备了一定规模,并取得了显著的社会效益和经济效益。设施农业主要是个体经营模式,以分散经营为主,主要有设施蔬菜、设施林木(苗木、经济林)、设施养殖等。据调查统计,截至目前,全处设施园艺总数为 2087 个,规模 1491.78 万平方米,年产值 8243.4 万元。种植苗木的连栋塑料大棚 60 个,规模 7.99 万平方米,年产值 120 万元。

核桃寨共计有耕地 326.4 亩,人均耕地 1.6 亩。过去村民的主要经济收入来自大春、小春粮食生产和蔬菜种植,收入渠道单一,2008 年全村经济总收入仅 87 万元,人均 3000 元。近年来开始种植反季节蔬菜,提高了土地的增值增收水平,还有不少农户将田地出租给外来者栽培苗圃林地,村民们又在这些林场苗圃

打工,这类劳务收入已经成为村民的重要收入来源。近几年来村中养殖业主要是养鸡、养鸭、养猪业,尤其是以高吉飞为带头人的养鸡业有很大的发展,颇具规模的饲养肉鸡、蛋鸡的专业养殖户已有 6 户,其中养殖肉鸡的有 5 户,养蛋鸡的 1 户。2009 年,核桃寨成立了养殖专业合作社,1 年存栏鸡有 2 万只,出栏 10 万只,鸡舍有 2 千多平方米。村里所产肉鸡和鸡蛋除部分供应给开远市外,大多销售到文山、绿春、河口等边疆地区,养鸡收入已成为核桃寨最重要的经济支柱,由于核桃寨的养鸡业在开远市乐白道办事处一百多个自然村中也名列前茅,其影响辐射到周边村子,还带动了仁者、发兴等村村民的养鸡业,1 年也饲养四五万只鸡,可以说现在附近村子每天鸡犬之声相闻还真是名副其实了。

2009 年 7 月份开远市召开新农村建设动员大会以来,乐白道办事处以"生产发展、生活宽裕、乡风文明、村容整洁、管理民主"为目标,以村容村貌整治为突破口,以基础设施建设为重点,在农村集中开展村内环境卫生整治活动,开展"三清六改"(清垃圾、清污泥、清路障,改路、改水、改厕、改沟、改圈、改厨)为主要内容的村容村貌大整治,广大村干部、党员、群众投工投劳,硬化村内道路,完善排水设施,清理垃圾。这次整改使核桃寨的村容村貌发生了很大改变,但真正发生彻底改变的是在 2009 年 12 月底,核桃寨根据开远市乡村旅游开发建设规划,开始了大规模的村庄改造,包括对住宅建筑和庭院的改造。所有的房屋都要改造为青瓦白墙,现代式的平顶房都要改为两匹水、三匹水、四匹水的斜顶,且结合实际情况拆除围墙建设通透围栏。开始时只有 20% 的农户愿意建通透围栏,其余的因为担心安全问题持观望态度。由于政府都对农户实行优惠补贴政策,改造或重建房屋的每户村民得到 1.5 万元的补贴,进行庭院改造和通透围栏的多补助 2 千元,并且提供为期 2 年的 5 万元无息贷款,提高了村民们的积极性,到 2010 年 6 月底,在半年时间里大多数村民家的房屋都按规划要求进行了重建或改造。

在村内道路改造中,拆除对主干道两边的部分厕所、猪舍等影响村容村貌的建筑物,动员进村主干道旁租地种苗木的企业或个体经营者自愿让出 1~2 米,以便拓宽路面;拆除岔街岔巷中乱搭乱建的建筑物,对老村和新村的零星道路硬化 223.7 平方米。村中最常见的环境卫生问题,在改造过程中也受到重视,采取了排水系统改造,分别在新村建 1 个污水处理净化池、在老村和新村各建 1 个公厕和 1 个垃圾集中堆放地等措施。

在开远市政府的统一规划打造下,核桃寨围绕"因地制宜、挖掘资源、打造亮点、彰显特色"的思路,依托东沟的水利资源和交通便利、风景优美的优势,对东沟周围环境进行提升改造,已使核桃寨与过去的形象完全不同了。清澈的东沟水环绕着核桃寨几家青瓦白墙的院落,轻风吹拂的柳树下,鱼儿悠闲地游动,远处是一般城市近郊少有的开阔湿地,村民们在河边洗衣物,孩子们跳进水里开心嬉戏,古代诗人们所向往的黄昏夕阳下、小桥流水人家的美景就展现在人们眼前。

红土寨,火红生活

现在的红土寨,从开远城出来,只要顺着环城南路走约 3 千米就到,开车不到 10 分钟路程。以前的红土寨,需要先爬上凤凰山,沿着山间土路,上山、下山,过了木花果村,再穿过花桥,继续往北走一段才能到开远城。即便是今天走这条路,也会花掉一个多小时的时间。

一首歌谣这样唱:"红土寨、红土寨,房子泥巴盖,日日出门把泥带,扯了一块又一块。"现在的红土寨,家家户户都是小洋房,土基房失去了踪影。泥土路只有凤凰山还在,但通往村里的路,连接每家每户的路,以及通往小坝田的路都实现了硬路化,就连田间地头的埂子都是水泥的。

红土寨属乐白道街道办事处仁者村委会辖区,面积有 2.4 平方千米,属于坝区和山区相结合的村寨,山区主要是种植苞谷,坝区主要是水稻、四季豆、番茄等经济作物。全村辖 2 个村民小组,有农户 124 户,有乡村人口 509 人(据第三次人口普查数字)。

亚热带高原季风气候决定了这里夏长无冬,秋春相连,日温差大,年温差小;干湿季分明,常年多干旱,这也是为何政府要在这里大兴水利工程的原因,他们要保证在春冬这样的旱季里坝区农作物的正常生长。

30 年前,红土寨根本见不到茅草房;20 年前,这里是现在大部分农村都能看到的土基房,开始有了红砖房,也有了砖混结构的平房;5 年前,乡村别墅开始出现;如今,每一家都有了乡村别墅。

厕所被视为文明进步的标志之一,以前只有男女不分的小厕所,后来终于男女分开了;再后来,有了公共厕所;现在,几乎每家都有独立的室内厕所和沐浴室。

能用抽水马桶以及每天都能洗个澡,这里已经与城市没有区别了。许多人家也装了宽带网络,还打算在网络上开商店,卖农产品,尤其是农产品市场价格不好的时候。

新居让人舒适,硬路给人便利,路灯延长了活动的时间,先后担任开远市市长、市委书记的李存贵倡导的让农村分享"城市文明",开远市做到了。

每条路都被水泥、沙土掩盖,但村民们不觉得有什么,新农村建设上有政策

谋划,下有村民加工加点配合。

青砖青瓦、白墙灰底、朱漆大门、奢华雕饰,联排的洋气别墅让人误以为撞入了大都市的富人区,只有当大门哐当打开后,看到追随猫狗出来的主人,三轮车、草帽,朴素的衣装,全是庄家人打扮,你才会发现,眼前的景象不过是一户普通的农民家庭。进屋后,随处可见的农具、庄稼,会更加肯定你的判断。

家兴寨,家和万事兴

家兴寨是开远市的城边村,地处坝子。家兴寨有三条连接外界的主干道路,一条通往卧龙邑和红土寨,出了红土寨便可直接上昆河公路,另一条通往牲畜市场及开远到马者哨乡、中和营乡及延伸至河口的公路,另一条通往家兴寨。

道路上行驶着货车、轿车、三轮车、拖拉机、牛车、自行车、手推车、电动自行车等交通工具。货车有拉砖的,拉牛、羊牲口的,三轮车有拉水果、豆腐及其他蔬菜到村寨卖的,也有拉土、拉肥料的。交通最重要的功能就是运输,这是显而易见的。运输物品的数量多少、路上行驶的交通工具的数量与规模可以体现出一个寨子的繁荣程度与村寨发展的程度。

家兴寨地处亚热带季风气候区,地势南高北低。这里后山秀丽,空气清新,泉水密布。"常年无酷热,一雨成春秋。"春夏长,秋冬短,年均气温 20℃,雨季与旱季分明。在家兴寨,只要是晴天,夜晚就可以看到满天灿烂的星星。无论阴晴,都可听到百鸟歌唱。寨子西边的梯田肥沃,适宜种植稻谷蔬菜等农作物。物产丰富,各种新鲜蔬菜长年不断。交通方便,足以发挥乡运输功能,属于自然环境与公共设施较好的村落。家兴寨离村委会 1.5 千米,离办事处 3 千米,离开远市场 2 千米,到各村落及城市的交通发达便利,可从城市及其他村落获得本村落缺乏的产品,也属于社会环境优越的村落。

作为城边的寨子,家兴寨与外部世界的交往非常频繁,这种与外部世界频繁的交往,很大程度上使家兴寨能跳出小农意识的框架来看问题。寨子附近有一个牲畜市场,家兴寨活动中心旁边也有一个小市场,离城市比较近。牧畜市场提供了农业畜力及养殖产品的交换空间,为村寨之间互通有无提供了方便,又不影响开远市的市容市貌。寨子里的小市场是流动的,由三轮车推着卖,主要以肉类、豆腐和水果为主,偶尔三轮车上也卖佐料类蔬菜。家里突然来了客人,或来不及去买菜又不种菜的农户,或等着菜下锅,可直接在早饭前来这个小市场买菜,生活上非常方便。另外,家兴寨到开远市的农贸易市场也不远,骑自行车只需要 20 分钟左右,骑摩托车来回 20 分钟,买卖都比较方便。由于家兴寨距离城市较近,除了有优越的市场条件外,获得科学知识文化及其他各方面信息也比较方便,各种机械的维护与修理也方便,城里的零工机会,邻寨的工作机会都有不少,家兴寨的居民在农闲时或天阴下雨时就可以去打零工挣钱。在家兴寨,居民亦工亦农,亦农亦商。下田做活为农民,到市场买卖牲畜为商人,到城里或附近打工就成了工人。

搞市场经济为家兴寨带来了更多的发展机会,他们种的粮食可以到市场上出售,可以做生意,可以在牲畜市场上贩卖牲畜,也在相应的行业进行投资。在市场交换中,他们的品格得到了充分的发挥。家兴有很多"生意精",精于观察产品的产地,精于观察产品的来源,精于了解市场的动向。但他们不是投机者,而是以诚信取胜。如问养殖的人,他们的东西为何好卖。他们会说:"主要是长期的合作,合作中双方都有了解,讲过的话算数。如有的产品现在价格涨了,也有其他的买家出比原来更高的价格购买,然而和他人先前说的话仍要算数,不能图一时的利益。否则,在自己困难的时候,别人一样会不理你,不帮助你。"做生意要讲究诚实守信,这是他们的基本原则。他们说:"一个简单的卖菜。逛的人要讲卖样,弄得卖样不好,人家也不要。到市场卖菜,时间长了,顾客也会知道你的菜不好。好多烧火做饭的人都是长期买菜的人,他们会鉴别、会看。你骗不了别人,用农家肥就是用农家肥,用化肥就是用化肥,没什么好骗别人的。"这就是家兴人说的老实话。

在肥沃的土地上,今天的家兴寨种植一季水稻,一季蔬菜。山地种植玉米与小麦,多数年份皆丰产。种植业为家兴寨的主要行业,也是重要的收入来源,谁说农民种植难致富,只要会精打细算,家庭负担不重,在家兴寨盖洋房并不困难。今天的家兴寨属于稻米之乡、良种之乡、蔬菜之乡、水果之乡。除此之外,家兴寨一直以来属于人才之乡。

九条龙村,活力无限

九条龙村之所以叫九条龙村,与村里的九个龙潭有很大关系。在寨子中央及其周边的田地里,共有大大小小的龙潭九个。九条龙村属开远楷甸村委会管辖,全村现有 55 户人家,总人口 203 人。其中劳动力人口有 110~120 人,从事第一产业人数约 70 人,80 岁以上的有 4~5 人,男女比例基本平衡,是从新中国成立后,人口才骤然增加,才有了现在的人口规模。

九条龙村全村辖 1 个村民小组,坐落在一个半山腰上,依山傍水,后枕青山,前紧邻昆河公路,距离开远城中只有大约 20 分钟的车程,顺山坡而下即可到达

南盘江边。村子面积 6.91 平方千米,海拔 1025 米,年平均气温 19.1℃,年降水量 800.7 毫米,适宜种植粮食、甘蔗等农作物。2009 年,全村总产值为 57.59 万元,人均纯收入 2837 元,属于农村中的中等水平,农民收入主要以种植业和第二、三产业为主。

全村现有耕地面积 230 亩(不包括山地),人均耕地 1.15 亩,有林地 6567.48 亩。耕地有效灌溉面积为 63 亩,有效灌溉率为 28.64%,其中有高稳产农田地面积 63 亩,人均高稳产农田地面积 0.33 亩。其田地是 20 世纪 80 年代初实行家庭联产承包责任制时分产到户时分配的,那时是每人可得 6 分 6 的土地,而后就是奉行"生不加,死不减"的原则,即祖上有多少土地,后代就只有那些土地,所以后代不管有多少人口,每家的土地数量始终没变。耕地一般种植甘蔗和稻谷,一年产一季,可以在秋季收获稻谷后再种植其他农作物。此外,除了耕地和林地外,许多家庭都自发地开辟了很多荒地,有的家里多达 10 多亩,主要用来种植玉米。村民们很少种植蔬菜,大多得到市场上去买。

全村现已实现电、路、电视、电话"四通"。进村有柏油路,村内主干道均为硬化的水泥路面,基本都通达各家各户。据统计,村内共拥有汽车 6 辆,拖拉机 6 辆,摩托车 8 辆。拥有电视机的农户 48 户,安装固定电话或拥有移动电话的农户数 38 户,其中拥有移动电话农户数 20 户,分别占总数的 69.09% 和 36.36%。

全村家家户户都有饮用水井,有 19 户家庭建有沼气池,有 17 户装有太阳能,有 19 户已完成"一池三改"(改厨、改厕、改厩)。农户住房以土木结构住房为主,其中有 15 户居住砖混结构住房,有 12 户居住砖木结构住房,有 31 户居住于土木结构住房。村内建有公厕 1 个,建有垃圾集中堆放场地 1 个,生活排水沟渠设施发达。

据介绍,随着新农村建设的深入开展,村子今后的发展思路和重点是:以稳定发展稻谷、玉米为主,提高玉米产量,搞好基础建设,积极发展水果、蔬菜、药材等绿色无公害产业,大力推进大棚试种种植业,努力推进以九个清水龙潭、风水、山林等点面结合为主的生态旅游产业,以及发展农家乐这种庭院经济等。

在九条龙村,每家的田地里除了种植稻谷,就是种植甘蔗,甘蔗是村里每个家庭的主要经济作物之一,种植面积占了总的耕地面积的 2/3 以上。一方面,九条龙这个面积只有 6.91 平方千米的小寨子,海拔 1025 米,年平均气温 19.1℃,年降水量 800.7 毫米,非常适宜种植粮食、甘蔗等农作物。另一方面,甘蔗有其特殊的生长周期和规律,一根甘蔗种可用 3~6 年,所以也就省去了每年买种、下种的麻烦,平时也不用精耕细作,一年只需培 2~3 次土和施 1~2 次肥即可,这样村民们就可以空出很多时间去做别的事情,很多人家就是把大部分田地用来种甘蔗,这样男人们就可到外面去务工,去获取更多的收益,而女人们只需在家照顾各种家畜和做做家务。

对于村民们来说,种植甘蔗还有一个好处,那就是没有销路这个后顾之忧。由于开远设有糖厂,每年糖厂都会定期来收购甘蔗用于制糖,因此,稳定的经济收入也是村民们种植甘蔗的主要原因之一。甘蔗是我国制糖的主要原料,在全球食糖总产量中,蔗糖约占 65%,而在我国,蔗糖占食糖总量则达占 80% 以上,因而发展甘蔗生产,对提高人民的生活、促进农业和相关产业的发展,乃至对整个国民经济的发展都具有非常重要的地位和作用。开远糖厂是个大型的制糖企业,每年消耗甘蔗量达 12 万吨,日处理甘蔗量可达 2000 吨。所以,糖厂与开远各个村的蔗农们都签订了收购协定,这样既保证了蔗农们的经济利益,又保证了自己的收益。

楷甸,多宝之地

楷甸位于开远的西北角,隶属于开远市乐白道办事处楷甸村委会,楷甸村委会所在地就在村内,共辖 6 个自然村;离开远城大约 15 千米,背靠青山,俯视南盘江。在古代,寨子是茶马古道上的一个重要驿站,是从蒙自、建水、开远方向往弥勒、昆明方向的必经之路,地理位置极为优越。今天,楷甸依然处于一个交通要道上,昆河公路就从村前直穿而过,地理优势极为明显。

村子其实是个半山区,地方海拔 1025 米,年平均气温 19.1℃,年降水量800.7 毫米,非常适宜种植粮食甘蔗等农作物。全村面积有 7.76 平方千米,耕地面积 938 亩,其中人均耕地 0.6 亩,耕地有效灌溉面积为 465 亩,有效灌溉率为 49.57%。这在开远地区来说,属于人均耕地较少的了。此外,村子还有林地3758.93 亩。

如今,全村经济总收入为 829.32 万元,农民人均纯收入 3156 元。这在开远地区已属于一流行列,特别是在人均耕地只有 0.6 亩的情况下,实属不易。据统计,全村现已实现通水、电、路、电视、电话"五通",其中拥有移动电话或固定电话的农户有 313 户;全村建有沼气池的农户 24 户,装有太阳能的农户 93 户,已完成"一池三改"(改厨、改厕、改厩)的农户 24 户。此外,村里还有一个卫生所,村民们大多是在这个卫生所医治小病,只有有了大病时,才到乐白道卫生院就医。

楷甸古街是昔日一条商贸古道,既是遗存,又是一种历史的见证。它的存在,使得楷甸先人们的目光与脚步已远远地超出了楷甸村。先人们沿着这条古道,开创出了一种商业文化。所以直到今天,楷甸依然是个以商业为主的村子,很多人都走出楷甸,下海经商,成了功成名就的商业人士。其实这些商业人士的

成功,其源头可追溯到这条古街。

楷甸红糖与楷甸豆腐已成为两个专有名词,在开远地区盛名远播,是楷甸的两张名片。

楷甸红糖采用传统的手工工艺程序,不添加任何色素,纯系天然,从外表看,色泽呈黄油状,晶莹剔透,绽放着光芒。泡在开水里头,只见水色橙黄又清澈见底,杯底不留任何杂质。喝起来,味道醇厚绵长,喝后舌头还残留有一股甘蔗的味道。

从传统的红糖制作工艺来看,楷甸红糖毋庸置疑地秉承着古老汉人的制作方法。57 岁的张福生,他家是楷甸制作红糖的传统家族之一。据他说,红糖的制作是一个传统的老工艺,他家祖祖辈辈一直到现在,每年都要制作红糖。据村里 94 岁的顾大爷回忆,在 20 世纪三四十年代,村里仅制红糖的商业作坊就有六个。每到收获甘蔗的季节,这些作坊就忙得不可开交,日日夜夜地开工榨汁熬糖。其商业流程是这样的:作坊主并不是购进村民们的甘蔗,而是帮蔗农们制作,按照甘蔗制作出来的红糖比例截留一定的红糖作为制糖费用,蔗农们送去的是甘蔗,收回来的是沉甸甸的红糖,而对于作坊主来说,从每个蔗农那都截留一些红糖,积少成多,再批发给外商,或直接去零售,这样就获取了利润。

如今虽然那些作坊已不存在,由于开远糖厂的原因,楷甸红糖家庭式的制作模式大多用作自己享用,但其依然声名在外,盛名远播,留给开远人一个不灭的楷甸情结。

在开远圈内,提起甘蔗,首选就是楷甸甘蔗。走进楷甸村,你会看到公路两旁、村子周围的田地里都种植着大片的甘蔗,而且在公路边上还可以看见一块显眼的标语,上面写着"云南甘蔗新品种繁育展示基地"。

的确,楷甸就是一块种植甘蔗的优良土地,全村都以甘蔗为主要经济作物。楷甸村位于海拔 1025 米的半山区,年平均气温 19.1℃,年降水量 800.7 毫米,十分适宜种植甘蔗。楷甸的甘蔗产业由来已久,整个村子里的田地,从很多年前一直到现在都是种植甘蔗,只有少部分的田地种植稻谷作为自家的粮食,而山地则多是种植玉米,作为家里牲畜的食料。

楷甸甘蔗不仅多,更重要的是其含糖量高。据统计测量,楷甸甘蔗的含糖量是开远所有地区甘蔗中最高的。所以,比起其他地方的价格,楷甸甘蔗总是每千克贵了一分钱。所以,开远乃至整个云南省,都把新甘蔗品种的试验地放在了楷甸,于是有了"云南甘蔗新品种繁育展示基地"这项荣誉。2008 年,开远糖厂为了支持农民种植甘蔗,引进了甘蔗的新品种,然后分配给农户种植,并且种植这些甘蔗的农户每年还有补贴。引进的甘蔗品种和以前的甘蔗相比,在产量和质量上都有所提高,所以村民们在种植上也多了几分信心,所以直到现在,楷甸地区还是以种植甘蔗为主。

与楷甸红糖一样,楷甸豆腐也成了一个专有名词,成了楷甸的又一张名片。"吃豆腐,就要吃楷甸豆腐"也是流传在开远地区的一句经典谚语。

与楷甸红糖一样,楷甸豆腐也有着悠久的历史,应该也是楷甸的先人们从中原地区带过来的一种工艺。而"楷甸豆腐"这一金字招牌至少也在开远地区打响了上百年。据村里的老人们说,在20世纪上半叶,寨子里几乎每家每户都会制豆腐。所以,楷甸豆腐的悠久历史毋庸置疑。

楷甸豆腐独特的味道首先来自于楷甸独特的水源及其独特的工艺。楷甸豆腐如此有名,还得益于它的品种多样——水豆腐、鲜豆腐、臭豆腐、霉豆腐等,不一而足,花样繁多。

在楷甸,传统工艺除了制作红糖、豆腐外,还有一项就是月饼的制作。虽然没有现在市场上卖的那么精美漂亮,可楷甸村人一直以来吃的就是自家制作的月饼,吃得津津有味。

莲花塘,清新自然美

莲花塘村的种植业很发达,由于气候得天独厚,种植的蔬菜比别的地方产量高、质量高、价格高。莲花塘人说,只要勤劳肯做,踏踏实实地干,村里靠种植业发家致富的也不在少数,确实比在外面吃苦划得来得多。有的年轻人回来便从事运输业,有的甚至一毕业就跑运输了。运输也要吃苦耐劳,还要讲点运气,赚起钱来也比较快,村里也有跑运输致富了的,一般都是男孩子。

如今,开远城里人流行到一些比较清洁、居住条件比较好的村庄度周末。莲花塘也是他们的选择目标。一位客人记下了这样的经历:

"清早,我们走在田坝上,隐约闻到了熟透的蔬菜瓜果香,宽阔的水泥路两边的田地里都有农民们忙碌的身影,现在是农历二月初,到了农民农忙时刻了,正是茄子和西红柿成熟的时段,有种这些蔬菜的农家基本上全家大小齐上阵,忙着抢收,刚刚开春,西红柿、茄子价格也还比较高,西红柿三到四块一千克,茄子两块多一千克,水泥路边堆着好些刚从地里采摘来的西红柿,红彤彤的,圆溜溜的如拳头般大小,很是惹人爱。我们走着走着,看到一架农用拖拉机,上面堆放了半车紫油油的茄子,路边的田埂上,一位皮肤黝黑的老大爷正乐呵呵地提着满簸箕茄子朝我们走来,走到车边,使劲将簸箕里的茄子倒进车里,放下簸箕,然后开始整理刚倒下的茄子,我们跟大爷打招呼问好,大爷也乐呵呵地跟我们示好,边将茄子一个个按大小头朝一边理好,边跟我们攀谈起来。大爷姓李,个头不高,

但看得出他硬朗的身子骨,短短的小平头已经白发参半了,酱紫的肤色似乎宣告着他已经在这片田地里摸爬滚打大半辈子了。李大爷的笑声很爽朗,也很健谈,我们说,看你们家这拖拉机还挺新的啊,啥时候买的呀?他乐呵地说,近几年才买的呀,这车可方便了,能打田,能拉蔬菜运货,能载人,是多用型的,当初买的时候六七千块就开回来了。说着,大爷理好茄子便又要跳到田埂上继续装茄子去了,我们这时才看见他还打着赤脚呢,粘着泥土的裤子卷着小节裤脚,我们说能跟您一起下去瞧瞧吗,他说行啊,下来吧。我们跟着跳下一米多高的路面,原来路边这几条长长的大棚都是李大爷家的,两个棚中间有两条窄窄的小路,两条路中间是条小水沟,专门供两边大棚的灌溉。顺着窄窄的田埂跟着大爷左摇右摆地朝前走,我听人说在田埂上走路就是要赤脚走才好走,五指都着地抓地才牢固,根据感受到的地势高低使力,不易滑倒,走路稳健,而且还走得快。看来这个道理果然不假,大爷噢噢地就蹿到老前面了,我们在后面跟跄赶上去,脚还不住地往中间的水沟滑。"

莲花塘村是一个以种植蔬菜为主的种植大村,专门种植反季节蔬菜,品种很多,根据市场需求加以选择。主要传统产品有西红柿、茄子、四季豆、辣椒等,种植蔬菜的地方是大山脚下的那一片延伸地,地势比较平坦。在这片开阔的土地上,除了部分作为居住,其他地方均用来开辟农田,这里的农田不像有的山地那样,人们下地干活要走很远的路,扛着锄头绕几座山什么的。莲花塘的人们开门就见田,出门进城也必须经过田边,所以他们随时都很方便去照料种植的蔬菜。由于这里气候好,阳光充足,土地肥沃,离城里的菜市场也很近,仅 3 千米左右,开着农用电动车十几分钟就到了,莲花塘人采摘下来的蔬菜一般都不在家中摆放,人们将蔬菜采下来直接运送到市里的蔬菜批发市场,因而蔬菜十分新鲜。由于这里的地理气候得天独厚,市场上过季了的蔬菜在这里也能继续种植采收,极大地满足了市民对各季新鲜蔬菜的需求,各种蔬菜的养料基本上属于大自然的恩赐,无需太多农药化肥来养护,因而这里的蔬菜是真正意义上的纯天然无污染的绿色食品。村里从 20 世纪 90 年代起就在政府的帮助下引进新品种,品种每隔几年就会更新换代,完全不用菜农们操心,开远市政府有关部门主动引进蔬菜新品种在各村试种,试种成功后就在全区大力推广。莲花塘人对自己所种植的蔬菜十分了解,讲起来头头是道,有时候真的像是在背书。这完全得益于那些基层农业技术推广站的农科人员们。

箐脚村，勇闯第一

箐脚村距离响水村委会 0.5 千米，距离中和营镇 0.6 千米。土地面积有 2.92 平方千米，海拔 1427 米，年平均气温 16.8℃，年降水量 948 毫米，适宜种植蔬菜等农作物。全村辖 4 个村民小组，有农户 218 户，有乡村人口 961 人，其中男性 476 人，女性 485 人。全村农业人口 868 人，劳动力 709 人，汉族 745 人，彝族 216 人，有耕地 1652.17 亩，主要种植烤烟、水稻、玉米、蔬菜等农作物。拥有林地 1400 亩，其中经济林果地 530 亩，人均经济林果地 0.52 亩，主要种植东山李等经济林果；水面面积 200 亩，其中养殖面积 80 亩；荒山荒地 1119 亩，其他面积 81 亩。

箐脚村是小康示范村，是一座美丽的新农村。村内十星级文明户、科技示范户、庭院式生态示范户比比皆是。在党员、干部们的带领下，箐脚先后引进种植了小米辣、甜脆豌豆、水果萝卜、脱毒马铃薯、优质稻等十余个品种，并在全乡率先引进二元杂交母猪进行示范养殖。现在全村小米辣种植面积近 100 亩，销售收入近 14 万元。种东马铃薯 350 余亩，年产鲜薯 665 余吨。养殖母猪近 200 头，年销售仔猪近 3000 头。

全村早已实现水、电、路、电视、电话"五通"，自从进村道路和村内干道硬化后，平整的乡村公路把大家带进了绿树掩映的小山村，白墙灰瓦的农家小院干净齐整，水泥路面通到各家门前。全村近 90% 的农户有电视机，85.78% 的农户配置了电话机，参加农村新型合作医疗达 100%，安全卫生饮用水普及率保持在 100%。

箐脚村是云南省科普富民示范村，为保证村民能学到更多、更新的知识，村内建起了农业科技文化楼，通过"农民文化技术学校"，使大部分中青年村民掌握了 1～2 门实用技术，新型农村队伍不断壮大。

箐脚也是开远市生态示范村，2009 年全村已建成沼气池 186 座，建池率达 82.49%，围绕沼气池的建设，村民大力发展生猪养殖，蓄粪产气，沼液养浇树，沼渣肥田。沼气的使用，使箐脚村树绿山青。

箐脚的名气大，还因为村子基础设施十分完善。开远市政府在新农村建设中以基础设施建设为突破口，不断推进城乡基础设施向农村延伸，第一步就是实施农村建设"道路村村通"工程。箐脚是开远实施道路硬化的第一个片区，自 2006 起就开始动工，现在箐脚到中和营镇道路为水泥路，进村道路为水泥路，村内主干道均为硬化路面。硬路让村与村、村与镇之间的距离缩短了，箐脚距离最近的车站 0.9 千米,距离最近的集贸市场 0.8 千米。机动交通工具的数量也在不断增加,全村拥有汽车 3 辆,拖拉机 40 辆,摩托车 50 辆。越来越多的村民开始选择摩托车作为代步工具下地干活,更牛的是,有人直接将汽车开到地边,一下车,撸撸袖子就往地里奔去。

箐脚是第一个实施建沼气池的村子,市政府将发展沼气池作为提升农民生存质量,改善农村面貌,培育有机产业和农村新能源建设的重要内容,创造性地开展了"一池三改"工作。箐脚实施"一池三改"的农户数占总户数的 82.49%,据宋起慰大爷说:"一个沼气池,一次投料,全年都可产气使用,产生的废液、废渣又是上好的有机肥可直接用于农作物。农村延用以烧木柴、毛柴为主的做饭传统,不但费时费力,劳动强度大,而且破坏森林植被,尤其是厨房,被烟熏得黑乎乎的,怎么也收拾不出个样儿来。当时,咱农民多么羡慕城里人能用燃气呀!没想到,现如今我们也用上了燃气,而且不花一分钱。"

箐脚是第一个拥有"服务站"的村子。服务站设于村子的中心位置——三岔口的小卖部处,此服务站的功能很强大,其他小卖部有的它都有,其他小卖部没有的它也有,比如代收信件。箐脚四个组的信件都汇聚到此,老板娘将信件一一送上门,村里人要寄信的话,也不用跑到镇上的邮局去,直接交到服务站,由老板娘收集后统一寄出。更厉害的是,此服务站是中国移动通信的授权网点,交纳话费、购充值卡、入网开户等业务都可在此处办理,为整个响水片区提供了服务。昆明人来到箐脚,话费用完的话,照样可以在此处交,老板娘只要将需要充值的卡号报给移动通信,一分钟之内话费就能交上。当然,其他村子的人想要交费的话,也不用大老远地跑到箐脚来,只需一条短信发到老板娘手机上就搞定了。所以,老板娘无论去哪都要带上手机,就算她出远门的话,那些"平常不交费,临时抱佛脚"的人也不用火急火燎地等她回来。因此,老板娘的老公经常开玩笑说:"手机跟她啊是捆绑使用,她跟手机比跟我还亲,你看她哪天要是忘记带手机出门的话,就跟丢了魂一样"。

还有一个"第一",就是路灯,箐脚是最早通路灯的地区,无论大道还是小路都有光亮。到了晚上,路灯下的娱乐活动也丰富起来。

老 勒 村

老勒村全村面积 0.24 平方千米(仅包括常用耕地面积、林地面积和水面面积),耕地 310 亩,其中人均耕地 1.88 亩;还有林地 46 亩。全村辖 1 个村民小组,有农户 46 户,有乡村人口 178 人,其中农业人口 178 人,劳动力 130 人,从事第一产业人数 120 人。2009 年全村经济总收入 93.79 万元,农民人均纯收入 2306 元。农民收入主要以种植业为主。

老勒村处在老尖山半山腰,海拔 1516 米,年平均气温 16.4℃,属于亚热带气候,年日照时间较长,约为 1694 小时,日照率达到 38.5%,所以在这里太阳能资源被村民广泛利用。

烤烟是老勒村村民的主要经济作物,全村每年靠烤烟所得的收入占总收入的一半左右。老勒村的烤烟种植史是从 1944 年开始的,之后的几十年里,由于各种原因时种时停,均不成大气候。1985 年国家调整种植业结构,老勒村开始连年不断地扩大种植面积,1992—1996 年,村里几乎所有的家庭都种上了烤烟,村民的生活也因为烤烟有了改善。如今,烤烟已成为老勒村村民主要的经济来源之一,红云红河烟草公司每年会对村民统一发放籽种,待收成后再统一收购,种植的不同阶段还会有公司派来的辅导员对大家的种植技术进行指导,只要不出大的天灾,收成的时候村民们基本都会得到满意的回报。

玉米是整个小龙潭镇甚至是开远市普遍种植的作物。老勒村也不例外,几乎家家都种有玉米。山坡上一片一片的田里,除了烟叶就是玉米。到了收获的季节,屋棚里,屋檐下,甚至院子里堆的都是玉米,一片黄澄澄的金色,看着特别悦目。

玉米和小麦本来都是村民的经济来源,但因这几年干旱大家都没有再种小麦了,只有玉米还每年都在种。老勒村需要玉米,就像鱼儿需要水,玉米就是他们的朋友,所以每个种玉米的人都懂玉米,每个人都能跟你侃上一天的玉米。

仁 者 村

仁者村在开远坝子里,现在隶属于开远市乐白道办事处仁者行政村,村子位于乐白道办事处南边。乐白道办事处就在开远县城内,仁者村委会所在地距离乐白道办事处 4 千米。

仁者村的面积有 2.79 平方千米,海拔 1044 米,平均气温 20℃,年降水量为 800.07 毫米,适宜种植稻谷和蔬菜等农作物。全村有耕地 1021 亩,人均耕地 1.1 亩;有林地 1427.68 亩。全村辖 4 个村民小组,有农户 246 户,有乡村人口 928 人,其中农业人口 928 人,劳动力 604 人,其中从事第一产业 536 人。2006 年全村经济收入 336.82 万元,农民人均纯收入 2327 元,主要来源于种植业。

仁者村里有 5 条小路通向东沟水,东沟水边是大片的农田和鱼塘。

公路、铁路和东沟水环绕仁者村。水就是东沟水,路则有两条,一条是环城

公路,一条是滇越铁路。环城公路是从开远通往蒙自和个旧方向去的路,从开远市区乘公共汽车就可以到达仁者村,4千米路程,很方便。红河州的州府以前在个旧、现在在蒙自,所以这条环城路对开远有着特别的意义。从环城公路进仁者村的道路很宽,小车可以开进村里,一直走到底,是观音阁,再往前,就是滇越铁路。

开远坝子的气候比较炎热,水土又肥沃,蔬菜瓜果自然就成熟得早、成熟得快,蔬菜、野菜一年四季常青,瓜果一年四季不断,仁者村一年四季都可以吃到时鲜蔬菜和野菜。西红柿、洋豆(即四季豆)、豇豆、黄瓜、白菜和青菜,不分季节,一年到头都可以种。一月份到八月份都可以种丝瓜,三月份开始种莲藕(9个洞的莲藕),四月份种红薯,八月份种牛皮菜。

三月份栽秧,十月份收谷子,大米的品质好,米饭清香可口,村里的老宽家做的香米饵块和红糖玫瑰年糕很好吃,开远人常常买了仁者村的米当作礼品送给外地的亲友。玉米不分季节,随时可以栽种,仁者村的糯苞谷特别好吃,又糯又甜,在附近是出了名的。仁者村的一年四季,义有各种不同品种的野菜。

六路公共汽车有19个座位,从开远的西城农贸市场开往白土墙村,仁者村是其中的一个车站。从西城农贸市场开到东林村站后,有人招手车即停,不一定非到站点才可以停。车上设有自动收款机,从仁者村到西城农贸,坐车的人自己投钱两元。城里的公共汽车,一般都是前门上、后门下,但六路公共汽车司机的服务态度很好,前门下方便的话也可以前门下。因为路通了,也就有了外面的人开卡车进村来收购猪和鱼,拉到省城昆明去卖。

一亩地种谷子的话一年有5000元到6000元的收入,种菜一年有3000元到4000元的收入。在收成好、价格高的年份,一亩地可以有一万块钱左右的收入。

除了种粮食、种菜之外,很多人家还养鸡、养猪。家里养的土鸡是吃农作物长大的,用什么样的方式做成菜,味道都很好。

仁者村的好米、好菜、好肉,一切都得益于东沟水。东沟水从南洞河流过来,沿途没有工厂,河里的水就没有被污染,好水当然会种出好米、好菜,养出好鸡、好猪。

好水当然还适合养好鱼,仁者村因此有十多个鱼塘。仁者村各家鱼塘里养的鱼只吃草,不喂饲料,鱼塘的主人们就割草、养草喂鱼,例如割完谷子后用黑麦草喂鱼。

沙坝村

　　沙坝是一个苗族村寨,是开远市乐白道办事处旧宅村委会的一个自然村,地处坝区。它位于乐白道办事处南边,距离旧寨村村委会 4 千米,离开远市 16 千米。全村面积有 4.13 平方千米,海拔在 1000 米左右,一年的平均气温在 20℃左右,年降水量为 800.7 毫米,适宜种植稻谷和蔬菜。全村的耕地面积为 1003.6 亩,人均耕地 0.77 亩,有林地 3149.74 亩。全村只有一个村民小组,有 50 户人家,人口有 214 人,从事第一产业的有 103 人。据 2006 年统计,全村经济收入共计 43.03 万元,年人均收入在 1746 元左右。沙坝村民的主要经济来源是种植业和养殖业,兼营油茶、果林等经济林木。

　　沙坝优美的田园风光备受市区学生们的青睐。在红薯成熟的季节,城里的孩子们在这里找到了乐趣,不时从地底下挖出的大红薯让他们兴奋不已。在沙坝村,还有山庄和生态园里所没有的滑草、放风筝、水上漂流等娱乐活动,并且根据不同的时节,还有不同的娱乐内容,比如摘生梨、采黄桃、打白枣、挖红薯等农家自助活动,让客人们尽情享受田园风光,回归大自然。

　　近年来,由于发展商品经济,部分地区苗族服装也成了商品并进行生产。不少青年妇女多从市场购买成衣,靠自己手工来做的越来越少了,如此,手工做的苗族服饰就显得珍贵了。在沙坝村,也有苗家姑娘考虑是否能够以作坊的形式,做一些苗族服饰进入市场,一者可以保留祖辈传下来的手艺,二者也可以适当挣点钱补贴家用。

　　袁好为开远沙坝村苗家妇女,是自主创业的榜样,是当地的成功人士、有名的富翁。11 年前,她仅揣着 16 元钱外出打工。她所有赖以创业的资本仅仅为初中文化,一双勤劳的手,一个聪明的头脑与一颗不安分的心。她在一次次思变中超越自身的极限,经过 10 年奋斗,她居然从赤贫打工苗家女变成了"领带皇后"。穷则思变。袁好最初想换种活法是因为贫穷。这种想法在当时很有些惊世骇俗的味道。因为她所在的开远市沙坝村虽不是深藏在大山里,但几乎与封闭的山村一样,没人外出打工,女人更是不能抛头露面,否则要被骂,遭受歧视。袁好家里贫穷,只上到初中,嫁个丈夫仍然穷,几个孩子均面临失学的困境。袁好觉得必须改变,1989 年,她要外出打工的想法让丈夫吓了一跳:"你这样出去让村里人怎样看你啊!33 岁的人了,就不怕背上个坏名声?再说万一出去有点啥意外可怎么办?"袁好决心已定:"别人怎样看我议论我,我不在乎,但你要相信我理解我,我什么苦都能吃,肯定能照顾好自己。"揣着家里仅有的 16 元钱,袁好

踏上了茫茫的打工之路。袁好在海拔 1800 多米的大舍矿山上的废煤砂里淘过煤，一天能淘 100 千克煤渣，挣 8 块钱。这不是她想要的结果，更不是她冒险出来打工的初衷，所以她想要超越自我。后来又到昆明跟浙江服装老板打工，一年后，学会了经营服装的本领，并看准了领带市场的前景，于是从最初的打工积蓄千元起家，开启了"领带专营"事业。皇天不负有心人，经过几年含辛茹苦的打拼，沙坝苗家女终成昆明"领带皇后"。这正应验了一句话："天道酬勤。"

沙坝苗族深谙"封河才有鱼，封坳才生草，封山才生树"的道理，因此沙坝村有这样的规定："烧山遇到风，玩狗雷声响。烧完山岭上的树干，死完谷里的树根，地方不依，寨子不满；大家不要伐树，人人不要烧山。哪个起歪心，存坏意，放火烧山岭，乱砍伐山林，地方不能造屋，寨子没有木料。"

这些规约都是要求人们自觉爱护山林，保护生态环境，凡是有损害行为均要按榔规、理词来处罚。这种保护自然资源的习惯法，虽不具有现代环境保护法的科学性与严密性，但其中所体现的强烈的生态意识，却是苗族先民留给我们的一份弥足珍贵的道德文化遗产。

沙坝苗族对水田耕作较精细，在农作物种植方面有着丰富的经验，一般都实行三犁三耙后才插秧。

苗族农民有稻田养鱼的悠久传统。沙坝民间童谣这样唱道："开荒要留沟，留沟让水流，把水引到田地里，好在田里养苗鱼。"可见稻田养鱼在沙坝苗族人生活中占据着重要的分量。沙坝农民"于水田中，用竹篱拦住田水出口，使鱼不得流出，田中多畜草鱼"。这样既能肥田，又能益苗，一举两得。还有，为了做到地尽其力，实现土地资源的充分利用，沙坝苗民经常在田间套种玉米、豆等经济作物。

石 头 寨

石头寨隶属于红河州哈尼族彝族自治州开远市乐白道街道办事处，距开远市区约有 5 千米，153 户人家，518 人，是一个彝族村寨，石头寨的村民原本都是彝族，后来有汉族和广西的壮族人陆续嫁到或是入赘到了石头寨，现在 98% 的村民都是彝族，土生土长的彝族。

石头寨在政府的支持下，充分利用处于城郊的比较优势，大力发展城郊型经济。农业以水稻、蔬菜种植为主，同时发展水果种植、奶牛养殖，全村早已实现通电、通自来水、建水泥街道、建沼气池，在开远算是很富裕的村子。目前，石头寨在申报州级文明村，现已通过了省级文明村考评组的检查验收。

石头寨,寨如其名,石头确实多,一到村口,就能看到一块成人高的石头立在路边,据说是 1996 年立的,这块石头有两层含义,一是作为寨子入口的标志,由于路边岔道多,有了这个"标志性的建筑",就不会找错石头寨的入口了;二是作为石头寨的象征,象征着石头寨人民坚定、顽强的生命力和生存意志,象征着石头寨在石头群的护佑下静默、安详、与世无争地生活着,象征着石头寨人民有着石头一样简单、干净、质朴的人文温情。

石头寨主要以种水稻,蔬菜为主,蔬菜是种番茄、西红柿、黄瓜和辣椒等,主要是靠卖蔬菜和水蜜桃抓经济。石头寨的水蜜桃是很出名的,又甜又脆、水分多。石头寨的水稻每亩收成大约是 600～800 千克,自己家里吃不完,大部分都是拿出去卖。主要种两个品种,有"银灰米"和"风优香占米"。"银灰米"谷稞高,不好打农药,难管理,每亩最多能产 600 千克,售价大约在 5～6 元每千克,但很好吃,米是细长的,黏性很好,很香,村民种出来都是留着自己吃,舍不得拿到市场上卖。村民们觉得"风优香占米"口感不是很好,价格大概在每千克 3.5～3.8元,所以都是用来出售以确保家里的经济收入。"油炸肉"是整个寨子家家户户都有的,每年吃完杀猪饭后剩下的猪肉都是用盐腌上两天,然后拿去炸油锅,炸透以后拿出来放在罐子里用炸肉的油泡着,平时招待客人的时候拿出来吃。

石头寨最丰富的资源却是水,寨子里不出石匠也是因为这个寨子水好,因而物产丰富,水把村民养"懒"了,觉得做石匠太累太辛苦,从事丰产的农业不仅让他们的生活轻松,而且收入颇丰。

村子里有四个鱼塘,最大的一个大概有六亩左右,进村就能看见。鱼塘由罗保忠 5 年前以每年 3600 元的租金承包下来。他每年要放五六千元的鱼苗进去,从不喂饲料,只喂青草和菜叶,所以鱼长得比较慢,一年最多捕两次。罗保忠一般不会自己捞鱼去市场上卖,因为自己没销路,拿出去也卖不完这么多,都是鱼贩子自己找上门来买,因为是不喂饲料的,所以罗保忠家的鱼一般都要比市场上的鱼每千克多卖一到两块钱。

通灵村,人杰地灵

通灵村包括通灵村寨和南洞风景区两部分,位于开远市东郊约 12 千米处,归属于乐白道村委会仁者行政村,地处乐白道村委会南边,距离仁者村 3 千米,距离乐白道村委会 5 千米。占地面积 1.07 平方千米。有耕地 1605 亩,其中人均耕地 1.39 亩;有林地 1467 亩。全村分四个村民小组,1949 年解放时通灵村只有 46 户人家,现在已经发展到农户 295 户,乡村人口 1156 人。通灵村不论是

人口还是村庄占地面积,在乐白道村委会都是首屈一指,算得上是乐白道村委会人多地广的村庄。

通灵村海拔 1044 米,年平均气温 19.7℃,年降水量 800.7 毫米,适宜种植稻谷蔬菜等农作物。以前村里经常种两季水稻,改革开放后,随着市场经济的活跃,村里人就每年只在五月上旬栽插早秧种一季水稻,其余的季节全部用来栽种蔬菜。通灵占着先天优越的自然条件,这里一年四季都可以吃到新鲜的蔬菜。一架架、一排排清脆鲜嫩的四季豆,鲜红欲滴的西红柿,清脆水灵的黄瓜,披着锦绣紫袍的茄子……当你漫步在村外的田间地头,尤其是在蔬菜成熟的时候,一定能让你大饱眼福和口福。通灵村里的蔬菜是地地道道的原生态,完全使用农家肥,清一色的无污染食品。

通灵村不但山清水秀,而且四季如春,在这青山绿水间生活,能让人身体健康,延年益寿。这样优美的生活环境曾一度吸引了大批的外地青年男女来他们这里安居乐业。

通灵村有一个十八子水寨,此处有一老板姓李,用自己的姓氏作为餐厅名字。餐厅坐落在开远市南洞旁,侧面依靠山林,另三面被麦田环绕,侧依山林这一面有一股清泉流淌而过。在开远市区内乘坐 6 路公交车便可以直达此处。水寨里有两个鱼塘,客人可以自己钓鱼,餐厅再给客人加工,不想钓鱼的人也可直接点菜就餐。在这里还可以参加夜晚的篝火晚会,尽情享受渔家餐饮。比较正宗的南洞鱼只有在这里才能够品尝到。清炖、红烧、油炸,种种口味任你品尝。除了鱼之外,这里还有很多特色的云南小吃,诸如干煸洋芋丝、油炸肉,还有水寨里自制的香肠,等等。不要说吃,就是让你看一看,也一定叫你垂涎欲滴,不吃不罢休。

水寨四周还种了好多木瓜树、芒果树、龙眼树、柚子树及香蕉树等果树。这里青山绿水,鸟语花香,清风荡漾,池鱼欢跃,菜香四溢,水车轮转,到处欢声笑语。到这里就餐,不仅仅是吃饭,更重要的是你整个身心都可以得到放松,更能够得到大自然青山绿水温柔的抚慰和洗涤。

在通灵村里,住着一户姓文的人家,居住的房子是他的祖先建盖而逐代遗留下来的土木结构的建筑,年代久远,据说富有古朴的灵气。整个院子分为上下两台,下面一台建盖有猪圈、羊圈等附属设施,拖拉机等其他农用交通工具都停摆在这一台院子里。院子里鸡鸭成群,犬吠声声,猫狗嬉戏,只要你一走进院子,就能明显感觉到这户农家人富足殷实、其乐融融的农村生活氛围。

南洞风景区在开远市正东方向约 12 千米处。多少年来,南洞以它清静优雅、古朴秀丽、自然天成的优美环境,以其雄、险、奇、雅、秀的独特风貌,吸引了无数慕名而来的中外游客,曾令多少游人迷恋陶醉!喀斯特地貌给南洞增添了无尽的奇异美景。山峦叠翠,天然生就的水墨丹青;名泉蓄春,诗词难以描绘尽南洞风景区的旖旎神韵的风姿。古树参天,挥摇着铺天盖地的翠绿,会让游客们人人钟情于此,流连忘返。幽静清澈的山泉叮叮咚咚,会让到这儿的游客们陶醉其中,乐不思蜀。

凭借南洞本身优越的水资源条件,南洞景区已经连续六年在每年四月份成功举办泼水狂欢节。在过去六届的泼水节里,游客和村民们一张张带着水珠的笑脸上飞扬着舒坦和惬意,仿佛也是在洗净快节奏的现代生活给人带来的身体和心理上的尘埃。泼水节所带给人们的欢乐、清爽和惬意以及身心的放松足以证明南洞泼水节存在的社会意义和经济价值。

四月来南洞,除了可以领略到泼水的快乐外,还有机会参加南洞景区举办的"啤酒节"。在此期间你可以免费品尝啤酒,并参加由啤酒厂家举办的评选"海饮冠军"活动。

卧龙邑,腾飞之村

卧龙邑位于开远市南边,倚环城南路而居,是辖区面积达 1948.2 平方千米的开远市内的一个自然村,个开蒙公路(即昆河公路)穿境而过。

卧龙邑隶属于乐百道办事处,是仁者村委会下辖的一个自然村;距离村委会约 1 千米,距办事处约 2 千米;面积为 2.4 平方千米。

卧龙邑村海拔为 1044 米,气候与开远城区相仿。确切地说,年平均气温在 20℃左右,年降雨量为 820.54 毫米,适宜种植水稻、蔬菜以及喜热耐旱的经济作物。

卧龙邑村共有 137 户、597 人,属典型的农业村寨。村民的经济收入主要来源于种植业和养殖业。该村一向以发展传统农业为主,目前正在农业专家的指导下大力发展生态农业,用科学技术发展反季节蔬菜种植,主要品种为西红柿、茄子、四季豆等,普遍采用了搭架、铺地膜等方法以求得蔬菜的高产。同时,该村有三个地方建筑队,成员基本由本村村民组成,一般在开远城承包土建工程,也有部分业务扩展到蒙自和个旧。总体来说,有副业和有生意做的人家明显要比单一从事传统农业的人家生活好一些。

现今,卧龙邑正积极探索将当地人文、历史、自然与生态融为一体的新农村乡村旅游发展的新路子,并以此为基础,把该村建设完善成集度假、运动、休闲为一体的文明村。与此同时,计划在全村建立若干生态科普教育基地、生态文化知识教育基地和一个生态文化展览馆,以加强生态文化建设,并影响、辐射乃至触

动周边的自然村社。卧龙邑积极倡导植绿、护绿、爱绿、兴绿的社会风气,广泛开展栽植纪念林活动,大力发展生态游、乡村游,充分挖掘红河文化、开远文化、彝族文化、花文化、种植文化以及蔬菜文化等多元文化潜力,发展生态、蔬菜、渔业和运动等旅游产业。

卧龙邑是仁者村委会较大的村落之一,村子从半山坡处顺势自然往下布局,民居错落分布,跌宕有序。整个卧龙邑村背靠凤凰山而居,坐北向南,村子房舍分布的总体轮廓酷似一条欲腾飞的巨龙,紧紧盘踞在凤凰山的山腰,恰似一幅天然的"龙凤呈祥图"。凤凰山山腰植被葱郁迷人、山脚泉水清澈。在凤凰山腰树木繁密的地方交织着大片长条形的桉树林,远远望去,也好似一条随风翻腾的蛟龙。

现在的卧龙小学有教学班 12 个,在校学生 500 人,教职工 25 人,学校有教室、实验室、微机室、远程教育室、图书室、体育室、少先队室以及其他教育教学设施。学校先后获得"全国红旗大队"、"云南省雏鹰大队"、"云南省文明学校"、"红河州文明学校"、"开远市红领巾农村卫生促进行动示范学校"、"开远市优秀基层党支部"、"开远市巾帼文明岗"、"开远市青少年优秀维权岗"、"开远市绿色学校"等荣誉称号。

卧龙邑有一个乡村五人制足球场。足球场地是卧龙邑集体所有的,由村委会管理。这个足球场的管理办法是这样的:全天租用 200 元钱,半天 100 元,踢一场球 50 元。如需要包场,要提前 24 小时预约。这个足球场从建成到现在,已经踢了不少场球,打过了不少比赛,也产生了若干风头很足的冠军。对于卧龙邑村民来说,既获得了很多运动参与权,又有了不少与外界交流的机会。

彝族聚居较多的卧龙邑是典型的坝区农业村,卧龙邑是开远市的稻米之乡,卧龙邑地处通风向阳之地,耕地面积大都平整、耐旱、采光好,这里的土壤中适于农作物生长的矿物质较为丰富,汩汩流淌的龙潭水为稻谷的生长提供了有力保障,加上卧龙邑自产的肥力挺强的农家肥,培育了松软、香甜的"原惠"大米。奇怪的是,这种稻米的种植,并不怎么需要农药和化肥,正因为这样,才很好地保全了大米的营养成分和酶与淀粉的比例,其原质的留香味也得以自然保存。据研究,这里的土壤和龙潭水的成分最适合种植优质"原惠"稻谷,加上地势特殊的通风性能,这里大米的质量是最上乘的,其他任何地方的"原惠"都望尘莫及。

卧龙邑香米的发展已经有了很好的基础,也有了一定的影响力。从卧龙邑的村民在家里和公开场合讨论的情况看,其优质大米的发展思路已经具备一定的前瞻性。

卧龙"贡米"之市场前景是非常广阔的。就大米的这些情况,来卧龙邑观光采风的人们也可以在村民家里学到不少的知识。就当前稻米生产和加工的实际情况来看,开远市无公害优质稻米生产栽培与加工技术体系是成熟的。而卧龙邑村稻作历史较其他地区早,土壤、水资源、气候条件有利于发展无公害优质稻米,稻谷生产和加工技术经过十几年的发展,已经取得了长足的发展。我们知道,大米是稻谷经清理、砻谷、碾米、成品整理等工序后制成的成品。就清理工序来说,它是利用合适的设备,通过适当的工艺流程和妥善的操作方法,将混入稻谷中的各类杂质除去,以提高大米成品的质量,同时利用磁铁除去稻谷中的铁钉、铁屑等,以保证生产安全。在卧龙邑村,这些技术都是比较先进的,难怪卧龙邑有好米、卧龙邑出香米,这也是稻米技术中最为关键的一环。

2008年,卧龙邑村全年的经济总收入为168万元,其中种植业收入为126万元(其中78万元属于经济作物的),畜牧业收入为42万元。

2008年,卧龙邑出栏肉猪562头,出栏肉牛12头,禽畜数量1803只;第二、三产业的收入是15万元,外出务工的工资收入为16.9万元。外出务工人员超过50名。务工地方基本在省内,一般在开远市内、蒙自、个旧或昆明,在开远市内打短工的相对要多一些,农忙时节一般会回来帮忙。

卧龙邑村民无论是种稻谷还是蔬菜瓜果,都施用有机肥(农家肥)进行栽种,结果收获的是原生态粮食和作物。卧龙邑村不但稻米香、瓜果蔬菜新鲜,且鱼虾都是在自然中生长的。在卧龙邑,村民们不仅仅是把水稻栽好了,更重要的是在稻田里养上原生态的鱼苗、泥鳅、鳝鱼、虾和贝类,到谷子扬花时,谷花鱼也成熟了,味美而鲜嫩。

老燕子村,放飞梦想

红河州开远市羊街乡卧龙谷村委会所辖的老燕子村有着得天独厚的地理环境优势,它东、南、北三面由青山环抱,西邻卧龙海,南邻黑冲河。气候特点属亚热带高原季风气候,由于受季风和云贵高原的影响,夏温炎热,雨热同期,高原山岭阻挡,冷空气不易侵入,所以冬无严寒。全年平均气温在18~22℃间,年降雨水约800毫米,适宜水稻和果蔬的种植。老燕子正是凭借这种依山傍水、气候宜人的先决条件在历史洪流中无声无息地孕育着"天人合一"的农耕文明。

老燕子村现有53户、232人,耕地面积1500多亩,水田500多亩,还利用四面群山周围的坡地发展经济林果450亩。2008年全村人均纯收入达6604元,比羊街乡农民人均纯收入2946元高出3658元。53户家家用上了电话、手机,户户建有沼气池,50户住进了小别墅,户均别墅拥有率达94%,街道路硬化率达100%。经济社会各项事业走在了开远市前列,同时被评为红河州特色文明村和云南省省级文明村,2008年,被授予全国文明创建先进单位称号。2009年8月

4日,省委副书记李纪恒来此视察并盛赞老燕子为"田园风光"、"人间仙境"、"充满希望的田野"等。第二天召开全省社会主义新农村省级重点建设村推进会议时,李纪恒说道:"昨天上午,我们参观了老燕子村的新农村建设,村子规划得非常好,规划标准高,管理得非常干净,一派田园风光,真的是人间仙境。前面一条河流,人欢鱼跃,大地风光,一片充满希望的田野。开远市为我们全省的新农村建设提供了很好的典型经验和样板,我们来开远开这个会,意义就在这里。"

在州、市文明办的关心和支持下,老燕子的科技文化中心也建成了。坐落在住宅区东北角的科技文化中心建筑面积达 210 平方米,总投资 19.5 万元。中心有两层楼,一楼是大会议室兼党员电教室,用来举办乡、市领导视察会议及村民大会。也正是在这间会议室,市农业局、市科协等部门的农业专家为村民开展科技培训。目前,全村 172 人取得《开远市农民技术资格证书》,每户有了一个科技明白人,80% 的农户掌握了 1～2 门农村实用技术,科技示范户达 60%。二楼设有 3 个小间,从右到左分别是老燕子村支部委员会议室、图书室、妇女之家兼老年协会所在地。办公室隔壁的图书室藏有农业、科技、民俗等各类图书,包括《创办特色农家乐》、《愿景与探索》、《彝风彝情》等书。老燕子科技文化中心麻雀虽小、五脏俱全。在市委组织部支持下,按照农村文化室的建设标准,中心配备了价值 1.78 万元的广播、电视、音响、VCD、课桌、椅子等设备,使村内的各类组织有了自己的"家",方便了各类活动的开展。更值得一提的是,中心一楼的右上角,装有一个方形气象综合信息电子显示屏,显示屏利用现代化信息技术,可以实现自动下载气象信息、滚动播放、气象灾害预警等功能。有了显示屏的提示,村民们可以直观地了解气象信息,按时耕作,预防灾害。

下一步,老燕子将着力发展乡村农家乐项目。既然老燕子的乡村旅游是以观光农业和农家乐为主,那老燕子村要展示给客人们的,就不能是一个仅靠栽几亩水稻过日子的普通农村。村民们已经勾画好了乡村旅游发展的蓝图:以黑水河作为主要的景点开发地,沿河建设系列景区、系列休息平台,还要打通从河沟到燕子洞的一条山路,开发"奇洞探险",从燕子洞归来的游客可以到河沟享受"竹排泛舟",边体验漂流的刺激,边观赏两岸美景。累了,就到岸边的茶室品尝一碗清茶,看几场民族表演;饿了,就到公共餐厅体味当地农家饭;饱了,就到幽雅的别墅区散心漫步,或是钻进生态果园里摘几个石榴,扯两捧甜枣解解馋。若还不尽兴,就再提着鱼竿,到村西北角的鱼塘里秀上几竿,保证让你过足钓鱼瘾。

为发展老燕子乡村旅游,2010 年初,投资 120 万元的养殖小区也在村尾建成了。建集中养殖小区,把牲畜集中到一个地方进行饲养,不仅方便大家互相学习养殖技术,更重要的是消除了污染,庭院、街道再也不会留下牲畜的粪便,卫生有了保证。

小 乐 村

小乐村位于开远市区南部,交通便利,东连昆河公路,西连开远市主干道。村里的人若需要进城办事,只需乘坐 2 路、6 路公交车,花上十多分钟就到了开远市区,十分方便。这几年正是借着交通便利的优势,寨子里大力发展种植、养殖业,又加上刚刚修好的环村公路,农产品都可以十分快捷地运输到市场上,村民的收入是一天高过一天。寨子里的生活也是如日中天,一天好过一天。

现在小乐村一共有 140 多户人家,500 多人。寨子里现在的生活好了,村民的主要经济收入主要还是靠种地。寨子里依靠开远地区良好的气候环境和便利的交通,大力发展蔬菜种植业,家家户户收完谷子之后就开始忙着种酸汤果(酸汤果是寨子里对番茄的别称)、茄子、无筋豆;收完一轮蔬菜再搭上大棚继续种冬菜(冬菜是寨子里对于冬季用塑料大棚种出的蔬菜的总称),一年到头可以忙到腊月。2010 年的酸汤果收成特别好,可以卖到 8 元 1 千克,差的也可以卖到 7 元左右,一亩酸汤果除去成本可以净赚一万多元。家家都是笑逐颜开,乐得合不拢嘴。

种植蔬菜也是近些年才开始的,在此之前,寨子里都是种谷子、蚕豆等,经济作物是主要是甘蔗。那个时候,大家的生活远没有现在这么好。村子里一年也只是种一季谷子,收两季。第二季收的谷子就叫"再生稻",就是第一季谷子收成之后把谷子根留着,等谷子再发芽,重新结一次穗儿。但是再生稻的产量都比较低。后来赶上农业局推广种植冬菜,大家学习了种植技术之后就开始种冬菜了。之后,蔬菜种植就迅速在小乐、开远发展起来,规模越来越大。直到现在,蔬菜种植成了附近开远坝区的村子里的主要经济种植作物。大家个个都是种植能手,每家每户都种得一手好菜,不明白之处也会互相请教,互相学习。这种互帮互助,比着、赶着学习的热情使得寨子里的种植技术一直保持先进水平。

除了种地的收入,寨子里有很大一部分人把地租给福建过来的培育苗圃的老板们,寨子里的土地比较多。

小乐村大规模地种植西番莲是从 2010 年 1 月份才开始的,整个规划是开远市政府于 2009 年底启动的乡村旅游建设项目中的景观工程的一部分。开远坝区主要有石头寨村、小乐村、仁者村等参加这个项目,共种植大约 400 多亩西番莲,小乐村种植了大约 290 多亩,是几个寨子中种植面积最大的。

寨子里几乎家家都种了西番莲,田地分布在靠近公路的地方的人家种植得更多,毕竟是景观工程,当然要种在人来人往的公路边上。当时试种的时候,为了打消大家的疑虑,每种一亩可以收到由政府补贴的 1000 块钱,此外种子由政

府提供,其余费用由农户自理。试种的品种也是经过开远市农业局试种之后选择的,和寨子里以前种在旱地上的品种不同,花冠更大,植株更高,更富观赏性。

小乐村的吕姐生于70年代末,经历了一系列挫折后,开始办养鸡场。现在养鸡场已经小有规模,养的都是蛋鸡,幸运的是,吕姐试养500只鸡圆满成功。有了这次的成功,就开始大规模养殖蛋鸡,养鸡场就建在村子对面的果林中。现在总共养了2000只鸡,在正常情况下,每天都有85%的鸡会产蛋。吕姐说,保守计算的话,一年大概可以赚6万块钱,她还打算明年扩大规模,养4000只蛋鸡,并在果园中放养生态鸡。她一年赚这么多钱,其实一点都不比种地轻松,虽然不用面朝黄土背朝天,但是一年365天,一天从早到晚几乎都要待在鸡场。从早上7点开始,她要起床给鸡喂食,这要花费她大概一小时的时间,喂完鸡食以后又要到旁边的地里浇菜水,浇完菜水就要去捡鸡蛋,中午要休息一会,吃过饭以后又要开始给鸡喂第二轮食,喂完食物后又要打扫鸡圈,打扫完鸡圈又要开始张罗晚饭。晚上稍微可以休息休息,陪陪孩子,监督孩子做作业。吕姐说丈夫也在忙地里的事情,有时候婆婆和妈妈会过来帮她忙,但是大多数时候都是自己一个人忙进忙出的,只有在拣鸡蛋的时候才感觉到有点成就感。

开远是一个四通八达的城市,产出来的蛋并不愁销路,整个红河州的蛋类产品大多集中在开远地区,开远城已经成为蛋类产品的集散中心。这一点主要是由于开远地区的气候条件非常适合养殖业的发展,开远就是一个风水宝地!这几年,寨子里也觉得养鸡是个利润可观的行当,大家也曾经想过大规模地批量化生产,但苦于资金不够,最后计划也不得不落空。吕姐虽然有带领大家大干一番的想法,但也只能先把自己养殖场办好了,一是积攒资金,二是积攒经验,等有了合适的机会,就是大家大展身手的好时候了。

玉 林 寨

玉林山村隶属于乐白道办事处仁者行政村委会,属于坝区、山区。位于乐白道办事处南边,距离仁者村委会1千米,距离办事处1千米。面积2.19平方千米,海拔1044米,年平均气温19.7℃,年降水量800.07毫米。全村共有耕地209亩,人均耕地2.45亩,有林地1368.79亩,其他面积1701亩。

整个村子呈狭长形,滇越铁路从村口一直延伸至村尾。从村子到乡镇的道路为柏油路;进村道路为水泥路面;村内主干道均为硬化路面。距离村子最近的车站约1千米,距离最近的集贸市场约5千米。

玉林山村农户住房以砖混结构住房为主,其中有17户是砖混结构住房,有

10 户是砖木结构住房。村子早在 20 世纪 90 年代已实现通电、电视、电话,之后在 2005 年修通水泥路,在 2006 年通自来水,并于 2008 年"村村通"工程结束时建了路灯。至此,实现通水、路、电、电视、电话五通,并在村中建了垃圾集中堆放场地和村内生活排水沟渠设施,使得村子显得干净卫生。

全村有 27 户通自来水,有 27 户通电,拥有电视机农户 27 户,每一项的普及率都已达到 100%。安装固定电话或拥有移动电话的农户数 20 户,其中拥有移动电话农户数 17 户,分别占总数的 74.07% 和 62.96%。村里建有两个公共沼气池,沼气池农户达 100%,几乎每家都安装有太阳能。车辆的普及率也很高,基本上每家都有一辆三轮摩托车,个别人家甚至有 2~3 辆车。

玉林山村的耕地主要用来种植稻谷、蔬菜等作物,所以村民收入以种植养殖为主,人均纯收入为 2690 元。而村子的主要产业为种植业、养殖业、第三产业等,主要销售方向为开远市内。农村经济总收入 38.41 万元,其中:种植业收入 10.41 万元,占总收入的 22.9%;畜牧业收入 28 万元,占总收入的 61.03%,其中,年内出栏肉猪 180 头,肉牛 2 头,渔业工资性收入 7.47 万元,占总收入的 16.28%。主产业在全村销售总收入为 28.85 万元,占农村经济总收入 75.11%。全村外出务工收入 7.47 万元,其中,常年外出务工人数 4 人(占劳动力的 4.71%),在省内务工 4 人,但是贫富收入差距明显,月收入从两千到上万不等。

白组长说,村里已签订的农业承包合同共 20 份,农村土地承包面积共有 209 亩。但是眼前村子经济发展最主要的困难就是如何解决水源的问题。在村里打井至十多米深都不出水,20 年前用东沟的水灌溉,但是现在距离远了,根本就不划算。所以一来农田的灌溉条件差,二来沟渠不好,这些客观原因直接导致种植成本高,影响村民的收入水平。所以今后村子的发展思路和重点就是大力发展大棚蔬菜,同时加大蜜桃种植,并努力发展订单产业。

玉林山村设党小组 1 个,党员总数共 8 人,其中男党员 6 人,女党员 2 人。因为村子小、人口少,所以村里暂时没有自己的活动中心。一般情况下,如果需要开会,村组长会选村口路面比较宽阔的地方作为开会地点,到时候全村的人都会搬个板凳聚集在村口开会,有什么需要讨论的问题举手表决就行了。

村里建立了农村公益事业,实行"一事一议"制度,农村财务管理实行自行管理,并定期开展村务公开,公开的主要项目是财务和政务。同时也有民主理财小组,主要以张贴公告、黑板报、会议等方式公开,供村民监督。

全村参加农村社会养老保险的有 6 人,占人口总数的 6.67%。参加农村合作医疗 84 人,合作率为 93.33%,每人每年只需交 20 块钱,生病时看病就可以报销 80%。村民的医疗主要依靠村卫生所和乡卫生院,该村距村委会卫生所大约 1 千米,距离乡卫生院约有 5 千米。

灰土寨，不灰且美

灰土寨隶属于乐白道办事处仁者行政村，位于办事处的东边，距离仁者村委会 1.5 千米。面积 2.77 平方千米，海拔 1044 米，年平均气温 20℃，年降水量 800.07 毫米，适宜种植稻谷蔬菜等农作物。全村辖 2 个村民小组，有农户 252 户，乡村人口 909 人。全村经济总收入 344.35 万元，农民人均纯收入 3283 元。

灰土寨位于开远市景山路，从市中心坐公交的话，七八个站就能到，地域的便捷性，使灰土寨渐渐褪去了农村的色彩，披上了现代时尚城市的衣装。2006 年灰土寨被定为全市新农村建设重点示范村，在各级领导和全村群众的共同努力下，灰土寨群众仅用了一年的时间，先后投资了 40 多万元，使村容村貌发生了巨变。

走进灰土寨的第一感觉，像是来到了一个到处洋溢着"微笑、洁净、休闲"的美丽社区，宽阔的水泥路四通八达，风格统一的白墙黛瓦，青装盛裹的龙眼树遍布房前屋后。灰土有独特的休闲旅游资源，"农家乐"的建设自然成为了村子发展的重点。至 2010 年，灰土已顺利开起四家农家乐，而正在规划中的就多达八家，在村中形成"农家乐"片区。目前，红顺农家乐和雪花农庄已成为其中的经营典范。

灰土寨在开远本地有着"龙眼之乡"的美誉，这是有根据的。开远地处亚热带，按说龙眼应该是普遍种植，可是只有灰土寨的龙眼长势最好，结出来的龙眼也比别的地方甜。前些年种没有嫁接的龙眼树要十年才结果，现在种嫁接后的龙眼树，只要三年就能开花结果，而且绿皮比黄皮更薄，结的果也更多更甜，所以现在除了家里种的黄皮龙眼，在地里种的基本上都是绿皮龙眼。

自 2004 年开始，政府统一支援养猪，第一年一头母猪补助五十元，到了 2007 年增加到一百元，但因为这几年村民耕地减少了，苞谷产量也降低了，大家认为养猪不划算，所以养猪的人家越来越少。如今村民的主要收入一是靠种蔬菜，品种主要是无筋豆、番茄等；二是靠外出打工。

自 2010 年开始，政府给盖房子的家庭补助 15000 元，要求是按统一标准来盖，大家都觉得政策好，所以这一两年村里 80% 的人家都盖了新房。

不仅如此，好的政策还吸引了广西、浙江等地的商人来做生意，在这里开苗圃的就有好几家，每家占地约有五六亩，地都是向村民租的。而且走在村子里，还会发现张贴着很多房屋出租广告，这在农村是很少见的，据赵组长说，来租房的人确实不少，主要都是周围建材市场和汽车市场的商人。

虽然灰土寨是一个村子，但是这几年来，村民的思维方式和观念已经发生了很大的改变。

发兴寨，悠闲好时光

发兴寨在开远市的南边，距离开远市区约 5 千米左右，面积 2.42 平方千米，海拔 1044 米，年平均气温 19.7℃，年降水量 800.7 毫米，适宜种植稻谷、蔬菜等农作物。根据第三次人口普查的结果，这里有 366 人，田地在包产到户的时候就分好了，每人 6 分 9，这里农民的收入一直依靠动植物。

在草木情结很深的发兴寨，凤凰树是他们日常对外乡人提过最多的。他们会记得，在树下，看了人生第一场电影；在树下，他们知道了国家要实行计划生育、国家要土地改革、国家要取消农业税的消息……现在，从这里传出的消息，每家每户都在执行，那就是开远市市政府要在发兴寨实行"新农村建设和乡村旅游"。他们各家各户忙着装扮街道、围墙、屋舍，也没有忘记来装扮"红花树"。

发兴寨建房子，有先按照模型做好土基，沿着地基往上砌的，也有直接在墙上浇灌泥土的，这两种风格的房子在寨中都可以看到，不过已经很少见了，这些都是 1980 年代的建筑结构了。进入到 20 世纪 90 年代，这里的建筑几乎都是平房了，木材土基被废除，红砖取而代之，盖的房子并不高，大部分是一层，连两层的人家都很少，用不着立柱子因而比较省事是一方面，另一方面，钢筋柱子的成本很高，花费很高。

最近五年盖的房子中，都是在旧房推翻后的基础上重盖，楼层多，也比较高，比如许加芬家、钱波家，都开始立钢筋浇灌柱子。最近三年，受自然灾害的影响，政府防患于未然，倡导新盖的房子都要有抗震功能，又考虑到成本问题，增加了一些补贴手段，本来就要立柱的新居，自然顺应号召与潮流，纷纷盖了地震房。

但不管是茅草房也好，土基房也好，平房也好，抗震房也罢，最不可缺少的就是主心骨水井，有井才有家，雷打不动。

事实上，随便在发兴寨走走就会发现，家家有水井，户户种鲜花。常见的树木、花草，他们都能叫上名字，一些少见的就不知道了。"只是瞧着好看，就拿来栽了，具体叫个哪样，也不晓得。"

从开远城回家的路上，他们可以看到许多苗圃，他们也有地，租给别人种，其中的一些，被他们搬到了自己的庭院中。

每一个中午，吃完饭，躺在大院树下，乘凉、赏花、逗猫狗，是他们固定的闲暇时光。

第六章
革新创造 致远未来

生从南国始定神，调鼎才华已吐真。
弱似畹兰非媚俗，香于岩桂自宜人。

——明·杨升庵

创新经验 实践幸福

　　开远市在经济建设与文化发展方面的理念与实践耐人寻味。这不仅是因为开远的经验是在不平凡中创造的，而且因为这些经验容易引起人们的共鸣和思考。其不平凡是因为，尽管在云南省来说，开远是一个工商业主导的县级市，但从全国的角度来看，仍然是一个经济不发达地区，财政资源并不富足。而就是在这样的背景下，能够将资源向农村和农业倾斜，显然开远走的是一盘大棋，这种以小做大的经验，的确可以给全国的许多县市启迪，这种启示也就更加耐人寻味。

一、基本经验

开远新农村建设经过五年多的丰富实践,不断积累着自己的经验,这些经验正推动着开远新农村建设向着更加高远的目标迈进。可以说,开远所取得的经验非常之多,全市层面上有自己的经验,一些乡镇还探索出了自己独特的经验,村庄也积累了自己的经验。但从全市整体来看,在众多经验之中,以下几点值得重点强调。

(一)从思想深处提升农民的国民地位

开远市新农村建设的基本路径是城乡一体化,基本价值取向是"城乡待遇"均等化。这两者共同的核心内容是要让广大农民不仅具有和城市居民同等的权利、同样的待遇、平等的发展机遇,更重要的是获得和保持作为人的基本尊严,其背后充满了市委、市人民政府对广大农民的深情厚谊。这就是李成贵书记所强调的:"失去尊严的生命价值何在?失去尊严的人生意义何在?没有价值和意义的生命和人生,哪来自信心、哪来自豪感、哪来'主体积极性'、哪来对未来的期盼和向往……城乡一体化的根本是要让尊重人性的人文思想之光照耀开远,还农民平等身份、还农民平等待遇、还农民平等权利、还农民最起码的尊严!民主、自由、平等、博爱等价值观的传播和弘扬,是新农村建设、推进城乡一体化的人文思想启蒙的根本。"

(二)探索符合自身特点的理论支撑

开远市提出城乡均等化的理论基础是农村发展需要面对的"四性四化"。"四性四化"作为一种理论概述可以被推广到全国范围,但要能在一个地方生根,并对一个地方的发展真正起到指导作用,一是需要将这一普适化的理论本地化,二是需要根据本地实际,提出具有实践指导意义的理论概括。前者主要取决于理论工作者的务实能力,而后者则主要取决于实践者的"务虚"能力。在这一点上,开远作出了具有创造性的尝试:一是结合"四性四化"基本理论,在"三个主体论"的基础上提出了如何让广大农民"当主人、唱主角、做主体"的具体做法;二是依据国家关于新农村建设的总体部署,创造性地提出了新农村"整体推进、全面突破"的战略措施,使每个村庄、每个农户都获得了平等的参与机会,实现了起点公平;三是结合本地资源不足的具体情况,创造性地实施了以奖代补、民办公助、公办民助等资源配置方式,最大限度地调动了政府、村民和社会的资源;四是为充分调动社区的积极性和创造性,科学提出了"谁积极、支持谁,谁主动、谁受益"的社区动员机制,这不仅为提高资源的配置效率创造了条件,而且为发挥广大农民的主体作用提供政策空间和组织平台;五是在追求起点公平的同时,从资源配

置制度角度关注弱势群体,这实际上体现的是结果的公正。

(三)切实增加政府对新农村建设的投入

有了一颗视广大农村居民为衣食父母之心,有了民主、自由、平等、博爱的人文启蒙思想,有了正确的理论,不一定就能够为老百姓办实事、正事和好事。因为爱心和理论都可以"务虚",更何况在目前体制下,基层政府总体上财力有限。而开远市委、市人民政府用的是真心。从 2006 年开始,开远市投入新农村建设的资金达到了 31.5 亿元,完成农村固定资产投资 23.9 亿元。按 2010 年的农村人口计算,人均新农村建设资金接近 32000 元,完成的人均农村固定资产投资接近 24300 元。新农村建设启动的前三年,财政投入新农村建设的资金达到了5.3 亿元,占这三年开远市地方财政一般预算收入的 47.4%,比全国平均水平高出了 28.8%,比云南省的平均水平也高出了 22.5%;占这三年开远市地方财政一般预算支出的 27.6%,是全国平均水平的 2.5 倍,是云南省平均水平的 2.6倍。按 2008 年的农业人口计算,开远市这三年的人均财政支农支出为 2875.4元,是全国平均水平的 1.9 倍,是云南省平均水平的 3 倍。仅 2008 年,开远市累计投入新农村建设的资金就达 7.5 亿元,比同年全市用于城市建设投入的 5.7亿元还多 1.8 亿元。2010 年,开远市的财政支农支出为 22419 万元,占当年地方财政一般预算支出总额的 17.9%,是全国平均水平 8.9%的两倍多。这足以说明开远市委、市人民政府在新农村建设上是用了真心。

(四)实实在在为农民办好事

"好钢用在刀刃上",有限的资源更需要用在实处。在开远,这个实处不完全是市委、市人民政府及其职能部门说了算,还广泛听取了乡镇(办事处)政府、村社组织、广大农民群众的意见,目标就是要办好事和实事。这里的好事和实事包括两个方面:一是政府为老百姓办真事和实事,二是政府引导老百姓自己办真事。相对来说,后者比前者不仅更容易些,而且也更容易达到目标。对于前者,开远市委、市人民政府经过大量的需求调查,把基础设施建设和村容村貌整治放在了优先位置。这既是群众迫切需要解决的,也是农民群众多年来想办而办不了的。政府把有限的资源投在了这些方面,对于老百姓来说,就是真事、实事,当然也就是好事,自然也就会受到人民群众的欢迎,老百姓发自内心高呼"共产党万岁"不就是最好的回答吗!对于后者,如科技服务和产业建设,不同农户、不同村庄有不同的资源优势和需求,政府过分主导可能会偏离老百姓的需求,对于老百姓来说,也可能就不是真事和好事。为此,开远改变了以往政府主导的做法,通过政策引导那些想创业的个人和集体去创业,不管成功与否都给予一定的资金补助。市人民政府建立了农业品牌奖励基金,每年财政投入 50 万元,对有机绿色食品、无公害生产基地、无公害农产品以及商标注册等给予奖励。这些措施最大限度地调动了个人创业和集体争上项目的积极性,实际上也是在为老百姓办好事和实事。

(五)让广大农民做新农村建设的主人

作为主人,最核心的是自己是否有权决定自己想做什么事、怎样做、什么时候做,说白了,就是要有决策权。开远市本着让每个市民都来做"幸福开远人"的人本思想,提出要让广大农村居民"当主人、唱主角、做主体"。为此,市委、市人民政府的许多政策规定都把群众当做真主人,放在重要位置来考虑,如农村道路村村硬化工程实行项目申报制度,本着"谁积极、支持谁,谁主动、谁受益"的原则,要求"坚持村民自治原则,严格执行'一事一议'制度,在大多数村民同意的情况下,组织村民自愿参与修路,不准强迫集资";"在群众自愿投工投劳的基础上,以自然村为单位,向所属乡镇(处)提出项目申请,经审批后,按相应投资标准安排项目建设资金"。再如,农户安装太阳能热水器,最初的操作办法是"农户向村民小组提出报名申请,并交款(交款金额为总造价减去补助的 500 元)。村民小组汇总后报林业站,林业站报能源站,能源站将名单提供给公司并交款,公司按名单统一安装"。群众认为这样太麻烦,且透明度不高。政府有关部门认真接受群众意见,随后出台了补充操作办法,"农户可以自选厂家、品牌进行安装,价格由农户与厂家自行商定",只要求农户提供正式发票原件(用于审查其真实性)、复印件(报销凭证),村民小组统一登记后报村委会,逐级上报、审查、公示无误后立即将补助发给农户。这不仅简化了手续,而且增强了农户的主体意识和责任感,实际也就是让农户做真主人。

(六)使新农村建设收到实效

开远市的新农村建设让农民群众见到了真成效。这不仅表现在以有限的投入让农村基础设施、村容村貌等发生了根本变化,而且体现在群众的参与性和自主性得到广泛提升上,体现在良好的资源配置和有效利用方式上,其核心就是政府搭台、老百姓唱戏。五年多来,开远通过 8 万多吨水泥和 750 万的砂石料款补助的引导,带动农民投工投劳近 50 万个,农民和各种民间组织投入 9600 多万元用于村庄道路建设和村庄改造。这种资源配置方式不仅有效地解决了以往政府在公共产品供给方面资源配置的难题(供给不足和供给错位,最终表现为资源配置的低效率),而且创造性地探索了政府在准公共物品供给方面有效发挥作用的路径,如政府鼓励和支持农村实用技术人才开通农村科技 114 服务热线(如卫彪科技热线、永华种禽热线、振东果苗热线、塞康科技热线等),整合各类科技人才和乡土人才资源,成立新农村建设科技服务团,等等。

另外,和全国多数地方只是搞试点示范比较,开远市的"整市推进、全面突破"充分体现了公平公正原则,为每个希望参与新农村建设的农户和村庄提供了公平、公开、平等获得资源的机会,这也是一种真成效。这种成效的社会意义和政治意义远大于经济效益,对于政府来说,体现的是为最广大人民谋利益的理念;而对于广大农村居民和村庄来说,不仅让他们成为了平等的建设主体,而且成为了决策主体和受益主体。

二、实践启示

开远市在城乡一体化指导思想基础上所开展的新农村建设,其具体实践和所创造的宝贵经验,给了我们深刻的启示:

（一）要建设好新农村,必须以实现城乡居民均等化待遇为基本目标

透过开远新农村建设的丰富实践可以看出,城乡统筹发展必须以一体化建设为指导思想。城乡一体化建设一方面能够给新农村建设带来新的契机,另一方面能够从指导思想上为城乡居民建立平等的权利基础,让农村居民均等地享受城乡一体化待遇。开远市城乡一体的交通网络建设,使原来被交通阻隔的城市和乡村连接起来,实现了人流、物流、信息流的自由流动,不仅促进了农村生产力的发展和农民收入的持续增加,而且提升了广大农民的自尊心,增强了他们的自信心,使他们在生产发展的基础上,能够提高生活质量,在农村从事发展生产活动,去城市进行消费活动。从这个意义上说,尽管统筹城乡发展具有十分丰富的内涵,但核心是均等化待遇。因此,要建设好新农村,必须以实现城乡居民均等为基本目标。

在这样一个基本目标之下,鉴于当前城乡差别的根本原因在于农村居民与城市居民没有获得均等的城乡一体化待遇:城市居民有医保,有先进的医疗设备,有大小不等、十分便捷的医院;农村居民在新型农村合作医疗体系建设之前没有医保,新型农村合作医疗建设起来之后,有了一定的医疗保障体系,但并没有和城市一样先进的设备和就近看病就医的机会。城市居民有廉价出租房、低收入家庭的安置房;农村不仅没有,而且部分农户还居住着危房、叉叉房、茅草房。城市居民失业有失业救济金,有再就业培训;农村居民的就业是土地,再就业还是土地,获得了进城务工机会的,也没有均等的用工制度和福利待遇。城市拥有从幼儿园到大学完整的教育资源;山村小孩从幼儿园到初中,不是奔跑在上学、回家的路上,就是寄宿在简陋、无亲情守候的学校宿舍……在这种情况下,需要把以城带乡、以乡促城作为突破口,把农村作为一体化的主战场,进行"整体推进,全面突破"。

（二）要实现农村的科学发展，必须以增强农民的主体性为目的

开远市新农村建设的实践表明，新农村建设既是一个城乡一体化发展的过程，也是一个确立"农民主体性"进而推进城乡一体化待遇的过程。在这个过程中，鉴于农业具有基础性地位但又弱质低效、农村处于外围甚至边缘、农民处于弱势的现状，外界的输入资源是必要的，但不是目的。换句话说，按照科学发展观的要求，要实现农村的科学发展，必须以增强农民的主体性为目的。从理论上来说，科学发展观的第一要义是发展，核心是以人为本，基本要求是全面协调可持续性，根本方法是统筹兼顾。没有"以人为本"这个核心，不仅"发展"这个要义失去了载体，而且"基本要求"和"根本方法"也会失去动力。而农村的科学发展，理所当然必须把以农民为本作为出发点和根本归宿，通俗地讲，就是要"以民为本"。"以民为本"从本质上讲，就是要不断提高广大农民的主体地位，增强他们在发展过程中的主体性和自主性。

从实践的角度看，开远市的做法也并没有将外部的资源输入作为加快农村发展、促进农民增收的根本动力，而是将外部资源的输入作为手段、作为"黏合剂"，始终强调如何提升农民的主体性和创造性。比如政府为改善农村基础设施条件而提供的水泥等物资的补助，直接目标虽然是让广大农村居民通过自力更生来改变自己的生产生活环境，但根本目标是培养广大农民的"自助他助"精神，这就是主体性精神。再比如，政府通过引导农民和村庄发展特色产业，创新经营方式，直接目标是为了增强村民和村庄的自我发展能力，但核心还是为了增强广大农民的主体性和自我发展能力。

（三）要促进资源向农村流动，必须以公共财政资源向农村倾斜为支点

社会普遍的看法是：我国农村的衰败，农业发展的缓慢，农民的贫困，其主要原因是农业、农村投入的不足，出路当然是增加投入，但就如何增加对新农村建设和农村发展的投入，存在不同的看法。开远市新农村建设的实践表明，要促进资源要素向农村流动，除了政策的引导外，必须以公共财政资源向农村倾斜为支撑点。开远市在新农村建设过程中，下决心对传统的财政支出结构进行调整，将原来以工业和城市为重点的财政支出结构，逐步变成以农业和农村为重点的财政支出结构，基本实现了公共财政资源向农村倾斜的目标。一是通过公共财政资源对农村的倾斜，使农村建设和农业发展，尤其是公共产品的供给有了资金保障，至少是起到了拉动作用；二是把城市建设投资机制引入农村，创新农村投资融资体制，通过成立新农村建设投资有限责任公司、小额信贷担保公司和新农村建设促进会等措施，依靠市场运作和社会筹集资金等途径，多渠道合力筹措新农村建设资金；三是通过财政贴息、公办民助、民办公助、"一事一议"等形式，鼓励

广大农民通过投工投劳和自筹部分资金等方式,整合各种资源。

(四)要使各个利益群体积极主动参与,必须以创新资源配置方式为突破口

新农村建设的主体是广大农民,但离不开各级政府和全社会的大力支持。如果按照开远市"三个主体论"的观点,广大农民、各级政府及社会团体和组织是新农村建设三个重要的利益相关群体。要使这三个利益相关群体积极主动参与到新农村建设中,并形成合力,需要创新资源配置方式,而不能笼统地提"政府主导、农民主体和社会参与"。实践中,政府主导往往会导致政府成为主体,从而扼杀农民的主体地位。

开远市的具体做法是将新农村建设所提供的主要产品区分为公共产品和私人产品,并采取不同的资源配置方式。对于公共产品和准公共产品,如农村道路硬化和农业技术服务等,采用以奖代补的方式,本着"谁积极、支持谁,谁主动、谁受益"的原则,引入项目申报制度,让村民通过"一事一议"决定是否实施或参与项目。通过"一事一议"为动员方式的村民会议,村民完全参与到新农村建设项目的决策和实施中来,不仅调动了村民的积极性和创造性,提高了资源的使用效率,而且增强了他们的集体意识和对所建设项目的拥有感。村民从真正意义上成了新农村建设的"决策主体、行动主体、受益主体",而地方政府也减少了组织动员的工作量和建设成果的后续管理和维护等方面的投入;市级以上政府所负责的出资额也可能因此而减少。

对于私人产品来说,也视产品的属性给予不同水平的奖励,性质上仍然是以奖代补,但补助的额度比公共产品少得多,比如,村庄道路建设的资金补助可能占到了建设成本的 2/3 以上,太阳能热水器的补助水平可能只占到建设成本的 1/3 左右,用于农业产业发展的补助可能不到 1/5,而农户在改善住房条件方面的补助可能不到 1/10……这样一种资源配置方式,不仅减轻了政府的筹资压力,而且增强了村民的责任意识和主体意识,对于提高资源的使用效率具有深远意义。

另外,在公共产品的维护(如村庄照明路灯的维护和电费支出、道路排水沟的修建和维护等)方面也做了相应的制度安排,对于不同类型的村庄(如区分为山区和坝区、靠公路的村庄和偏远村庄、汉族聚居村庄和少数民族聚居村庄等)也考虑了不同的补助方式和标准。这既考虑了公平,又兼顾了效率。

(五)实现农村内部的均衡发展,必须把整体推进和重点扶持有机结合起来

农村相对城市来说,整体上是落后的,但还需要注意的是农村内部发展的严重不平衡性。一些城市近郊的村庄、集镇附近的村庄,由于城市和集镇的辐射带动作用,基础设施建设已经逐渐完善;坝区的村庄由于区位和生产条件相对优

越,基础设施建设难度也很小。汉族村庄与少数民族村庄相比,总体情况也要好些。富裕村与贫困村相比,条件也要好些。不同类型的农村社区,条件好的已经具备了自我发展能力,仅需要较少的外部资源注入,便可以实现快速发展;而条件差的村庄的自我发展能力很差,需要较多的外部资源输入。正是基于此,要统筹农村内部发展,实现农村协调发展,就需要给予条件差的村庄更多的资源,通过资源倾斜,促进其实现"跨越式"发展。过去,我们习惯于倾斜发展,但重点可能不一定是条件和基础差的,而是好的,因此也就出现了"锦上添花",而不是"雪中送炭"的非和谐发展态势。

开远市的新农村建设弃"梯次推进、单个突破",取"整市推进、全面突破",为整个农村的发展搭建了一个公平的大舞台,对于调动最广大农村群众的积极性和主体性普遍起到了鼓舞作用。同时,考虑到发展差距的历史性和客观性,又十分注意农村内部的统筹协调发展,对处于相对弱势的群体和地区给予重点扶持,如针对贫困面较大、贫困程度较深的四个世居少数民族区,不仅一般项目给予资金倾斜,而且设计了专门资金给予重点帮扶。这也是对发展思想和发展实践的一个突破。

路径创新 体制改革

怀揣对农民的深厚感情,抱着"农村发展了、城市才能得以和谐发展、城乡统筹才能有坚实基础"的信念,在"四性四化"理论的指导下,开远市的新农村建设迈出了坚实而有力的步伐,进行了许多有益实践,也取得了显著成效。

一、具体实践

在短短五年多时间内,开远市的新农村建设政策措施到位,步伐坚实有力,成效凸显,尤其是在制度建设、基础设施建设、产业培植、社会事业发展等方面。

(一)制度建设

2006年年初,为了贯彻实施2006年中央一号文件和中共云南省委的实施意见以及红河州的相关行动方案,开远市相继出台了《新农村建设行动计划》和《新农村建设推进方案》,提出了"以点带面、点面结合、点上开花结果、面上整体推进"的工作思路,并在全市范围内启动了33个重点推进村建设。随后,率先制订了云南省第一个县级新农村建设规划:《愿景与探索——开远市社会主义新农村建设整体规划》,提出了开远市新农村建设的理论构架,制订了工业反哺农业、城市支持农村、城乡统筹发展的战略路径和实现方式,这在某种程度上可以被看

作是开远市新农村建设的纲领性文件。

在随后的实践中,开远市根据形势发展的需要,不断完善新农村建设的有关制度,先后出台了有关加快扶持现代农业发展、改善农村人居环境、改造农村危旧房屋、建设农村水利基础设施、建设农村公路、建设农村沼气、建立新型农村合作医疗体系、建设新型社会保障体系、实现农村广播电视村村通、加快农村教育和文化事业发展等 14 个文件。这些文件所涵盖的内容包括了新农村建设的方方面面,并且每一项政策都有相应的资金、物资、人力做保障,从而使制度的执行有了基础。

为了让制度本身能够真正反映民意、民愿、民智和民需,并使政府、农民自治组织和广大农民的行动形成合力,2006 年,开远市率先向 33 个重点推进村派驻了 33 名新农村建设指导员。2007 年,中共云南省委作出派驻新农村建设指导员的决策后,已经先行一步的开远市受到极大鼓舞,派驻指导员的工作力度进一步加大,到 2010 年,一共派出新农村建设指导员近 320 名。

实践证明,开远市的新农村建设指导员在某种程度上发挥了桥梁纽带和黏合剂的作用,共完成了驻村调查报告 700 多份,驻村建设规划 400 多份,化解群众矛盾和纠纷 1500 多次,争取项目近 100 项,项目资金 1000 多万元。农民群众称他们为"党委政府派出的幸福使者、农民群众的参谋向导";而党委政府认为他们切实发挥了"调研员"、"宣传员"、"调解员"、"服务员"、"技术员"、"指导员"、"监督员"等多重作用。

(二)基础设施建设

开远市农村发展相对于城市的不足,表现最突出的就是基础设施建设方面的落后。为此,开远的新农村建设从基础设施建设入手,并主要关注两个方面:一是村庄基础设施建设,特别是广大农民的生活基础设施;一是农业生产基础设施建设。在村庄基础设施建设方面,重点是进村道路和村内道路硬化、农民生活基础设施建设、卫生基础设施建设、公益活动基础设施建设、教育基础设施建设等方面,而农业生产基础设施建设的重点则是农田水利设施建设。这几个方面的建设,不仅涉及农村公共产品的提供,也涉及村民私人用品的提供和改善。

1. 努力改善农村道路

开远市新农村建设中村庄基础设施建设的重点是乡村公路、进村道路、村内道路,具体目标是实现乡乡、村村、寨寨通路,实现乡村道路硬化。在具体建设过程中,以不断推进城市基础设施建设向农村延伸为抓手,实施农村道路村村通工程。2006 年,全市基本实现自然村通公路,告别了人背马驮的历史,尽管多数村庄的道路还是土路。从 2007 年开始,用 2 年时间实施了乡村道路整乡推进工程,即 2007 年实现到所有村委会道路的全部硬化目标。在"只争朝夕"思想的鼓舞下,最后只用了一年时间就实现了这一目标。2008 年,实施所有自然村道路硬化工程,并顺利达到预期目标。据初步统计,"十一五"期间,全市公路建设投资累计达 6.6 亿元,比"十五"增长 3.4 倍。其中:乡村道路建设投资 3.4 亿元,比"十五"增长 2.6 倍。2010 年全市通车里程达 1480 千米,比 2005 年增加了 360 千米,增长 32.1%,年均增长 5.7%。其中乡村道路达 1142 千米,比 2005 年增加 310 千米,增长 37.3%,年均增长 6.5%。2010 年末,乡村道路硬化率达 97.0%,比 2005 年提高 75%。2010 年年末,村内道路硬化里程达 1560 千米,比 2005 年年末增加了 1350 千米。在道路建设的带动下,开通了城乡公共汽车,全市已基本实现城乡道路一体化,农村群众可以搭乘公共汽车自由往返于城乡之间,方便了农村群众的生产生活,促进了农村经济的快速发展。

在乡村道路的建设过程中,特别是在进村道路和村内道路的建设和硬化过程中,开远市创造性地筹集各方资金,动员各种力量,核心是坚持资金投入政府为主、农村集体经济组织为辅、农村基层自治组织宣传动员组织实施为主、村民积极投工投劳的政策,即市人民政府补助各村水泥、砂石,村社组织村民出劳动力建设和维护。对于村民没有技术的工程,如弹石路硬化,市政府还补助适当的施工费。以自然村道路硬化为例,按照群众自愿、农民主体、政府奖补的原则,由自然村"一事一议"申报,乡镇(办事处)审核确定,村(组)组织实施。原则上要求由乡镇(办事处)负责统一组织和技术指导,各自然村组织群众投工投劳进行施工。具体程序是:由自然村组织村民大会或村民代表大会,通过"一事一议"的方法,决定本村村内道路硬化筹资、筹劳情况,并由自然村测量出实际需要硬化的道路面积(没有强行要求道路的规格),提出工程的初步实施办法和维护办法,向所在村委会或社区居委会写出书面申请,经村委会或社区居委会审核后报乡镇(办事处)新农村建设办公室。乡镇(办事处)在实地复核的基础上,计算出本行政区域内村内道路硬化工程量和所需的水泥、砂石料数量,并以村民民主决策、自愿筹资投劳为前提,按照"谁积极、支持谁,谁主动、谁受益"的原则,确定本乡镇(办事处)实施村内道路硬化"一事一议"财政以奖代补的自然村名单,并制定出本乡镇(办事处)财政以奖代补计划,以正式文件上报市新农村建设领导小组办公室,经市新农村建设领导小组审核批准后由乡镇(办事处)组织实施。

以奖代补以物资(水泥)补助为主,具体补助标准为每硬化 1 立方米补助水泥 0.3 吨,道路两旁配套建设排水沟的,每千米增加水泥补助 10 吨。村内主干道在上述补助基础上再给予一定的砂石料补助。补助标准为坝区和公路沿线的半山区为每立方米混凝土补助现金 70 元,边远山区每立方米混凝土补助现金 80 元。村庄内的岔道小巷只补助水泥,不补助砂石料,主要由受益群众筹资筹劳完成。

2.支持鼓励村民改善农村生活环境

道路硬化后,村内卫生基础设施建设和卫生整治成为改善农村居民生活环境的重要内容。为适应广大村民的要求和不断高涨的建设热情,市人民政府随即启动了村容村貌整治工程。重点内容是"六改"(改水、改圈、改厕、改厨、改房、改庭院)、"三治理"(治理"脏、乱、差")、"六化"(建筑美化、沟渠净化、道路硬化、街道亮化、村庄绿化、庭院洁化),并分城郊、坝区、山区三个层次,分区域、分民族文化等不同特色,推进自然村村容村貌整治工程。市政府把以上建设内容同上级政府有关部门推进的国债沼气建设项目、"万村建设千村推进十项工程"、乡村卫生公厕、广播电视村村通等结合在一起,捆绑各种建设资源,并从市财政给予适当补助。建设原则同样是村庄自愿、民办公助,"谁积极、支持谁,谁主动、谁受益"。另外,市财政还凭农户的发票,给每个自愿安装太阳能热水器的农户补助600元。2010年年末,全市实有沼气池达20299口,比2005年增加了8439口,增长了71.2%,建成沼气村167个,占全市的37.8%,节柴改灶达37003户,比2005年年末增加了4198户,增长12.8%,每年可节约薪柴18.5万吨。全市农村公厕建设投入达1051万元,建成公厕625座,农村卫生公厕普及率达98.5%,比2005年提高了52.3%。累计投入863万元实施广播电视村村通、户户通等工程,完成442个自然村的电视"村村通"工程,广播人口覆盖率达96.9%,比2005年提高了0.2%,电视人口覆盖率达97.5%,比2005年提高了1.1%,有线电视入户率达89.8%,比2005年提高了40.8%。

农民生活基础设施建设,涉及村庄公共产品的提供和农民私人用品的提供和改善。对于私人用品的建设,开远市主要采取政府补助、村民自愿投入的推进机制,而对于公共产品,和道路硬化一样,采取政府补助物资、农民自主建设的方式。2007年基本解决全市剩余139个自然村46761人的饮水安全问题,2008年又解决了剩余的6312人的饮水安全问题,比规划提前了8年。"十一五"期间,累计投入水利建设资金5.9亿元,比"十五"增长了2.7倍。人畜饮水安全累计投入3367万元,比"十五"增长了16.5倍,累计解决了57042人、20816头大型牲畜的饮水问题。累计投入1亿元,实施农村电网改造,比"十五"增长2.6倍,"一户一表"工程受益户数达4.1万户。2008年,还开云南省之先河,在农村安装照明路灯,全市的430个自然村全部安装上了明亮、实用的节能路灯,总计8500多盏,并由市财政负担路灯电费。累计投入资金10.2亿元,实施重点村建设、农村抗震民居改造、墙面屋面改造、消除茅草房、叉叉房等一系列安居工程。农村私人建设户数达8415户,累计完成投资5.6亿元,分别比"十五"增长了40%和2.3倍。完成9131户抗震民居工程建设,农村居民人均居住面积达到了36平方米,比2005年增加了4平方米,农村住房条件和居住环境发生了历史性改观。成立了开远市日用品配送中心,60％的自然村建有农村便民超市,所有村委会建有农村综合服务社并向自然村延伸。

农村生活环境改善以后,开远市在文化基础设施建设方面也给予了很大支持。重点实施了农村文化基础设施建设工程,投入农村文化建设补助资金,用于村委会、自然村建设篮球场、足球场、文化活动室和购置文体活动器材、科技书籍,鼓励村委会组建文艺演出队、足球队、篮球队和文体协会,广泛开展群众性文体活动和民族节日庆典活动,采取有效措施着力保护农村民族民间文化资源。并给予每个文化站每年1万元、每个村委会每年5000元的补助,鼓励村民繁荣乡村文化,丰富文化生活。

3. 以水利设施为重点的农业生产基础设施建设

在加大农民生活基础设施建设的同时,开远还实施系统治水工程,狠抓农业生产基础设施建设。一是抓水源工程建设,开工建设开远东灌区引水工程,积极争取上马大庄水库、泸江水库和泸江、南洞河综合治理工程。2008年,实施了远近冲、勒白冲等病险水库除险加固工程,投资11482万元的大庄水库正式开工建设,2010年已经顺利完成度汛坝体填筑及溢洪道、南北干渠等工程的招标工作,个开蒙(个旧、开远、蒙自)大型灌区引水工程东干渠顺利实施,泸江水库建设前期工作顺利推进。二是全面实施小型农田水利建设,按照已完成的《开远市小型农田水利建设规划》,准备用3年时间全面实施小型农田水利建设。2008年,全市新建小水窖1350口、小型水库1座、水池7件、水坝5个、渠道工程5件、管道集中供水17件、其他工程15件,新增灌溉面积3741亩,改善灌溉面积8262亩,治理水土流失面积1.5平方千米,为保障农民增产增收奠定了较好的基础。2010年,借助中央对云南省小型农田水利建设扶持力度加大的历史机遇,全面实施"五小水利"工程,开工4381项,已经完工3676项,农村抗灾减灾能力进一步增强,农业基础设施建设取得新进展。整个"十一五"期间,新增有效灌溉面积26737亩,比"十五"期间增长1.7倍,农业水利化程度达到了51.1％,比2005年提高了0.4％。

(三)民生事业建设

开远农村的破败,表面原因是农村经济发展缓慢,核心是城乡投入不均等,导致农村民生事业远不如城市。在新农村建设整市推进、全面突破的战略指导下,开远以实现农村与城市均等的待遇为目标,大力加强农村民生事业建设。

1. 学有所教

大力发展教育事业,实施中小学排危工程,2008年一次性排除了2.9万平方米的农村中小学危房,整个"十一五"期间排除中小学D级危房4.0万平方

米。采取"民办公助",建设乡(处)、村委会(社区)、自然村幼儿园,推进城乡幼儿教育普及工程,2009 年全面普及农村学前教育;实施困难学生救助工程,安排专项资金,资助农村贫困家庭的幼儿、农村小学、中学寄宿制学生和就读职高的农村学生,帮助解决学习生活上的困难。从 2006 年开始,农村学生考取大学实行政府奖学金和助学金制度:考上大学、大专的开远学子,能够获得一次性 2000 元的奖励,家庭贫困的学生,还可获得另外 2000 元的补贴,以缓解入学时缴纳学费的困难;考上硕士研究生的开远学子,可获得一次性 15000 元的补助;考取博士研究生的,可获得 30000 元的补助。目前,已经初步建立了从幼儿到博士教育系列奖励资助体系。

2. 劳有所得

市人民政府积极努力创造就业岗位,2007 年新增 8089 个,2008 年新增 5334 个,2009 年增加 6330 个,2010 年增加 8300 个。整个"十一五"期间,新增就业岗位 4 万个,城镇登记失业率控制在了 3.8% 以内。2006 年至 2010 年,全市从业人数不断增加,从 14.7 万人增加到 16.9 万人。在不断提高就业水平的基础上,全市城乡居民收入持续增长。农民人均纯收入由 2005 年的 2951 元增加到 2010 年的 5336 元,增加了 2385 元;城镇在岗职工工资分别从 2005 年的 17196 元增加到 2010 年的 31981 元,增加了 14785 元。

3. 病有所医

自 2006 年以来,实施 52 个村委会(社区)卫生所建设,配齐相关医疗设备,实施 6 个乡镇(处)卫生院国债项目。已经建村级卫生所 52 所,实现"乡乡有卫生院,村村有卫生所"。加大力度推进新型农民合作医疗,并完善相关制度,参合率达 98.8%,连续七年居红河州第一,对特困户、五保户、独生子女户、残疾人参加新型农村合作医疗进行补助。实施城乡住院医疗费用同比例报销,实施大病补偿,最高报销额度达 18 万元,免费为全体市民进行健康检查。启动乡村医生中专学历教育,100 名乡村医生正在接受系统的中专学历教育。实行乡村医生考核聘用制,建立以执业助理医师和执业医师为主体的农村卫生服务队伍。对山区、半山区、坝区的乡村医生每月分别给予 500 元、400 元、300 元生活补贴。实施农民工基本医疗保险制度,对辖区企业为农民工缴纳养老保险的,财政给企业每人每年 500 元的补贴。

4. 弱有所助

发展缓慢的区域和群体是开远市新农村建设的重点。彝、苗、回、壮四个世居少数民族,主要居住在农村最偏远的山区,是农村中自我发展能力相对不足、收入增长缓慢的群体。在城乡一体化进程中,如果没有政策和资金等的倾斜,他们肯定发展不了,城乡一体化也就难以实现"全面突破"。开远市紧紧抓住农村的症结所在,成立了四个专项工作组,分别抓彝、苗、回、壮四个世居少数民族集中地区的经济社会发展的查缺补漏工作,以此促进四个世居少数民族聚集地区的快速发展,并借势推动全市社会经济高速发展中的平衡协调推进。另外,针对城郊区的失地农民,开远市委、市人民政府采取"地虽失,人无忧"的办法,除了实行的征地补偿标准在云南省内最高外,同时给失地农民每月156元的终身生活补助。成立了云南省首家县级慈善机构——阳光济困协会,筹集善款近1000万元。

5. 老有所养

开远市于2007年启动了农村低保,农村低保覆盖率近50%,并对农村70岁以上无固定收入的老年人实施生活补助。乡村老人高兴地说:"以前,我们农村老人,一靠儿女,二靠土地;靠不着,只能靠着墙壁等死。如今,靠不着儿女、土地,我们还有所靠。大家形象地说,靠我们的'大儿子'市委书记李存贵。"实施农民工基本医疗保险制度,制定和出台了失地农民养老保险办法,解决农民工和失地农民的后顾之忧。对平均收入低于840元的农村居民实施补贴。

6. 住有所居

除对城市住房困难户实施廉租房补贴外,在农村,实施危旧房改造和农村居民地震安全工程,完成了9131户抗震民居工程建设,完成了1000多间茅草房、叉叉房改造,农村居民人均居住面积达36平方米。

(四)生产发展

生活宽裕、农民增收是新农村建设的重点,而农民增收和生活宽裕的路径是发展生产,发展生产的主体是农民。开远在发展生产中,逐渐确立起培养现代农民、发展特色产业、创新经营方式、提高农业比较效益的新思路。

1. 养现代农民

农村发展的关键在于农民自身的发展,农民发展的关键在于能否掌握新的农业生产技术,应用新的农业生产手段和管理措施,逐步提高自身的综合素质。开远市在新农村建设过程中,紧紧抓住培养现代农民这个关键,不断创新农村服务体系。一是利用现代信息技术,打造跨时空的农业技术服务平台。实施"数字乡村"工程,推进农村信息化和现代化建设。2007年,在红河州率先开通农村科技114服务热线,尤其是卫彪科技热线、永华种禽热线、振东果苗热线、赛康科技热线等,为广大农民搭建起了农村科技信息与市场服务的平台。二是提升和利用传统服务模式,拓展服务内容。在培养现代农民方面,成立了市新型农民学院和各乡(处)新型农民培训学校,整合全市教育培训资源,每年投入培训资金100多万元,开展新型农民培训;实施"百万农民培训工程"、"阳光工程"、"雨露工程"、"新型农民科技培训工程"和"绿色证书培训工程",广泛开展以农村实用技

术、农村能人创业能力提升、农村劳动力转移技能培训。五年来,共举办不同层次的培训班 500 余期,培训农民 15 万多人次。三是创新科技服务机制,建立新型服务模式。由新农办和科技局发起成立了新农村科技服务团,科技服务团人员不固定,多数时候按照农民的需要临时组成,人员由市内掌握农村科技的人才组成,既包括传统意义上的农村科技人员,也包括农民群众中掌握农村实用技术的农民兄弟,同时,还可以根据农民的需要,聘请省内外农村科技人才加入科技服务团。科技服务团的成立,改变了传统农村科技服务的区域分割、部门分割状态,形成"农民需求响应型"科技服务体系。

2. 发展优势产业

从发展现代农业的角度出发,从市、乡、村三个层次大力培植特色产业。市级层面重点抓以"55110"工程为核心的特色产业建设,乡镇(处)重点发展"一乡一业",村级重点培育"一村一品"。市政府成立了农业产业培植工作领导小组,详细制定了产业培植的具体扶持政策和项目申报、审核、管理、考核办法,明确责任,把产业培育落到实处。同时,引进农业龙头企业,加速推进肉蛋禽、肉牛、优质稻、桃类等特色产业的发展。在产业发展过程中,加大品牌农业建设力度,每年投入 50 万元资金作为农业品牌奖励基金,对有机绿色食品、无公害农产品生产基地,以及注册商标给予奖励。同时,成功引进云南宝泽公司等龙头企业落户开远。目前,开远市的农业龙头企业已达 30 家。积极探索以土地集零为整为主的土地流转形式,已经流转土地 18295 亩,其中集零为整 3753 亩。所有这些措施,对加快开远市的优势产业发展提供了强大支撑:一是粮食生产稳定增长。随着优质米生产基地、玉米百亩核心区、千亩示范片、万亩高产示范区的建设,基地带动效应进一步凸显。2010 年粮食总产量达 9.6 万吨,实现了"十一五"以来连续五年保持增长。优质稻面积已经达到了 3.5 万亩,产值突破亿元。二是蔬菜产量稳步增长。随着大棚甜椒、蔬菜育苗基地、西山无公害蔬菜等基地的建成,全市蔬菜生产持续发展。2010 年,全市蔬菜生产发展到 9.7 万亩,产量达 11 万吨。三是甘蔗种植面积为 2.7 万亩,产量达 5.4 万吨。四是烤烟生产有序发展,2010 年,全市烤烟面积为 3.7 万亩,产量达 4858 吨。五是水果生产持续发展。2010 年,全市水果面积发展到 9.2 万亩,水果产量达 9217 吨,蜜桃成为云南省的生产基地。六是竹产业健康发展。到 2010 年年末,竹子种植面积达 1.2 万亩。七是蚕桑产业不断扩大。全市蚕桑面积发展到 13200 亩。八是花卉苗木产业持续增长。2010 年,全市花卉苗木面积发展到 11000 亩,经营大户发展到 200多户。九是畜禽养殖业保持较快发展。2010 年,全市生猪出栏 26.1 万头,牛出栏 1.5 万头,羊出栏 3.2 万只,家禽出栏 554.8 万只,禽蛋产量 11075 吨,肉类总产量 3.2 万吨。

3. 创新农村经营方式

以往农民增收乏力的一个重要原因是市场的变动性很大，农户单家独户抵御市场风险的能力弱。在新农村建设过程中，开远市鼓励农民进行经营方式创新，尤其是大力扶持新型农村合作经济组织。截至 2012 年 10 月底，开远已成立农村合作经济组织联合会 1 个，农村合作经济组织指导站 7 个，农村合作经济组织 288 个，其中登记在册的农民专业合作社 170 家，有社员 3510 户，带动农户 49610 人；综合服务社 109 个，入社人员 110 人；专业协会 9 个，入会人员 15000 人。2011 年，开远农民专业合作社销售收入达 17056.8 万元，帮助农民实现增收 1.9 亿元，全市近 50% 的农户通过农村合作组织的为农服务获得收益，农村组织化程度得到了史无前例的提高。市里除对协会和合作社加强组织保障外，还制定了有效的扶持政策：设立农民专业合作经济组织发展基金，对每个农民专业合作社给予 1 万元的"开办费"；对评选为市级示范性农民专业合作社的，给予 5 万元奖励；财政出资对农产品经纪人和社员进行培训；每年组织合作社理事长外出考察培训；对合作组织申请的各类贷款给予 3‰ 的贴息；合作组织可以优先实施农业基础设施项目。2008 年以来的三年时间，全市财政投入合作社的扶持资金在 2000 万元以上。在各种政策的强力支持下，开远市以合作为核心的经营方式创新大量涌现，老燕子村创造的生产互助是一个非常典型的例子。当前，全市范围内以生产、销售、加工环节为重要内容的合作经营发展形势良好，已初步形成基地带动型（通过企业在农村建设农业原材料基地，带动农村经济发展和劳动力转移，帮助农民增加收入）、产业带动型（建立"公司＋基地＋农户"农业产业化发展模式，促进农民增加收入）、区位优势型（立足区位优势，转换发展思路，盘活集体资产，积极发展集体企业）、公益捐助型（鼓励企业、个体老板捐资兴建乡村公益设施和基础设施，为新农村建设提供资金、物资支持）等模式。

建设之路

开远自古就是云南抵达东南亚各国的重要通道，1909 年滇越铁路修建以后，开远充分利用其独特的地理和人文优势，逐渐成长为云南省重要的县级工业城市之一，形成了以能源、化工、建材、食品加工等产业为支柱的较为完备的工业体系。改革开放 30 多年来，开远的城市建设和工业化得到了长足发展，但与此相反，农业和农村发展却相对不足，城乡差距不断扩大，"三农"问题日趋严重。正是在这种情况下，开远市借助新农村建设的契机，用真情谋划农村发展，资源投入真正向农业和农村倾斜，不仅使更多农民成为了新农村建设的真主人，而且

使新农村建设收到了真效果。

一、背景

开远市隶属于红河哈尼族彝族自治州,地处云南省东南部、红河州中部,是一个以工业经济为主导的县级工商业城市,总面积 1950 平方千米,其中山区面积占 91.5%。全市辖 2 镇 3 乡 2 个街道办事处,52 个行政村 452 个自然村,2010 年年末总人口 31.76 万人,其中农业人口 17.18 万人,占全市总人口的54.1%,城镇人口 21.91 万人,占 69.0%。2010 年底,全市国内生产总值 90.7亿元,人均 28572.0 元,比云南省平均水平的 15695.7 元高出了 12876.3 元,高82.0%。其中,一次产业增加值 10.5 亿元,占国内生产总值的 11.5%;二次产业增加值 45.2 亿元,占 49.9%;三次产业增加值 35.0 亿元,占 38.6%。全年实现工农业总产值 106.0 亿元,其中农业产值 15.1 亿元,占 14.2%;实现财政总收入 11.2 亿元,其中地方财政一般预算收入 5.8 亿元;完成地方财政一般预算支出 12.5 亿元;完成全社会固定资产投资 62.0 亿元,其中农村固定资产投资完成 9.0 亿元,占 14.5%;实现社会商品零售总额 19.4 亿元。全市城镇在岗职工人均工资 31981.0 元,城镇居民人均可支配收入 12849.0 元,农民人均纯收入5336.0 元,比云南省的平均水平高出了 35.0%。农民人均纯收入与城镇居民人均可支配收入的比值为 1.00∶2.41,比云南省的平均水平(1.00∶4.07)低得多。

从横向比较的角度看,开远市是一个工业主导的小型城市。2010 年,开远市城镇化率达 69.0%,乡村人口仅占总人口的 31.0%,比全国平均水平的52.5%低了 21.5%,比云南省平均水平的约 65.0%低了 34.0%。从国内生产总值的构成看,2010 年开远市二次产业的增加值比全国平均水平高出了 3.0%(49.9%对比 46.9%),比云南省的平均水平(44.7%)高出了 5.2%,而一次产业的增加值比全国平均水平高了 1.3%(11.5%对比 10.2%),比云南省的平均水平(15.3%)低了 3.8%,三次产业增加值比全国平均水平(43.0%)低了 3.0%,比云南省的平均水平(40.0%)低了 1.4%。2010 年,开远市人均工业增加值为10205.5 元,比全国平均水平的 11933.6 元低了 14.5%,但比云南省平均水平的5366.5 元高出了 47.4%。

就目前的总体经济实力来看,开远市比云南省的平均水平要好一些,但与全国的平均水平仍然有一定差距。以 2010 年为例,人均国内生产总值尽管比云南省的平均水平高出了 4/5 以上(82.0%),但和全国平均水平还有 3.7%的差距;人均地方财政一般预算收入比云南省的平均水平高出了 3.9%,但比全国的平均水平仍然低了 1/3 还多(35.0%);人均地方财政一般预算支出则分别比全国和云南省的平均水平低了 40.0%和 4.1%;人均全社会固定资产投资水平比云南省的平均水平高出了 62.5％,但比全国平均水平仍低了 5.9％;农民人均纯收入比云南省的平均水平高出了 35.0％,但比全国平均水平仍低了 9.8％,详见表6-1。

表 6-1　开远市人均主要经济指标与全国和云南省的比较

单位:元

指　　标	2010 年人均发展水平			发展差距(全国为 100.0)		
	全国	云南	开远	全国	云南	开远
国内生产总值	29678.1	15695.9	28572.0	100.0	52.9	96.3
其中:一次产业	3019.9	2403.9	3294.6	100.0	79.6	109.1
二次产业	13906.1	7008.5	14245.4	100.0	50.4	102.4
三次产业	12752.1	6283.5	11032.1	100.0	49.3	86.5
地方财政一般预算收入	3028.3	1893.9	1815.7	100.0	62.5	60.0
地方财政一般预算支出	5488.6	4968.6	3941.1	100.0	90.5	71.8
全社会固定资产投资	20741.2	12018.9	19525.5	100.0	57.9	94.1
其中:农村投资	5216.6	4170.3	9117.2	100.0	79.9	174.8
农民人均纯收入	5919.0	3952.0	5336.0	100.0	66.8	90.2
城镇居民可支配收入	19109.0	16065.0	12849.0	100.0	84.1	67.2

注:表中"农村投资"一项按乡村人口计算,其余的按总人口计算。

资料来源:2009 年及以前数据根据《新中国 60 年》(国家统计局编,中国统计出版社 2009 年版)、《云南统计年鉴(2009)》(云南省统计局、国家统计局云南调查总队编,中国统计出版社 2009 年版)、《云南领导干部手册》(云南省人民政府办公厅、云南省统计局、国家统计局云南调查总队编,云南出版集团公司、云南人民出版社 2009 年版)整理;2010 年的数据根据国家、云南省及开远市 2010 年统计报告有关资料整理。

历史上,开远也是一个以农业为主的地方。民国时期,交通运输、邮电、商业、工业初步发展,但产值占整个国民经济的比重不高,不到 20％。1950 年,几项重要的工业产品的产量分别为:原煤 2.2 万吨,发电量 566 万度,食糖 261 吨,电石 600 吨,粮食 1.66 万吨,甘蔗 8209 吨。1952 年,全市工农业总产值 1377 万元,其中工业产值仅为 299 万元,占 21.7％;1958 年,工业产值首次超过农业产值,分别为 1323 万元和 1312 万元;1962 年,全市工农业总产值增加到 2468 万元,其中工业产值的比重上升到 48.2％;1978 年,工农业总产值到达了 22711 万元,其中农业产值 3089 万元,占工农业总产值的 13.6％;1982 年,工农业产值分别达到了 5041 万元和 2778 万元,工业产值占工农业总产值的比重上升到了 64.5％;2010 年,全市工农业总产值已经达到了 106.0 亿元,其中工业占 85.8％,全年原煤产量达 1000.2 万吨,发电量 77.4 亿度,化肥产量 58.2 万吨,水泥产量 228.8 万吨。

上面的分析已经暗示:改革开放以来的 30 多年,开远市同全国一样,经济发展速度明显加快,各项社会事业全面进步。1978 年与 1952 年相比,工农业总产值只增加了 4.37 倍,年均增长速度仅为 6.7%;而 1978—2010 年的 30 多年间,开远市的工农业总产值就增加了近 45.68 倍,年均增长速度为 12.8%,几乎是 1952—1978 年的 2 倍。改革开放以来的 30 多年间,开远市的国内生产总值由 1978 年的 11579 万元增加到了 2010 年的 907447 万元,增加了 77.37 倍,年均增长速度为 14.6%,比全国平均水平的 15.8% 慢了 1.2%,比云南省平均水平的 15.6% 慢了 1.0%。尽管如此,目前开远市人均国内生产总值还是远高于云南省的平均水平,和全国平均水平的差距也不是很大。2010 年高出云南省平均水平 82.0%,只比全国平均水平低了 3.7%。

正是由于工业经济的快速发展,开远市的地方财政收入持续增加,1978—2010 年的 30 多年间,开远市的地方财政一般预算收入增加了 24.2 倍,年均增长速度为 10.6%,比全国平均水平的 12.4% 低了 1.8%,比云南省平均水平的 14.4% 慢了 3.8%。但值得注意的是,在 2004 年以前的多数年份,开远市的人均地方财政一般预算收入水平都远高于全国和云南省的平均水平,1978 年比全国平均高出了 18.6%,是云南省平均水平的 3.1 倍;1988 年分别比全国和云南省的平均水平高出了 40.0% 和 41.9%;1998 年分别比全国和云南省的平均水平高出了 27.4% 和 25.4%;2004 年仍比全国平均水平高出了 2.4%,比云南省的平均水平高出了 53.8%,但从 2005 年开始低于全国的平均水平,和云南省的平均水平相比,优势也逐渐丧失。2010 年,开远市的人均地方财政一般预算收入只是全国平均水平的 3/5,比云南省的平均水平也还低了 4.1%,见图 6-1 和表 6-2。

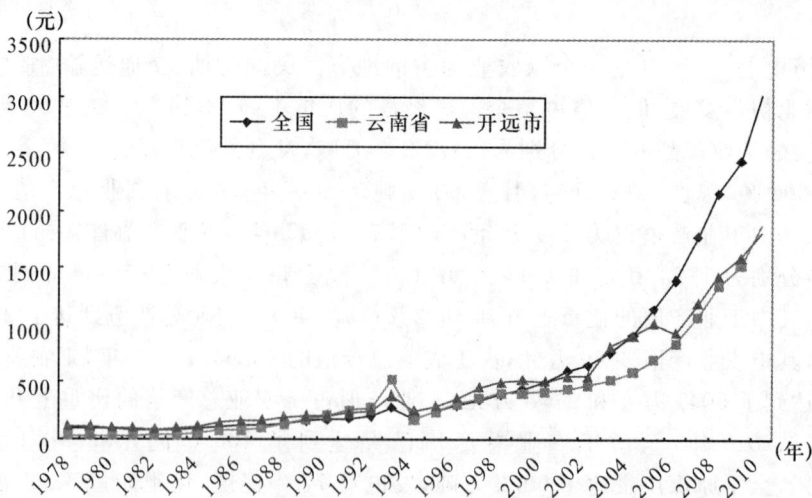

图 6-1　1978—2010 年人均地方财政收入比较

表 6-2　开远市人均地方财政一般预算收支与全国及云南省的比较　　　　单位:元

年份	全　国		云　南		开远市	
	收入	支出	收入	支出	收入	支出
1978	99.4	116.6	38.0	59.1	117.9	25.6
1979	93.8	131.4	36.4	68.1	114.5	27.5
1980	88.7	124.5	36.7	54.6	111.2	29.3
1981	86.4	113.8	39.4	48.8	111.4	29.9
1982	85.1	121.0	47.7	57.3	97.6	35.3
1983	85.1	136.8	51.6	72.7	105.2	55.1
1984	93.7	163.0	58.5	91.2	116.4	77.5
1985	116.7	189.3	80.2	107.4	153.1	91.7
1986	125.1	205.1	86.2	135.9	168.3	134.7
1987	133.9	207.0	106.1	152.4	172.5	145.1
1988	142.5	224.4	140.6	180.4	199.5	200.1
1989	163.5	250.6	173.4	224.5	212.6	210.8
1990	170.1	269.7	207.6	243.3	211.0	199.1
1991	190.9	292.4	263.8	293.0	235.0	231.3
1992	213.7	319.4	285.3	317.3	259.6	238.2
1993	286.2	391.7	527.5	516.4	383.4	323.9
1994	192.9	483.3	171.6	517.2	256.3	381.8
1995	246.5	563.4	246.5	589.3	298.3	410.4
1996	306.1	472.8	321.7	669.0	359.4	477.1
1997	357.9	542.0	367.4	765.0	461.1	581.9
1998	399.5	615.0	406.0	791.5	509.1	657.8
1999	444.8	718.3	411.9	901.7	531.9	690.8
2000	505.4	817.9	426.2	976.5	520.5	735.6
2001	611.4	1029.1	446.1	1157.9	560.6	931.8
2002	662.9	1189.6	477.2	1216.0	559.8	982.3
2003	762.2	1333.3	523.4	1342.3	825.6	1101.4
2004	915.0	1584.2	596.5	1503.1	917.2	1484.2
2005	1154.9	1923.8	702.5	1721.9	1022.7	1726.0
2006	1392.5	2315.1	847.6	1993.3	942.6	1505.8
2007	1784.1	2901.7	1078.3	2515.0	1203.5	1988.1
2008	2157.3	3708.4	1351.6	3236.3	1437.8	2664.9
2009	2447.1	4551.1	1507.6	4271.1	1595.3	2828.7
2010	3028.3	5488.6	1893.9	4968.6	1815.7	3937.4

資料来源:2009 年以前的数据根据《新中国 60 年》(国家统计局编,中国统计出版社,2009 年版)、《中国统计年鉴》和《开远市统计年鉴》有关年份资料整理;2010 年的数据根据国家、云南省及开远市 2010 年统计报告有关资料整理。

值得注意的是,尽管开远市的地方财政一般预算收入水平增长得不慢,但2005年以前,财政支出水平却很低,1978—2010年,尽管全市地方财政一般预算支出增加了251.1倍,年均增长速度为18.9%,分别比全国和云南省的平均水平高出了4.9%和2.6%,但核心原因是基数过低。1978年,开远市的财政一般预算支出只有496万元,只是当年地方财政一般预算收入的21.7%,人均地方财政一般预算支出只有25.6元,只是全国平均水平116.6元的22.0%;也只相当于当年云南省平均水平59.1元的43.3%。事实上,在改革开放以来的30多年间,开远市人均地方财政一般预算支出只有三个年份略高于全国平均水平,高于云南省平均水平的年份也只有两个。据初步统计,1988年,开远市人均地方财政一般预算支出只相当于全国平均水平的89.2%,只是云南省平均水平的110.9%;1998年,开远市人均地方财政一般预算支出比全国平均水平高出了7.0%,但比云南省的平均水平低了16.9%。在改革开放以来的30多年间,开远市累计完成地方财政一般预算支出71.81亿元,按2010年总人口计算,人均22610.9元,比全国同期平均水平的32180.4元低了42.3%,比云南省平均水平的30163.1元也低了33.4%,详见图6-2和表6-3。

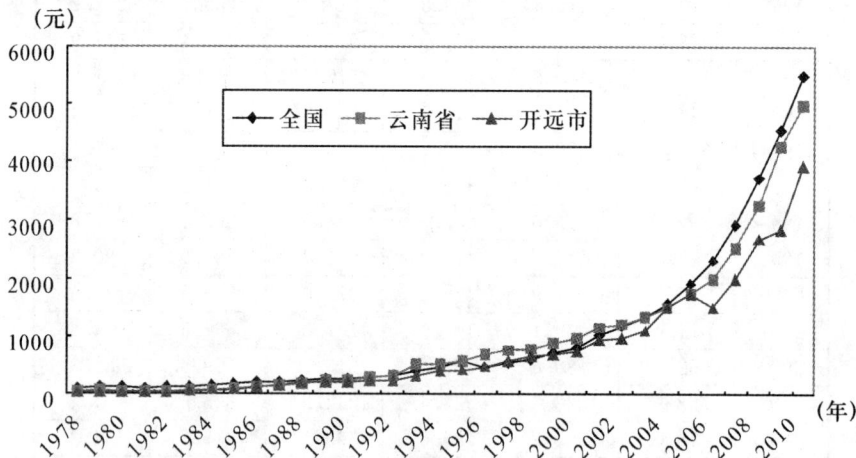

图6-2　1978—2010年人均地方财政支出比较

由于财政投入有限,导致长期以来开远市的投资水平严重偏低,尽管在1978—2010年的32年间,开远市的全社会固定资产投资增长了1468.5倍,年均增长速度高达25.6%,分别比全国和云南省的平均水平高出了5.5%和5.3%,但32年累计下来的投资也只有281.77亿元,按2010年的总人口计算,人均88719.5元,比云南省平均水平的63148.3元只高出了40.5%,比全国平均水平的108278.1元低了22.0%。更何况在2000年以前的20多年里,没有任何年份的人均全社会固定资产投资超过了全国和云南省的平均水平,见图6-3。在1978—1999年的21年间,开远市累计完成全社会固定资产投资16.3亿元,只相当于改革开放32年合计的5.8%,按1999年的总人口计算,21年人均全社会固定资产投资6321.9元,只分别相当于同期全国和云南省平均水平的39.6%和55.1%,年均仅有301.0元。

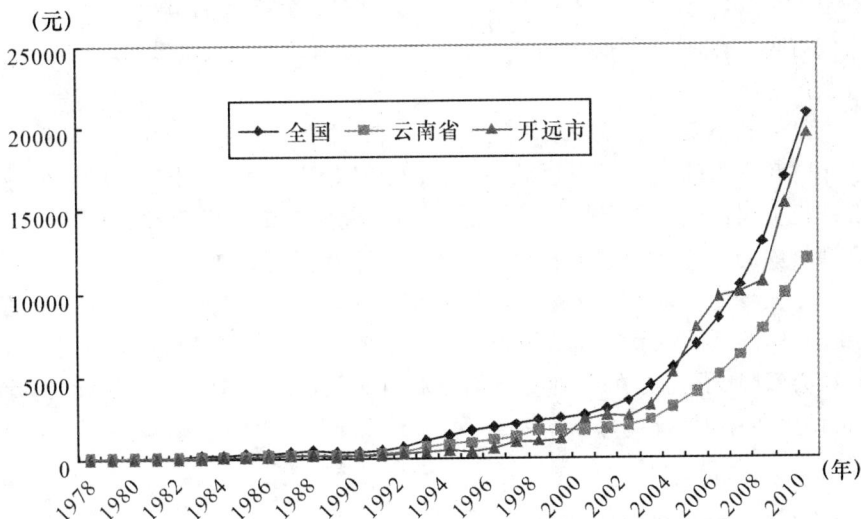

图6-3 1978—2010年人均全社会固定资产投资比较

由于长期以来投资水平偏低,以及国家宏观政策的"重工抑农",导致开远市农业和农村投入拮据,"三农"问题日趋严重。

一是城乡居民收入差距大。2005年,农民人均纯收入2951元,当年城镇在岗职工人均工资为17196元,按照开远市本年度城镇在岗职工的负担系数,参照当年红河州个旧市和云南省人均工资占城镇居民人均可支配收入的比重,估计开远市当年的城镇居民人均可支配收入为9120元。这样,开远市2005年的农民人均纯收入大概为城镇居民可支配收入的32.4%,同年,全国平均的农民人均纯收入约占城镇居民人均可支配收入的31.0%,云南省的平均水平约为16.9%。由此看来,2005年开远市的城乡居民收入二元结构虽比云南省的总体水平高,但与全国平均水平相比,仍有明显差距。即使在这样的背景之下,当年开远市的广大农民仍然负担了高达1713万元的农业四税,按当年155572人的农业人口计算,人均负担110元。同时,农村居民存款仅占城乡居民存款总额的9.5%,农村还有绝对贫困人口18558人,占农业人口的11.9%,比云南省的平均水平(7.0%)高出了近5%。

二是城乡基础设施状况差距大。新农村建设开始之初的2005年年末,开远

市农村仍有 3/5 的自然村不通电视信号，大部分山区自然村没有移动通信信号；全市 442 个自然村中，有 83 个连土路都不通，多数村委会的道路和 90％以上自然村的进村道路及村内道路没有硬化；近 5 万人和 1.7 万头大型牲畜面临饮水困难和安全问题；2800 多个农户住在危房之中，有 1000 多间茅草房、叉叉房；全市仅有一所农村幼儿园，农村中小学有 D 级危房 2.3 万平方米；96％的村委会没有卫生室（52 个村委会中仅有 2 个村委会建有条件简陋的卫生室）；95％的自然村没有公共厕所；农民基本没有医疗和社会保障，"因学致贫"和"因病致贫"的情况很严重。

三是公共财政对农投入水平低。2005 年，财政支农支出约为 5500 万元，约为当年财政支出的 1/4，公共财政对农村的支持较少。整个"十五"期间，农业固定资产投资仅占固定资产投资总额的 1.2％，金融部门对农业和农村的贷款仅占全部贷款的 5.6％，大量农村储蓄被用于城市和工业发展。

四是城乡二元结构广泛存在，城乡社会保障体系不均衡。在城乡分割的体制、机制下，开远的城乡二元结构和全国一样客观存在，除户籍制度外，还严重表现在社会保障、子女就学、就业等方面。城市居民已基本纳入养老保险、医疗保险、最低生活保障、行业保险等社会保障体系，而农村居民基本没有任何社会保障。

二、确立"整市推进，全面突破"的基本思路

面对严峻的"三农"形势和国家作出新农村建设规划的大好机遇，开远市委、市人民政府敢为人先，不是跟风搞试点，而是高扬"城乡一体化发展"旗帜，大胆提出"整市推进，全面突破"的发展思路。开远的新农村建设既没有搞"一村一点"示范，也没有搞"一乡一片"带动，而是全市整体推进，全面突破，"横向到边、纵向到底"。横向上让项目覆盖全部村子，做到"村村有项目、寨寨有工程、人人有事干"，从而让"普惠制"成为开远践行科学发展观、建设新农村的基本方略。纵向上采取"综合配套、纵深推进"措施，一次性出台了包含农村基础设施建设、产业培植、村容村貌整治等内容的 14 个配套性文件，涉及城乡发展规划、空间格局、产业发展、基础设施、社会事业、文化发展、劳动就业、生态建设、综合改革、党的建设等内容，涵盖了物质文明、精神文明、生态文明、政治文明"四个文明"的各个方面。这种纵深结合的"整体推进"模式，使新农村建设在开远市"全面开花"，形成了你追我赶、奋勇争先的良好局面，极大地调动了广大农民的能动性和创造性以及各级政府的积极性。

在这一大胆决策后面，闪烁着的是开远市委、市人民政府的"民本思想"。这种"民本思想"不仅仅停留在口号上，更重要的是落实在了行动上，是实实在在地

在践行科学发展观。市委、市人民政府领导班子在认真学习科学发展观的基础上,经过反复讨论,达成了这样的共识:一个百年工业城市,尽管农业对地方财政的贡献可以说是微乎其微,但工业的发展,整个地区的进步,每一步都是以农业和广大农民的努力贡献为前提的。因此,尽管当前开远的农业对财政贡献很小,但开远的财政却不仅仅是开远城市的财政,应该也必须是城乡共享的财政。只有城乡居民都同享城乡一体化待遇,"幸福开远人"才有实质意义,开远的发展也才具有可持续性。这种"民本思想"的后面是一种伟大的情感。这就是当代美国著名经济学家弗兰克(Robert H. Frank)所说的:从动机的角度来看,感受和情感是许多行动的近似原因。城乡一体化要从小事做起。开远为每个村寨安装公共照明路灯这项工作在开展之初,开远市里的一位干部对这个议案很惊奇,他问当时的市长:"路灯安装好了,那今后的照明电费由谁支付呢?"市长反问他:"城里街道上的路灯电费,又是谁出的呢?"接着,市长耐心地向他解释,城里人的路灯照明电费由政府负担,农村居民的公用路灯照明费用当然也由政府买单。

开远市委、市人民政府还认识到:开远市城乡二元结构的存在,同全国多数地方一样,表面上看是各种城乡分割的制度设计造成的,实质上是发展理念和发展观造成的。为此,在对传统发展理念和发展观进行反思后,市委、市人民政府确立了开远市坚持工业反哺农业、城市支持农村和统筹城乡发展的根本,是要让城乡居民都同等享受城乡一体化待遇。在开远市党委政府主要领导看来,这不仅仅是要从现在开始平等对待广大农民,而且要充分考虑到广大农民在历史上对国家发展所作出的贡献,用"还债"的心情来善待广大农民。这就要求情感上更加贴近广大农民,工作重心向农村倾斜,投入优先保证农业和农村。换个角度讲,农村存在的许多问题,都是因农民的存在而派生出来的,或者说,"三农"问题的核心是农民问题。因此,必须把农民群体的发展作为首要目标;把农民权益的保护作为工作重心;把广大农民的积极参与作为检验新农村建设成效的重要标尺;把农民素质的提高作为农村发展的根本出路。正因为如此,才需要把推进城乡一体化待遇作为实现城乡统筹发展的"根"和"本"。

有了脚踏实地的坚强决心,还需要有正确可行的工作方略。为使新农村建设获得强大的理论支持,开远市委、市人民政府除了认真组织各部门学习中央和省委、省人民政府的有关政策精神外,还积极谋划理论创新和指导。一是邀请云南省社会科学院就开远市的新农村建设进行了专题规划。该规划还打破常规,不仅仅提出了开远市新农村建设的指导思想、基本思路、战略目标、主要内容和对策措施等常规规划要包括的基本内容,而且在理论上进行了大胆探索:"关于开远市社会主义新农村建设规划,总体来说,立意要高,切入要实。立意高才能做好规划,才能做实;切入实才能符合农民群众的利益,让农民群众积极参与到

新农村建设中来。"这里的立意高,核心就是要有厚实的理论作为指导,为此,规划组提出了农村的社会性和现代化、农业的生产性和市场化、农民的主体性和国民化,以及"三农"问题的基础性和国际化的"四性四化"理论,从而给新农村建设找到了理论基础。二是开展"院市合作",邀请云南省社会科学院在开远市建立了研究基地,对以新农村建设为重点的开远发展问题进行长期跟踪研究,对新农村建设中出现的问题提供"战场"指导。三是打造"开远发展论坛"这一交流平台,广纳全国理论研究成果。借助这一交流平台,在2008年成功举办了"开远发展论坛·新农村建设篇:走向一体化",邀请了知名学者温铁军、顾益康、房宁、黄平、王延中等到开远考察、演讲,为开远的新农村建设注入了丰富的理论养分。

在广泛学习借鉴、消化吸收新农村建设理论的基础上,开远市结合自己的实际,创造性地提出了新农村建设的"三大主体论",核心内容是将农村发展事务分为三类:农民群众自己的事、农民群众集体的事和农村公益的事,以此相联系,确立不同的行为主体:农民的个体行为、农民的集体合作行为和基层党委政府的行为。换句话说,广大农民自己的事,原则上由他们自己去办,但需要农村基层自治组织和基层党委政府的支持;农民群众集体的事也主要靠广大农民的基层自治组织去办,但也需要基层党委政府的支持;而基层党委政府则需要在上级党委政府的支持下,把农民个体办不了、农村基层自治组织不能办的事,在广大群众的支持参与下,认认真真地办好。"三大主体论"明确划分了各个行为主体的职责和活动边界——农民在政府引导和农村自治组织支持下干好自己的事;农村基层自治组织在基层党委政府的支持下,组织领导广大村民干好公共产权性质的事;而基层党委政府则在上级党委政府的支持下,干好农民和农村基层组织干不了的公共服务的事。这就为有效解决农村发展中长期存在的主体"错位"、"缺位"、"虚位"等难题找到了制度保障。

在此基础上,开远市还进一步明确了各个主体的作用:政府是首当其冲的资源动员和投入主体,尤其是财政资源的投入必须确实优先向农业和农村倾斜。而要把政府的各项强农惠民政策落到实处,必须有相应的组织来承担"桥梁"作用,于是,农村基层自治组织和其他合作组织就成了新农村建设的基层组织主体。而广大农民则在新农村建设中"当主人、唱主角、做主体",在各级政府的支持帮助和基层自治组织的有效组织下,自觉自愿投工投劳投资建设自己的家乡。

三、以"城乡一体化"为基本建设路径

明确了新农村建设的整体思路,解决的是"做什么"的问题;确立了不同行为主体应该发挥的作用,解决的是"谁来做"的问题;接下来要解决的是"怎么做"的问题。为此,新农村建设开始后,开远市重新审视城乡经济社会关系,确立了实

现城乡统筹发展的基本目标,在整个发展过程中,除坚持从全市整体出发来建设新农村的战略外,还确立了农村偏向,以努力改善民生为重点的新农村建设路径。

(一)以城乡统筹发展为目标,以改善民生为重点

基于农村基础设施建设滞后、无法与城市形成一体,由于农业的弱质性、难以与工业形成有效的衔接,城乡分治下城乡规划各自为政、城市与农村土地利用政策不一样,农村居民无法享受到方便快捷的公共服务,城市环境破坏、农村生态建设的局面没有得到有效改变等现实难题,开远市在充分讨论的基础上,认为新农村建设必须把城乡统筹发展作为基本目标,并具体提出了六个"一体化",即基础设施建设一体化,重点是水、电、路和通讯等;产业建设一体化;城乡环境建设一体化;社会建设一体化,核心是教育、卫生、广播电视等社会建设和社会保障一体化;文化建设一体化及制度建设一体化。开远市所强调的"一体",除了机会的均等、待遇的对等外,还充分强调人格的平等。

而要做到城乡统筹和城乡一体,就必须从农村基础设施落后、社会保障体系缺失、医疗保障体系不健全、农村社会服务滞后等一些农民长期关注但又没有得到根本解决的民生问题入手。为此,开远市确定了基础设施建设、医疗保障体系建设、社会保障体系建设等新农村建设主要内容,并决定地方财政重点向农村和农业倾斜。考虑到地方财力严重不足的现实,开远市把广大农民最期望优先解决的问题放在突出位置,采取一次性全面推进的策略,即在坚持统一规划的基础上,按照轻重缓急和一步到位的原则,分年度在全市所有村寨实施相同的项目。

基于广大村民普遍和强烈的要求,新农村建设工作从群众普遍关心的基础设施建设开始,2006年一次性完成通达所有村寨的道路;2007年一次性完成到所有通村委会的道路硬化;2008年一次性完成所有自然村进村道路和村内道路硬化,并启动实施"村庄光亮工程";2009年重点突破农村饮水安全问题,一次性完成了多数自然村的自来水建设和改造工程;2010年开始启动农村危旧房改造工程。与此同时,还一次性完成了广播电视"村村通"、茅草房和叉叉房改造等工程。在大力推进基础设施建设的同时,社会事业、文化建设、村容村貌、产业培植、农民素质提升等得到了全面推进和整体突破。

这种一次性到位的新策略,一方面使村庄内部各农户之间、村庄之间、村委会与村委会之间、甚至乡镇与乡镇之间通过统一规划,实现了无缝对接,使建设内容不留死角,从而提高了资源的使用效率和效果;另一方面让所有村庄和农户有了平等的机会,既最大限度地体现了社会公平原则,调动了广大村民的积极性和能动性,又鞭策了后进,让村民自治组织作用不力的地方有了危机感,为有效发挥村民自治组织的组织领导作用找到了切入点。当然,为了让"幸福开远人"

的阳光普照每个开远人,在采取"普惠制"大力推进民生工程的同时,对彝族、苗族、回族和壮族4个经济欠发达的世居少数民族,设立专项发展资金,进行分门别类的重点扶持。

(二)突出农民主体,改变资源配置方式

"三个主体论"的核心还是农民主体,农民主体的重点是如何激发广大农民的自信心、自豪感和合作精神,并切实提高广大农民的素质。要有效提升农民的自信心和合作精神,必须充分保障他们的基本权利,尊重他们的文化传统,维护他们的自尊心,一句话,就是要充分体现广大农民的主人翁地位,发挥他们的主体作用。为此,开远市的新农村建设充分强调特色,"城市依然是城市,农村依然是农村,农村依然要体现田园风光,要有比城里优越的、高品质的生态文明,但农村的这一特征必须加入现代元素和现代文明。"

为了保证农民的主体地位切实落实到位,开远市创造性地设计了新农村建设的主体动员和资源配置模式。在新农村建设中,坚持农民个人的事,个人为主进行建设;农民集体的事,以集体为主进行建设,并尽量实行组织起来的农民合作共建;超出农村基层自治组织能力的公共事业,由政府投资为主来建设。在整个建设过程中,突出强调农民的主体地位和作用,并以此为突破口,创新新农村建设的资源动员机制模式:农民私人用品的改善和提供,以农民自身投入为主,政府补助为辅;村庄集体公共产品的提供,以政府投入为主,村民自治组织组织广大农民集体投工投劳;村庄与村庄之间的公共产品的改善和提供,主要以政府投入为主,并积极动员村民投工投劳。

为了提高政府有限资源的使用效率,开远市还在资源配置方式上不断创新。这种资源配置方式的突出特点是发挥政府有限资金投入的黏合剂作用,将国家投入与农户投入及社会帮扶有机结合在一起。基本做法是:政府依据不同项目的不同属性及村庄的差别,制订不同的扶持政策(包括补助标准),并向全市所有村庄和农户公示,村庄在组织广大农户民主讨论的基础上,采取自愿申报的办法,而政府则本着"谁积极、支持谁,谁主动、谁受益"的原则,鼓励所有村庄积极参与项目。

(三)以财政投入为主,拉动社会资本流向农村

开远市制定了具有颠覆性的政策,确保财政向农村倾斜。《愿景与探索——开远市社会主义新农村建设整体规划》把进一步加大政府对农业和农村的投入,作为建立对新农村建设多方面投入机制的关键,要求"调整国民收入分配结构,扩大广告财政覆盖农村的范围,确保每一年的财政支农资金增量高于上年,预算内资金用于农村建设的比重高于上年,其中用于改善农村生产生活条件的资金

高于上年。坚持存量适度调整、增量重点倾斜的原则,确保新增财政支出和固定资产投资更多地投向新农村建设",并加强涉农部门的资金整合力度。与此同时,《规划》还围绕工业反哺农业、城市支持农村制定了若干政策措施,目的是尽快形成"政府帮助、部门资助、社会赞助、农民自助"的新农村建设投入机制。为了拉动全社会资本投资向农村倾斜,2007年成立了云南省首家新农村投资有限公司和新农村投资担保公司。

为了把《规划》关于加大政府对新农村建设投入力度的要求切实落实到位,开远市人民政府在有关新农村建设的具体政策规定中都就政府的投入作了明确规定。比如,有关政策规定:农村道路村村硬化工程的建设资金,"以市政府投入为主,多渠道筹集为补充"(开政发[2008]25号文件),政府除提供免费水泥外,每千米还给予10万～16万元不等的补助;村内道路硬化以物资(水泥)补助为主,每硬化1立方米补助水泥0.3吨,道路两旁排水沟每千米增加水泥补助10吨;村内主干道还给予70～80元/立方米的沙石运输补贴(开政发[2008]40号文件)。从2008年起,农户新建的沼气池除国家的补助外,市人民政府每口给予额外的700元补助(开政发[2007]66号文件)。再比如,城乡居民同比例报销医疗费,且农民的大病报销比例可达80%～85%,最高报销额度可达15万元(城市居民为10万元,干部职工为8万元),农村特困户、五保户、残疾人、独生子女户分别由民政、残联、计生部门资助参合。对农村特困户、五保户、残疾人,可通过农村医疗救助制度等政策给予适当补助(开政发[2008]13号文件)。为了让失地农民"地虽失,人无忧",除了实行征地补偿标准在云南省内最高外,同时给失地农民每月156元的终身生活补助。

生活于此 共享喜悦

经过五年多的实践,开远市的新农村建设已取得了初步成效,为城乡一体化发展打下了坚实的基础。

(一)农村基础设施得到较大改善,农村面貌大为改观

开远市新农村建设所取得的成就,最显著的就是农村基础设施建设得到较大改善。以进村道路、村内道路的硬化为重点的乡村道路建设,使原来晴通雨阻的乡村道路变成了风雨无阻的现代交通网,公共汽车穿行于城乡之间,不仅极大地方便了广大人民群众的生产生活,而且带动了人流、物流的自由流动。农村中小学危房改造,为农村适龄儿童接受良好教育创造了一个安全舒适的环境。农村公共活动场所的修建,不仅使老年人在空闲之时有了集体活动的地方,而且使

年轻人在劳作之余有了文体活动的场所。沼气进村,改厨、改圈、改厕等农村环境整治项目,使农户的庭院环境干净整洁,而随着新型能源进村,农村薪柴使用量减少,对环境的破坏和污染程度降低,生态得以进一步好转。村内环境的彻底整治,为村民营造了一个干净整洁的居住环境,农村面貌大为改观。

(二)农民收入持续快速增加,生活水平得到提高

五年多的新农村建设实践,使开远市的农民收入持续增加,2005 年,开远农民人均纯收入仅为 2951 元,2006 年增加到 3157 元,比 2005 年增加了 7.0%;2007 年达到了 3710 元,比 2006 年增长了 13.5%;2008 年继续增加到了 4241元,比上年增长 14.3%;2009 年增加到了 4839 元,比 2008 年增长了 14.1%;2010 年达到了 5336 元,比 2009 年增长了 10.3%。也就是说,2006—2010 年的五年间,开远市的农民人均纯收入就增加了 2179 元,比 1978—2000 年 22 年的增长水平还高,很接近 1990—2005 年 15 年的增长水平(1978—1998 年增长了1964.7 元;1990—2005 年增加了 2320.6 元),同期,红河州增加了 1710 元,云南省增加了 1701.5 元,全国增加了 2332.0 元。但从五年期间的年均增长速度看,开远市达到了 12.6%,分别比全国、云南省和红河州的平均水平快了 2.1%、0.7%和 0.5%。

在农民收入持续增长的带动下,广大农民的生活水平也得到了极大改善。调查中,一些涉农部门的政府官员和技术人员告诉笔者,新农村建设前,开远农村基本看不到摩托车,因为道路难走,摩托车不安全。而新农村建设开始以来,特别是农村道路硬化后,由于路好走了,加之农民兄弟口袋里的钱多了,农村摩托车一下子多了起来,甚至有个别农户已经开着小轿车下地干活了。不仅农民的生活改善了,而且带动了地方经济的发展,最明显的就是在开远卖摩托车的老板个个都笑了。"以前,天黑后村民都待在家里,现在,有的十一二点钟才从城里回到家里。一些年轻人,在家干活一天后,经常会相约到城里吃饭,晚上还要到歌厅唱一会儿歌才回来。"在中和营镇的跃进村,村长说,全村 54 户人家,摩托车有 100 多辆,成年村民人人都有手机。

(三)农村社会事业建设取得较大进步,城乡一体的社会事业体系初步形成

"十一五"期间,开远市人民政府投入社会事业的建设资金达到了 42.1 亿元,比"十五"增加了 2.6 倍。制订和落实各种惠民政策,如农村孕产妇享受与城市低保家庭孕产妇同等待遇,可以免费专车接送入院,免费分娩并得到 100 元的营养补贴等 100 多项民生工程覆盖城乡,其中 20 多项全国领先、50 多项全省领先,"行路难、饮水难、就医难、就学难、用电难、看电视难、照明难、如厕难、洗澡难、安居难、燃气难、娱乐难、养老难、保健难"等农村"十七难"问题得到有效破

解。在政府的大力支持下，全市农村教育的基础设施得到显著改善，办学条件得到明显提高，加之广大农民对教育的观念改变和认识的提高等因素，带动了入学率和巩固率的提高，2009年已启动了普及农村学前教育，农村幼儿园在园幼儿5526人；学龄儿童入学率99.96％，毛入学率100.37％；小学毕业生升学率95.21％；初中学龄儿童入学率98.36％，毛入学率100.52％；初中毕业生升学率76.03％，比2005年提高5.9％；高考上线率71％。2010年，在全州率先向中小学和幼儿园派驻安全保卫人员151名，高考上线率达到了93％，600分以上考生人数居红河州第一，两基也顺利通过国检验收。

农村科学技术培训方式不断创新，适应农业生产、农民生活的基本培训体系初步形成；农村文化事业在政府的财政支持下，从基础设施到文化队伍建设都得到了快速发展，农村文化事业欣欣向荣；农村卫生基础设施得到较大改善，新型农村合作医疗体系建立并不断完善，参合率98.8％；农村低保覆盖率近50％，70岁以上无固定收入的农村居民享受生活补助；农村体育事业在基础设施不断完善的同时，也得到了较快发展，城乡一体的社会事业体系已初步形成。

（四）农民自尊心增强，自信心提高

五年多的实践，开远新农村建设的另一显著成就是城乡一体化待遇在逐步实现，进而使广大农民的自尊心得到增强，自信心得到提高。以前，农民雨天进城要洗脚换鞋，是因为怕别人说自己是农民。如今，进城再不用换鞋，从家到城，空间不再阻隔。以前，农村居民从没想过和城里人比，而如今的农村居民，生活环境改善了，钱包鼓起来了，腰板也就硬了，说话也不再低三下四了。中和营镇八家村委会丫口新寨的一位村民提到："我就敢和城里人比一比，不管是收入还是住房，更何况家里还可以吃到自己种植的放心食物。"跃进村一村民也说："城里不上班的人不如我们，上班的可能好一点。但上班要干一年，我们一年才干半年。现在，进城打工一个月才几百块钱，而在家务农一个月也有两千块钱。"还有村民说道：以前上学是为了找个工作，如今当农民也要有知识，上学是为了当个好农民。自尊心、自信心的提高，使广大农民从心理上拉近了与城镇居民的距离，更有利于农民主体作用的发挥。

（五）振奋了民心，启发了民智

随着新农村建设步伐的加快，广大开远市农村居民的生存状况和生活质量得到显著改善，自尊心和自信心也随城乡一体化待遇的逐步落实而提高，民心因此受到极大振奋，他们建设美好家园的热情空前高涨。

在振奋了民心的同时，开远市的新农村建设还启动了民智。开远市的新农村建设，已经基本形成了"干部带着群众干，群众催着干部干；村村寨寨搞建设，

家家户户得实惠"的壮丽场面。但就是在这样的大好形势下,政府也并不是大包大揽,而是采取有效措施,尽量让村民"当主人、唱主角、做主体"。农村基础设施建设采取"谁积极、支持谁,谁主动、谁受益"的办法,不仅增强了村民的自主意识,而且提高了项目实施的质量。乡村路灯的维护费和电费虽由市财政承担,但不是无底洞,而是核定一个基数,节约归己,超支自付。乡村道路建设,政府也核定了一个成本基数,鼓励村民"各显神通,提高效率"。太阳能热水设施也只给农户一个定额补助,不仅调动了广大农民的积极性,减少了中间环节,而且提高了农户对项目的拥有感和责任意识……这些激励机制的引入,不仅给政府减少了工作量,而且为农村基层自治组织发挥作用找到了平台,更重要的是培养了广大农民的主人翁意识,从而不仅提高了他们的能力,而且使他们更加关心自己的劳动成果,爱护自己的"羽毛"。

（六）基层干群关系改善,社会治理向着"善治"方向发展

在新农村建设过程中,开远市借助"一事一议"制度,强化基层自治权利和责任。在村庄一级,每个村都多次召开村民大会,讨论村庄发展大计,有些村庄甚至形成了一个月两次例会的制度。"一事一议"制度让广大村民参与到新农村建设各种项目的决策中去,同时,项目的执行情况也通过群众大会传达到每个农户家里。这样,村民的参与热情不断高涨,民主意识得到不断培养,有效地推进了基层民主的发展,使广大村民"明明白白当主人,快快乐乐唱主角,实实在在做主体",这就使村一级的干群关系得到极大改善。在乡镇一级,通过以乡镇为基础的资源配置方式的改革,加大乡镇一级的工作力度,让他们通过制度与村级组织和村民经常打交道,加之农业税的取消,干群关系也得到了极大的改善。原来,尤其是征农业税时,乡镇干部天天跑农户家,农户天天往外躲,如今,他们真正与群众搞好了关系,社会治理正向着"善治"的方向发展。

第七章

理想之光 灵蛇之珠

有梅无雪不精神，有雪无诗俗了人。
日暮诗成天又雪，与梅并作十分春。
————宋·卢梅坡

　　理想是需要的，是我们前进的方向。现实有理想的指导才有前途；反过来，也必须从现实的努力奋斗中才能实现理想。这是周恩来总理的箴言。

　　国务院发展研究中心中国发展研究基金会副秘书长赵树凯与市委书记李存贵结合开远统筹城乡发展情况，就改革与发展问题进行了深入交流与探讨，两人在对话中碰撞出了许多智慧火花，闪现了改革风雨亦风景，抓改革就是抓经济、抓发展等新理念，并对县域改革推动全国改革、改革促进生产力发展等问题达成了共识，思想超前……

　　改革者的对话，在理想与现实中穿越。

赵树凯：非常高兴这次能来开远看看，上次来已是6年前了。这次虽然只有两天，但印象很深，感受很多，我就讲4个突出的方面。

第一，开远城乡统筹的面貌对我有很大的触动。我发现，开远统筹城乡发展呈现了一个综合性、系统性的进展态势。我们知道，在统筹城乡发展上，地方和高层有一些不同意见，围绕农民上楼、土地置换等问题还有很多的纷争。在全国很多地方，统筹城乡作的就是土地的"文章"，在土地置换问题上考虑得多，因此很多农民"被上楼"。在开远，我们看到农民是高高兴兴地"上楼"，同时还看到在社会建设领域中统筹城乡诸多新的进展，如统一城乡退役士兵安置、"三属"抚恤标准等。开远的城乡统筹是综合性、系统性、全面性的，有大的方面，如社区规划、农民"上楼"，同时又注重细节，如农村路灯、城市草坪等，这些是我直观看到的东西，体现了开远城乡统筹的面貌。

第二，开远干部的风貌给我很大的震动。开远干部体现出一种崭新的风貌，体现了一种很高的精神境界，我感到很振奋。改革三十年有这样一个问题：一方面经济发展了，一方面社会矛盾在增加。干群关系没有随经济的发展有所改善、缓和，相反，现在从中央政府到地方苦恼的是经济发展了，干群关系紧张了，在干群关系紧张的背后，我们看到了胡总书记说的干部精神懈怠。为什么经济发展了，干群关系反而紧张了呢？这就是中国改革的困境。但在开远，我看到了不一样的东西——干群关系很好，干部有良好的风貌。市统筹办的李主任对我说："开远的干部干事非常有激情，不在乎'五加二'、'白加黑'、'夜总会'（晚上总开会），各级干部一心一意谋求社会和谐、谋求统筹城乡发展"。这种精神风貌给我很大的感染。昨天晚上我俩在幸福大草坪上散步、在乡间小路上散步，你随时随地和农民打成一片，不把到人民群众中去视为危途，没有恐惧之心。我到地方做干群关系调研时，有些地方干部就说："市委书记、市长不好轻易地进村，尤其是不能下到群众中去，因为会被很多矛盾揪住，一旦被矛盾揪住就脱不了身了。"但在开远，我发现没有这个问题，你以和农民打交道为乐，遇到老百姓反映问题立即解决，如昨天晚上农民向你反映的两起水的问题，你立即解决，这就是一种良好的互动。干部和群众的良好互动，最主要的一点就是干部干事的精神，干部身上崭新的精神面貌、风貌，所以我说开远干部的精神风貌让人振奋。

第三，开远在体制方面的创新。在政府治理方面开远进行了大胆的、卓有成效的探索，这种探索带动了干部的工作作风和精神面貌，带来了开远统筹城乡辉煌的成果。开远的体制创新有很多，如"六类改革"和"三大制度"——大行政、大包保、大督查。国内国外的研究都发现，中国的治理体制有一个问题——碎片化，意思就是在同一级政府中部门的权利有分割、不衔接，党、政体系之间也有若干的不衔接，权力交叉、模糊地带多。开远在这种情况下提出"大行政"，为政府治理体制提出了一个新的思路——整合各种公共权力的力量和资源来服务于经济社会发展。在"大行政"思路的主导下、背景下提出"大包保",使党政管理体制的思路落实到了具体的干部工作的管理机制上。"大督查"的创新我认为意义非同小可,现在督查的体制越来越分割,越来越无效,党委办有督查、政府办有督查、监察局有督查、审计又搞一套,人事还有一套,几个部门都想做,但谁也做不了,统一不起来,直到2010年,在一次会议上,温总理把它安排在了中纪委监察部。而开远在上级刚刚发现问题、还在讨论的时候,就推出了"大督查",这个"大督查"有三个意义:机构改革提升效能的意义,政府职能转换的意义,引入公众参与的意义。

第四、开远领导干部身上体现了历史责任感、社会担当精神和执政为民情怀。开远的工作创新这么有效,是因为以市委为核心的开远领导班子具有强烈的历史责任感和改革责任感,把老百姓的笑脸作为改革的动力。改革的动力有多种,一种改革的动力是经济增长的理性追求和利益驱动,我们可以看到很多从上到下的改革都有部门利益在里面,利益驱动改革;另一种改革的动力是危机,出了事情,不改不行了,所以我们经常说危机也是改革的动力。这次我从您身上、从开远又看到了另一种改革的动力——主动改革。开远在6年间没有群体性事件、没有发展危机、经济快速发展、老百姓安居乐业的情况下积极推动改革,这种改革的动力就是一种历史的责任感,就是一种执政为民的情怀,这是一种很高境界的改革动力。

李存贵: 我和开远的干部讲,改革分两类,一类是被动改革,一类是主动改革。被动改革不改不行,逼着你改,如"文化大革命"末期,国家快要崩溃了,不改不行了。另一类改革是主动改革,特别是在日子好过的年代、经济快速发展的年代,更要树立主动改革的思想,只有现在的主动改革才会避免下一步的被动改革,才可以永远立于不败之地。30多年的改革开放促成了我们的巨大成功,全国如此,开远如此。我们现在吃着"改革的饭",享受着改革的成果,那以后吃什么"饭"?现在的行为决定以后我们的成败,现在的意识和行动决定我们的未来。中国的改革是一种渐进式的改革,形象地说,就是摸着石头过河。现在,该改的已经改了,好改的已经改了,改革进入到了深水区,石头已经摸不到了,改革已经从体制外进入体制内,进入一种深层次的境界,改革越深入,复杂性越增强,越往深层次改革,越感到改革的必要、改革的艰巨。30多年的改革发展造就了现在的成功和发展,现在的成功又面临着很多的困境和巨大的矛盾、挑战,这些矛盾和挑战的表现形式是多种多样的。比如说我们西部丰富的资源与落后的生产力就形成了一个悖论,这很奇怪。自然资源不丰富的地方恰恰是发达的地方,比如我国的东部地区、日本等;资源丰富的地方恰恰又是落后的地方,生产力普遍都

不高。因此,可以得出这样一个结论:不是自然资源决定经济发展。那为什么资源多的地方发展反倒不如资源少、没资源的地方呢?是什么决定了经济发展?是人文资源。那是什么决定人文资源?是制度。制度就是生产力。制度生产力决定自然资源的配置,东部地区之所以发达,本质上就是制度比西部地区先进。20世纪80年代初,东部地区从农村开始了第一波改革,浙江3000万农民闯市场,闯出了600万老板,农村、农民的生产力大爆发,农民变成了市民,农村推动了城市,发展到一定的阶段就具备了"以工促农、以城带乡"的条件。而我们西部地区第一阶段根本就没有做,农村生产力还没有爆发出来,就跟着东部地区"以工促农、以城带乡",叫了半天根本就没用。为什么没用?因为我们的城本身都还有问题,还没有带乡的能力,"工"也还没有促农的能力,我们西部地区现在实施统筹城乡发展实际就是在补这一阶段的课。我们学习东部地区,必须要学习其本质的东西,你看东部的城市,除了上海、深圳等大都市,东部发达地区哪一个不是因为农村而改变的,浙江、江苏、福建、广东都是这样的,都是农村的活力进入后,把农村的生产力解放,生产力解放后驱动了最大人口、最大区域的活力,就带动了城市化、工业化,城市化、工业化又反过来促进了农业现代化,这样三化就搞起来了,城镇变成城市,城市又变成都市。这个观点我和开远的干部讲了若干次,值得我们西部深入地研究。

赵树凯:对,珠三角不就是广州带出来的。我觉得你这个观察很深刻。

李存贵:最近我准备写一篇文章,文章中建议省委、省政府成立一个东部发展研究院,研究东部为什么发展,用西部的视角看东方"明月",研究东部本质的东西,然后为我所用。

赵树凯:这可是一个重大的判断和重大的发现。

李存贵:"以农促工、以乡促城"这个阶段在西部不可跨越,只有完成这个阶段才能"以工促农、以城带乡",我们是这样理解和判断的,所以提出实施"六类改革"。开远在西部是一个比上不足、比下有余的地方,开远十分具有代表性。2006年我来担任市长的时候,开远的城镇化率是62.5%,财政收入是5.1亿元,一般预算收入是2.5亿元。按一般的理论观点,30%以下的城镇化水平,城乡文明相对是隔绝的;30%~50%的城镇化水平,城市文明缓慢向农村辐射;50%至70%的城镇化水平下,城市文明会加速向农村辐射;达到或超过70%的城镇化水平,就具备城乡一体化的条件。2006年,开远城镇化水平是62.5%,处于城市文明正加速向农村辐射的时候,但那时没有出现加速的情况,城乡反差非常严重。从2006年开始,我们埋头苦干了2年,这一阶段的特征就是"解难",调整城乡公共资源配置,为老百姓解决了医保、吃水、就学、照明、保健等"十七难"。在干的过程中我们发现,解难是浅层次的、基础面的,解决不了根本问题,根本的问题在于农村的内生活力问题。

赵树凯：生活层面的平等化也是一个很重要的问题，后面还有一个制度化的问题。

李存贵：那内生活力的问题怎么办？就是要依托农村生产力的解放。解放生产力中最根本的就是要激活农村的各项生产要素，使各种要素活性化。土地、资本、人才是农村基本的三大要素，那这三大要素目前在农村是要素吗？不是。农村之所以衰败，就是因为农村的生产要素不成为要素。比如土地，农村的土地是集体所有，耕地、宅基地、农民的房子都不准抵押，不准买卖；资本，没有抵押，银行就不给贷款，资本就不可能进入农村，而且农村有限的一点资本由于银行网点的收缩也拿到城市去了，因此资本在农村不成为要素；人才，人才这个要素是依附在其他要素上的，要吸引人才就要有干事的条件、发展的条件、生产的条件，现在农村没有这些条件，人才就不可能到农村去，而且农村现有的人才还要流出，流向城市。土地、资本、人才三大要素大量流出农村，农村的衰败就成为一种必然。所以开远的改革就是要把农村的要素变为真正的要素，把农村的产权、农民的产权还权于民，不只是还政治、经济权利，还有财产权利。什么叫财产权利？即财产的所有权、收益权、处置权三权构成产权的完整系统。而现在农民的土地、宅基地是集体所有，不可以买卖，也就是没有处置权。没有所有权和处置权，只有部分收益权，这样的产权是残缺的，就不能称为产权。所以，农村改革首先要改的就是农村的产权制度，只有把这个要素激活，才能推动生产力发展。

赵树凯：刚才你讲财产权，现在有很多人在评论社会主义市场经济框架还没有确立起来。

李存贵：2006 年我在报告中提过：农村是游离于市场经济体系之外的。中国占国土面积 2% 的城市、20%～30% 的人口在市场经济体系内，而占国土面积 98% 的农村、70%～80% 的人口则是游离于市场经济体系之外的。

赵树凯：按照我国城市化的统计方法，流动人口在城市打工半年以上就算城市人口，现在我们国家的城市化率是 49.95%，这个数字说明二元结构还没有突破，它被称为半城市化。从你刚才讲的农村的土地要素市场化，就说明我们的市场经济只是半市场化的。

李存贵：为什么说城市是市场经济，因为它具备了一些基本要件。刚才说的产权制度是前提，比如说我们的国有企业在 20 世纪 90 年代中后期搞产权制度改革，产权被明晰化，全民所有制的虚拟产权明晰化、具体化。城市的土地都是建设用地，可以流转、可以买卖，可以获得收益，虽然所有权属国家，但使用权归个人，因此本质上也是属个人的。所有权、收益权和处置权都具备了，就具备了要素活性化的先决条件，城市就发展了。

赵树凯: 财产权也是社会权利和政治权利的基础,它不仅是市场经济的基础,也是农民公民权的一个基础,所以这块是大有文章可做的。下一步开远在推进农村土地管理制度等方面有什么部署?

李存贵: 开远这么多年统筹城乡的探索是有明确目的的,是放在四个文明中同步、整体、协调推进的,是从开远的整体发展、城乡一盘棋、城乡一体化、城乡统筹发展中来考虑的。统筹城乡发展,主题词是"发展"。怎样发展? 是城乡发展、是统筹发展。统筹不是简单的城和乡的问题,不仅是横向上的关系,还有纵向上的问题,开远农村改革已经突破了农村的范畴,城市的改革也突破了城市的范畴,其实质是县域改革,是整体改革。我们作为云南省统筹城乡发展唯一的试点,在推动改革上做了大量的工作。

为什么要改? 刚才讲了就是要增加发展的活力及城乡整体发展的内生活力。内生活力从哪里来? 从生产力的解放之中来。怎样解放生产力? 就是改革生产关系,把束缚和阻碍生产关系的各种障碍破除。生产关系的总和是经济基础,经济基础对应的是上层建筑,开远的改革本质就是改革开远的(基层)上层建筑和生产关系,让上层建筑适应经济基础的需要,让生产关系推动生产力的发展,"三大制度"等就属于上层建筑这个范畴,属于上层建筑。生产力的基本要素是生产工具、劳动者、劳动对象。劳动者是生产力中最活跃的因素,解放生产力的目的就是解放人,把人的权利、潜能最大化,充分挖掘和调动劳动者。

马克思讲的生产关系有三个内容:一是生产资料的所有制形式,二是人民在生产中的地位和作用,三是分配关系。在生产资料的所有制形式方面,十四大把合作经济、股份制经济、集体经济作为公有制经济的重要组成部分,从意识形态上解决了合作经济、股份制经济、集体经济姓"社"还是姓"资"的问题。所有制按照以前的理解就是全民所有、集体所有,事实证明这两种简单的理解是不行的,产权被虚拟化了,所以20世纪90年代中后期的改革解决的就是这个问题。在生产中,人民占有生产资料,那他们在生产中的地位和作用就是主人,没有生产资料的就是打工者。在分配关系方面,第一个层次是城乡之间的分配关系,第二个层次是社会各阶层之间的分配关系。

生产关系的三个内容外化为三种形式,即生产、消费和分配。生产涉及生产要素的问题,有什么样的生产要素就有什么样的生产,自给自足的生产就是自给自足的要素,现代的生产就是现代的要素。现在的生产问题是土地、资本、人才在农村不成为要素或是长期未形成要素,农村的生产是残缺的生产,是不完整的,这种要素是自给自足的,因此,农村是自给自足的生产方式。现在,世界经济一体化、现代化大生产把农村排斥开了,故而改革首先要把农村的要素变成真正的要素,变成现代的生产。生产决定消费,消费又促进生产,这种现代生产就带来现代消费,开远农村的消费在升级,这是一种必然。轿车村、别墅村一个个地出现,开远的百姓有钱消费、敢消费,农村的内需就被拉动起来、农民的消费就升级了。升级的消费又逼迫生产的升级、转型,所以说转变生产方式、调整产业结构等都要通过消费的升级来推动。生产方式是什么?生产关系和生产力构成生产方式,所以不改革生产关系和不解放生产力,转变生产方式就是空谈,我们的合作社风起云涌,技术上档次、管理上档次、市场得到扩展,就是改革生产关系和生产力带来的结果。

开远怎么改?具体来说就是"六类改革"。

第一,户籍管理制度改革。我们统计分析了城乡居民的不平等待遇有4个方面41项,消除城乡差别就是要把这41项不平等打破。现在开远已取得了历史性的进步,18项差别被开远打破,其余正在加速打破。开远户籍管理制度改革提出"鼓励进城,自由下乡",并在鼓励进城方面出台了一系列的政策措施。户籍管理制度改革不是简单地变换一下城乡居民的身份,这些权利的平等问题不解决,所有的身份置换都是没有意义。

第二,农村社区化改革。什么是社区?是社会区域。什么是社会?是人与人关系的总和。现在只有城市有社区,农村没有社区,那是不是只有城市人是人,农村人不是人?我们把农村按照城市社区的理念进行改造,把农村的职能分为三类:一类是公共职能,这是政府必须承担的;二类是经济职能,包括农村各种经济组织、集体经济;三类是自治职能。我们把这三种职能分开,然后成立社区。公共职能由政府承担,并帮助、协调、服务社区的经济职能和自治职能。我们把59项公共服务引入农村,农村不再是公共服务的"自给化"。以前,农村的公共职能都是自给化,人民道路人民修——拿钱来,人民教育人民办——集资,打着这样一种名义在推卸政府的责任,我们开远就是要结束这样的历史,结束被颠倒的历史。

赵树凯:这59项公共职能体现了权利平等,所以城乡统筹的核心问题还是权利平等。权利平等需要新的制度改变和制度设计。

李存贵:第三,农村土地管理制度改革。我们成立了三大中心——评估中心、交易中心、仲裁中心,规范林地、耕地的自由流转。宅基地和房子我们首先进行确权,确权后进行有限制的流转。怎么限制呢?你要在农村买房,首先你的户口要在这个村子,且每户人只能买一次,卖宅基地的人也不可以再享受宅基地的政策。有的领导、专家担心宅基地买卖会不会出现农民流离失所的情况,通过开远的实践看,这个担心是多余的。实施土地管理制度改革一年来,开远只有11户进行了宅基地买卖,使没房变有房、小房变大房、差房变好房,皆大欢喜!

赵树凯:这和当初农村最早改革时的争论是一样的,当时有人说不能搞家庭

联产承包,不能包产到户,一包产到户农民就吃不上饭,就要饿死了,现在看也不是那个情况嘛!

李存贵:我认为该不该干、该不该改,应该是由老百姓说了算。邓小平讲的一句话是非常伟大的:老百姓愿意不愿意、高兴不高兴、答应不答应这就是标准。农村产权制度改革首先要解决百姓的土地权和房产权,没有产权谈什么要素,没有要素谈什么生产,没有生产谈什么发展,通通是空谈。所以土地管理制度改革非常重要,它使老百姓拥有了土地的使用权、处置权、收益权,市场经济首先就要搞定这一点。

第四,金融体制改革。林权、承包权、宅基地、房产可以抵押了,银行的资金就进入了,老百姓的生产就起来了。开远市委、市政府适时引导,创造了"五位一体"融资模式——农户或农民专业合作社用土地或宅基地向银行抵押贷款、由担保公司担保、政府贴息,现在进步到"四位一体",不用担保公司担保了。2011年第三季度,开远生产性投资增长了104.5%,这是一个非常伟大的数字,当时我听到这个数字是非常兴奋的,这说明生产的要素激活了,生产的积极性起来了、活力起来了。

第五,城乡社会基本公共服务均等化改革。我们实行城乡医疗机构新型委托管理模式,推行高中"小班化"教学试点,全面启动普及学前教育和普及高中,实施自然村"四位一体"活动阵地建设,还有你刚才看到的村庄排水管网(下水道)、栽种的花花草草等,不断把公共服务向农村延伸。

第六,社会保障制度改革。开远被纳入全国新农保试点范畴,城乡医疗保险、养老保险等都做得非常好。

"六类改革"改的是生产关系。没有效率的生产关系是落后的生产关系,没有公平的生产关系不可能是有真正效益和长远效益的生产关系,是要出问题的。所以,生产关系最主要的特征是公平和效率。

在社区化改革中,我们在每个城乡社区至少配置一名公务员,今年招考的公务员除了公检法系统的,其他全部配到社区。

赵树凯:这是一项重大改革。

李存贵:什么是公务员?是为公众提供公共服务的人员。公众在哪里?在基层。基层在哪里?在社区。社区有公务员吗?没有。公务员不在群众之中、不在社区、不在基层,远离公众,不知道公众的喜怒哀乐,不知道公众的需求,怎么为他们服务?革命战争年代,为什么我们会成功?就是因为和老百姓吃住在一块,老百姓的需求随时知道,真正建立了血肉联系。中央提出要把各种资源向基层倾斜,统筹城乡公务员配置就是我们落实中央精神的体现。我告诉开远的干部,"做群众工作"就是"做群众需要做的工作",不能理解为"去做群众的工作"，"做群众的工作"是官本位，"做群众需要做的工作"是民本位。

统筹城乡发展必须有公平和效率意识，城乡自由平等。"统筹开远城乡发展，建设中国幸福之乡"，"全域发展、全民共享"，这些理念在开远已经形成了一种共同的意识，形成了开远上层建筑的"大厦"，这一点很重要，为开远的下一步发展奠定了人文基础。在意识上层建筑方面我们很满意，那么在政权上层建筑方面，刚才讲的"大行政、大包保、大督查"、统筹城乡公务员配置，都是要使县域的上层建筑尽量适应经济基础的需要，使生产关系尽量公平有效，因为效率和公平兼顾的生产关系将促进生产力的发展，生产力发展了，社会活力就增强了，社会活力增强了，生产力也就发展了。所以，开远牢牢地树立了一种意识——抓改革就是抓产业，抓改革就是抓经济，抓改革就是抓发展，抓改革就是抓项目。有的人把改革和发展严重地对立起来，这样的意识是犯了一种严重的低级错误。为什么要改革？要发展才改革。我们把领导经济、干部经济变成了全民经济，社会生产力激发出来后就会形成一种全民创业的热潮，东部地区全民创业就是这个道理。西部是干部经济，有矿就挖矿，没矿的地方就喝"西北风"，哪里有矿，哪里就发展，党政机关在哪里，哪里就发展。这种发展是不可持续、不全面、不协调的发展，就是不科学的发展。科学发展要真正地从改革入手，县域经济发展的根本出路就是改革，而且这种改革不可能是单一的改革，而是综合的改革。

赵树凯：关于开远下一步的改革，你有什么想法？

李存贵：开远近几年是两年上一个台阶。2006—2007 年是市级统筹，自己埋头苦干；2008—2009 年变成了州级统筹，红河州把开远作为试点中的试点来开展工作；2010—2011 年变成了省级统筹，被定为全省唯一县级统筹城乡试点；今年又上升为全国试点，成为全国农村改革试验区。下一步，开远将在县级试点的基础上深入探索改革，因为县域经济发展、统筹城乡发展的根本出路就是改革。比如县域的政治体制改革，目前我们还没有从根本上去触碰。县级有很多制约条件，但也有很多创造的空间，只要我们认识到、领会到了中央、上级的精神，在坚持四项基本原则的基本前提下，就可以大胆地探索、大胆地开展工作。因为这种探索是我们基于对党、国家和社会的一种深沉的爱才去做的，不然从个人的角度，悠哉乐哉不是很潇洒吗？在改革过程中，开远的干部、人民的思想是非常统一的，已经感受到了改革带来的好处，感受到了改革带来的变化，大家很兴奋。我们把改革过程中听到的不同的声音，当做成长中的风雨，并把这种风雨看做一种风景、一种养分，因为有这种质疑的声音，我们改革就更要胆大心细，方案要更加智慧、更加周到、更加体现人民的意志，但千万不要因为改革中出现不同的声音就否定自己，否定自己是极端的错误，就没有办法再继续改革。所以，我经常对开远的干部说，我们要正确对待改革中不同的声音，要搞清改革是为谁干,为谁负责的问题,改革要向上级组织负责、向人民群众负责,有上级支持、老百姓拥护就足够了。

赵树凯:有时候上级不支持,但老百姓拥护的也可以做。比如"包产到户",当时中央是明确反对的,邓小平也是到了1980年5月31号才表态,《人民日报》社论也批评包产到户,但老百姓要干,这种时候是最考验地方领导人的。

李存贵:部分人的反对,并不能代表整体。凭什么我们要因为个别人的反对就终止改革?我们的能量来自组织,来自人民。我们要正确对待不同的声音,让它变成改革中的养分,让风雨变成风景。

赵树凯:这里面就体现你的一种使命感。你刚才讲的主动改革和被动改革,主动改革是一种基于使命感的改革,那么实行这种改革的人就是改革家。被动改革是一种得过且过的改革,但被动改革比不改革强。不改革、被动改革、主动改革是三种境界,从开远、从你这儿我受到一点启发:主动改革是一种对历史负责任的改革,也是中央、老百姓最期待的一种改革,主动改革和被动改革是检验一个人是政客还是政治家的一种标准。政治家是有担当的,政客是见风使舵、是机会主义者,所以政治家是不分基层和高层的,并不是说你官位大就是个政治家,有的人官当得再大,他没有担当,没有历史的责任,一样是个政客。官可以不是很大,县委书记、市委书记在中国官僚机制里面不是很大的官,但是他对历史的方向有明确的把握,对历史的责任有理解,敢于承担责任,有改革的方法和策略,就是政治家、改革家,所以主动改革和被动改革也是区分改革家和普通官员的标准。

李存贵:开远统筹城乡是千军万马闯出来的,每个人都应该具备改革的使命意识;如果没有,跟着潮流走也是一种使命意识的体现。我开会的时候对开远的干部讲,你们每一个人都很伟大,不要说伟大离我们很远,一点都不远,你本身就伟大,我们一起推动改革,推动时代的前进,这不是伟大是什么?我们推动改革,为社会文明添砖加瓦,为老百姓的幸福笑脸而努力,为别人、为社会带来快乐,不是伟大是什么?所以我们每一个有责任担当,积极投身历史潮流的人都是伟大的。

赵树凯:改革是一种潮流,人民面对潮流可能有三种选择:有的人引领潮流,他站得高、看得远;有的人顺应潮流,迎潮流而上,也伟大;还有一种是基于某种利益抵制潮流的人。所以,有一种英雄是时势造出来的,还有一种是英雄造时势,这是梁启超在评论李鸿章时说过的一句话。引领潮流的人是造时势的人,在潮流里面作出贡献的是被时势造出来的英雄,从对开远的观察我有这样的体会。我们拉开一个时段看开远城乡改革,或者你看中国这30年的改革、看中国100年来的变迁,在这个历史舞台上,你看各种各样的人的"表演",有高级官员、有基层官员、有思想界的人物,每个人扮演的角色和表现是不一样的,其中有一些人的表现使其被称为改革家,他的担当、智慧和魄力就表现出来了。

李存贵:思想的力量是无穷的。我们现在越推进改革,越感觉理论的缺乏和不足,迫切需要思想理论的指导。前几天请黄小军老师给我们讲"德意志意识形态批判",从晚上9点讲到凌晨2点,我们迫切地需要学习。刚刚跟你汇报的这些是干了之后的体悟,是理论和实践结合的结果,如果是在2年前,我是理解不到这个程度的,大学时理论没有和实际相结合,对它的奥妙没有很深的理解。

赵树凯:西方搞市场经济已经搞了这么多年,遇到的问题,已经摸索了一圈,找了好多办法。在我们这里全新的问题,或者难以解决的问题,到他那儿一看,原来人家已经经历过了,从而受到一些启发。

李存贵:是的,比如教育、医疗等等改革,西方已经成熟了,已经摸索了一遍,我们就不用再折腾了。

赵树凯:现在的改革说得轻一点叫"陷于僵局",说得重一点叫"改革已死",但不管怎么说,可以看出大家对这几十年的改革是不满意的。

李存贵:现在社会有这样一种怪现象——经济发展迅猛、社会关系紧张。改革就是为了人民更好地生活、获得更多的尊严,而现在改革遇到了阻碍,被很多东西束缚,虽然改革的条件比20年前好得多了,但没有人敢去碰它,人民就会不满意,道理就在这里。

赵树凯:从世界经验来讲,一个政权的危机往往不是发生在这个社会经济停滞、百姓贫困的时候,政权的危机甚至是垮台,往往出现在快速发展当中,很多利益没有理顺,就容易出问题,这是对我们的警示。我们要研究,一方面保持经济的发展,一方面保持政治、经济的和谐,也就是你说的关系别那么紧张,如果长期紧张,总有一天会崩溃。

李存贵:这是改革时机的选择,所以我们的使命意识就涉及一个适时的概念,该做的时候你不做,人民群众就不满意了,就是你没有承受历史使命和责任担当,所以我们就要做我们该做的。那什么事该做?这是一个认识问题,也是一个责任、眼界、眼光的问题,是一个考验国民和领导者是否有远见的问题。比如说农村房屋不准买卖。反对农村房屋流转的人不爱农民吗?不是,他同样也很爱农民。那你说允许农村房屋流转的人,他恨农民,要让农民流离失所吗?也不是,他想让农民增加收入,生活更幸福,出发点都是好的,这是认识问题,但反差却很大。它是对干部现代思维、综合思维、历史眼光的一种考验,是考察现代干部是否具有纵横时空交错的这种思维特征,这是领导必备的特征,我也在往这个方向努力学习。

赵树凯:你属于能够看到历史潮流,并且勇于担当的这种人,从开远近几年

的改革能够看到这一点。

李存贵：中国国土面积大，国情复杂，中国要搞改革，从哪里开刀？我认为应该从县一级开刀。不是"郡县治、天下安"吗？中国 2000 多个县改好了，整个中国也就改好了，所以我建议改革还是从县级开刀，县级改革是非常重要的。

赵树凯：中国下一步无论是经济改革还是政治改革，根本上的突破就在县这一级，县级没有探索、突破，上级也不敢突破。

李存贵：如果这样不准你干，那样不准你干，那还探索什么？这次全国农村改革试验区全国有 24 个，其中县级 16 个，开远是云南省唯一的改革试验区。我认为全国农村改革试验区的力度还要加强，把它再上升一个高度，积极探索。

赵树凯：全国农村改革试验区的发展根本上还是靠县级自己干，你可以大胆地突破、探索，可以突破、探索现有的制度、政策的框架，要理解精神，要敢改、敢闯。

李存贵：上级一直鼓励要改、要闯，这次温总理的报告提了 74 次改革。对我们国家的改革，我认为是六个字：急不得、等不得。不要想一步登天，但也不要无所作为，努力干吧，每前进一步都是值得赞许的。经济学家吴敬琏老先生前两天讲的一句话，看得出老先生是真的有忧患意识，他说如果再不改革，中国的现代化进程可能要中断。他的话是邓小平视察南方重要讲话精神的体现，邓小平说不改革就是死路一条。

赵树凯：对，他说的不改革就相当于滞留了矛盾，这个不改革的状态相当于抱着定时炸弹在搞现代化。这就回到我们刚才讲的问题，就是社会经济虽然发展得很好，但是干群关系非常紧张。前几天我在北京开会，有些学者、政府官员在一起谈，说原来改革是摸着石头过河，现在是只摸石头不过河，还有的说只摸鱼虾不摸石头了、不过河了。所以你可以想象出社会对改革的这种焦虑。温总理到广州时讲：不改革不行，要花更大的力气去改革。改革的希望在哪？在基层。下面没有突破、没有动作，下面不起风浪，上面基本就是死水一潭。这种情况下，地方不要等，要突破。突破的根本就是在县这一级，因为县是真正履行统治、管理职能的一级政府。我在研究官僚体制时发现一个特点：县以上的官是管官的，是管理这个政府本身的，只有县一级的官员职责是管理社会、服务民众的，所以你这个市委书记当好了，中央就没问题了。

李存贵：所以我还是自豪的，10 多亿人口，我们是其中的两千分之一。

赵树凯：有句俗话说，宰相起于州县，州县是管理老百姓的，治理好了这一方，他就能治理全国。

李存贵：检验改革成功与否，要看符不符合科学发展观。科学发展观提出全面、协调、可持续发展，这是非常伟大的概念。全面——改革导致的是局部发展还是全面发展。开远提出要"全域发展、全民共享",全域发展就是要城乡区域共同发展,只有这样才符合科学发展观。协调——除了横向上的城乡协调发展,还有纵向上的各行业各阶层协调发展,各阶层的人的发展,政治、经济、精神、生态4个文明的协调发展。可持续——这是一个长期性的问题,要看保障持续发展生产力的制度有没有发展起来,政策措施有没有跟进。

赵树凯:历史地看,这么多年的发展成果,不是以城带乡,而是农村发展起来后促动了全面发展,这是一个非常深刻的观察,非常有洞察力。它是一个农村自我发展,然后带动了城乡共同发展的这么一个过程。农村的发展、自我发展靠什么?你讲到了,靠解放生产力。解放生产力不仅要解放人,焕发人的创造力,更重要的、也是更核心的内容是解放权利,给农村、给农民更多的权利。过去,我们的制度制约这种权利,现在要破除这种制度,还农民权利——公民权利、财产权利。过去农民只有不完整的财产权利,不完整的财产权利影响他的发展。经济制度是以财产权利为基础和前提,除此以外还有社会权利、政治权利,社会权利没有解决好,也会影响到发展。财产权利、社会权利最终要政治权利作保证。没有政治权利,他的财产权利、社会权利就没有保证。从历史上看,它是有规律的。比如法国革命、英国革命,最开始时都就是从财产权利开始。国王要征税,你得跟我商量,你平白无故拿我的财产得跟我商量,我得有代表参与政府的决策,所以当时有一句名言"无代表不纳税",一直到美国独立革命的时候,还提这个口号。从中国的改革现实到开远改革的经验,存贵书记说的这一套道理对改革是有作用的,前景很广阔,要做的事情还很多。

李存贵:所有的改革都是根,其他都是疏枝散叶的事情,在所有的根中,总的根就是经济权利。

赵树凯:所以我们对开远的改革寄予了很高的厚望。

李存贵:谢谢!我们努力吧!做一点我们力所能及的事,还请赵老师你多多的指导。我正式邀请您做我们开远的顾问,怎么样?

赵树凯:没问题,这是我的荣幸。

李存贵:那我们就努力地干,带着一种朴素的情怀,带着一种责任,带着这个职位所赋予我们的职责。换一句话说,就是运用职务赋予我们的全部权力来履行职位所要求的职责和使命。

赵树凯:在北京,无论是政策界还是学术界的讨论,大家一说到改革,都很郁闷、很压抑,但我到开远,看到的却是一片明朗的天空。

李存贵:因为我们把改革过程中的风雨当做风景、让风雨变成风景、风雨亦风景。改革没有豪情壮志是干不成的,必须要有种精神、有种责任和担当。

赵树凯:当年改革那么苦的环境都过来了,现在怎么也比过去好,没有什么

可怕的。

李存贵：我在干部大会上讲，我们对党、对国家、对开远充满绝对的信心。大家看一下，鸦片战争、中日甲午海战、辛亥革命、护国运动、军阀混战、国共内战、抗日战争、解放战争、"文化大革命"……这么多苦难的岁月我们都走过来了，还有什么困难对付不了。肉体的摧残、精神的摧残、思想的摧残我们都走过来，我们还有什么困难克服不了。我们对我们的国家、我们的民族仍然充满信心。

一个领导者，一个公务人员，没有社会情怀、民生情怀，心中不装老百姓，你永远没有市场，这方面我可以下定论。你生产产品要卖给谁？卖给消费者，你不知道消费者的需求，那么你生产的产品卖得出去吗？做官、当公职人员是一样的，我们的消费者就是老百姓，我们向老百姓提供他们需要的"幸福产品"，你不关注老百姓需要什么样的"幸福产品"，你有市场吗？

赵树凯：你讲的这个给我一个启发，就是政治学中一个最新潮的理论。就是说，政治也有市场，人民是消费者，政策和服务是消费品，选票就是货币。政府的产品要靠老百姓来检验。

李存贵：我跟开远干部讲过很普通的一句话——你不把老百姓当回事，老百姓不会把你当回事。我还在会上讲，为人民服务首先要有为人民服务的情怀，还要有为人民服务的能力，具备这两个条件才有资格为人民服务。我们对党、对国家充满希望，充满希望不是妄自菲薄，不是自负自大，而是因为我们正视问题。我们将继续推进深层次的改革，担当起历史赋予的使命与责任。

是的，"开远统筹城乡发展伟大事业，只有开始没有结束，只有旺季没有淡季，只有高潮没有低潮。"开远市市委书记李存贵这样的讲述，是为改革的魄力，亦为开远理想之光的绽放。

开远98%以上的面积是农村，一半左右的人口是农民。城乡之间的对立，往往会影响到社会的稳定，所以统筹城乡发展被提上了日程。

为此，开远市委、市政府提出要"建设中国幸福之乡"、"建美丽开远市、做幸福开远人"。同时，在加大力度、促进城市进步的同时，加快农村发展，实现城乡共荣、统筹发展。

2008年年初，省委、省政府把红河州列为城乡综合改革试点，州委、州政府把开远作为"试点中的试点"重点推动。

2010年7月，省委农村工作领导小组正式把开远确定为省级统筹城乡发展的唯一试点县（市）。

开远市委、市政府从解决"十大问题"着眼，强势推动开远统筹城乡发展。

开远明确提出新农村建设"三大主体论"，即新农村建设的主体有三个：党委政府、基层组织和农民。农民干自己的事、参与集体的事、支持公益的事;农村集体组织发动和组织农民干集体的事,帮助指导农民干自己的事、支持公益的事;党委政府干公益的事,帮助指导基层组织和农民个体干集体的事和农民自己的事。三大主体各司其职,协调配合,激发了强大活力,引爆了巨大能量。

统筹城乡发展,开远提出不搞一村一点,也不搞一乡一片,而是体现普惠式特征,明确提出了"整市推进、全面突破"的工作思路。

被列为省级统筹城乡发展试点之后,开远顺势而谋,明确了"纵深突破、整体提升"的工作思路,围绕"建设幸福之乡,打造四区开远",把开远建设成为全省乃至我国西部地区的推进城乡综合配套改革试验区、统筹城乡发展先行区、更高水平全面建成小康社会示范区、整体推进"四个文明"发展样板区。同时,提升政治动员能力和资源整合能力;促进农业产业向优势特色区域集中,工业向园区集中,人口向中心村和城镇集中,农村土地向合作经济组织和种植大户集中。

除此之外,推进户籍管理制度、农村土地管理制度、农村金融制度、农村社区化管理制度、城乡基本公共服务均等化制度、城乡社会保障制度改革;实施统筹城乡发展规划、统筹城乡产业发展、统筹城乡基础设施建设、统筹城乡社会事业、统筹城乡劳动就业、统筹城乡生态建设、统筹城乡综合改革、统筹城乡党建和社会管理。

加大市财政投入、争取上级各种支持、融资贷款、引导农民投工投劳、各类企业投入、社会各界投入等六大融资渠道,筹措新农村建设和民生工程建设资金。

从 2008 年,开远对农村投入与对城市投入实现了平分秋色。五年间通过各种渠道累计投入新农村建设资金约 31.5 亿元,比"十五"期间增长 4.8 倍。

"统筹城乡产业发展"是统筹城乡发展的物质基础。"十一五"期间,开远上大项目、大上项目,共组织实施各类项目 280 余项,投入产业建设资金 130 亿元。GDP 增速强劲,平均每年增长 10% 以上。

在经济发展的同时,开远也注重社会管理,建立"大行政"、"大包保"、"大督查"三大制度。同时,开远坚持每年举办一次开远发展高峰论坛,邀请知名专家学者到开远讲学。提出了"三大主体论"、"整市推进论"、"综合配套论"等理论观点,对城乡差别率先进行专题研究。

此外,开远还实行了人口"一卡通"管理,建立完善了人口信息管理平台;实行市民听证向村民听证的延伸覆盖,重大工程的市民投票表决制、试行农村社区化改革、"大包保"制度的建立等举措。

开远加快实施"四级规划"(建大中心城、建强中心镇、建实中心村、建美自然村),实施彝、苗、回、壮 4 个世居主体少数民族聚居区专项建设,避免同质化,力争实现"城市有乡村的风格,乡村有城市的品位,乡村比城市更美好"的城市发展目标。

理想已开启，幸福无终点；
伟业不停息，开远在路上。
开远人在唱着心里的歌。

幸福之乡

开·远

创新与发展:开远城市文化的定位

李 炎 侯丽萍 熊一蔚①

摘 要:城市文化是一个城市生存方式的总和,以城市的整体形象、感觉和气氛呈现出来。城市文化形象的定位必须综合考虑城市生存发展的资源条件与社会、政治、经济、生产方式的现状,从差异性竞争角度进行定位。从历史文化遗存、全球化与区域城市竞争角度看,开远的城市文化定位,应该立足现代工业的发展,从产业结构调整和升级角度出发,定位为以现代工业为主体,适合人居的,绿色生态的,富有现代动感的,时尚、休闲、消费、体验、城乡一体化的,富有区域特色的城市文化。

关键词:城市文化形象;生态;现代;动感;时尚;休闲;城乡一体化。

　　城市是社会发展到一定阶段的产物,是人类群体化、社会化的一种具体表现,是在相对固定的环境区域内,依靠非农业生产的商业贸易、经济活动、知识教育、文化生产、交流服务、工业化生产、服务的空间、建筑和群体生活构成的社会组织结构。城市化已成为现代社会发展的必然趋势。20世纪初,全球有1.5亿人口居住在城市,占世界总人口的比例不足10%。在20世纪即将结束的时候,

　　① 李炎(1963—),云南大学文化产业研究院教授、博士;侯丽萍(1964—),云南大学马列部副教授;熊一蔚(1984—),云南大学人文学院硕士。

世界城市人口已经增加了 20 倍,达到近 30 亿人,占世界人口的一半。估计在 21 世纪的第一个 10 年,世界上超过 1/2 的人口将住在城市。在新的世纪,随着推进城市化的发展,小城镇建设成为中国现代化和社会发展的重要指标。我国城市化水平从 1978 年的 17.95% 发展到 2004 年的 41.8%,城镇人口总数达到 5.43 亿。中国还将有 5 亿人从农业人口转向非农业的城镇人口。在全球化的背景下,城市化这种发展趋势使得城市之间的竞争越来越激烈。要想在这个竞争中取得优势,就必须树立独具特色的城市文化形象。

一个城市的文化形象在城市的综合竞争力中起着举足轻重的作用。在 21 世纪,成功的城市将是文化的城市。从历史上看,城市从来都离不开文化,但只有在当今全球化背景下,社会和文化才以城市发展轴心战略的姿态出现。经济的、社会的、技术的和教育的战略,越来越紧密地和文化轴心联系在一起。信息、知识与内容创作成为城市经济可持续发展的关键。当代都市只有成功应对文化的挑战,才能在竞争中插上腾飞的双翅。在各种经济要素顺畅流动的今天,哪个城市最受关注,哪个城市就拥有吸引最多资源的可能。形象力将转化为生产力,城市形象将无疑会提升一个城市的地区竞争力和国际竞争力。城市竞争力也会因文化创意产业而攀升。创意产业是在全球化条件下,以进入小康时代的人们的精神文化娱乐为基础,以高科技手段为支撑,以网络等最新传播方式为主导,以文化艺术与经济科技的全面结合为自身特征的跨行业、跨部门、跨领域重组或创建的新型产业。

在城市形象、城市营销、文化氛围的营造等范畴里,城市会因为文化创意产业的带动而有附加值的上升。这些增值最直接的体现是旅游和商贸数字的上升。城市文化形象在社会外围对吸引人才和资金非常重要;在社会内部,因为城市形象的提升而导致的城市环境与素质的改善,会直接影响市民的生活素质、生活环境的改善,对促进和谐社会的构建也是至关重要的。

改革开放 30 多年来,云南经济社会的发展也带动了城市化的迅速发展。20 世纪 80 年代以前,云南城市发育相对完整的只有省会城市昆明和作为锡工业基地的个旧市,云南的 15 个州(市)的政府所在地,从基础设施、功能、人口、规模看,都还不具有城市完整的功能和性质。经过 30 多年的改革开放,云南省的城市化发展水平迅速提高,省会城市昆明已经发展为人口超过 300 万的大城市,15 个州(市)的政府所在地中,除个别州(市)外,也已经发展为人口超过 20 万、城市设施、功能相对完备的中小城市。全省 129 个县的城镇化发展水平也得到迅速提升。其中一部分县城已经具有中小城市的发展态势。近几年红河州在经济快速发展的带动下,城市化发展水平也迅速提升,2003 年红河州城镇化水平达到27％,①呈现出强劲的中小城市群发展的状态。工业城市个旧、新兴的政治文化经济中心蒙自、边境贸易小市河口、文化历史名城建水、交通能源工业中心开远以及在烟草、红酒业带动下发展起来的弥勒都具有从小县城、小城市向特色化的中等城市发展的基础。开远等城市加快了城乡一体化的建设速度,开远 2006 年的城镇化率达 68.1％②,在城市化发展的进程中,云南,包括作为中小城市群崛起的红河州各城市都在思考其城市生存发展的道路,定位未来的城市文化形象。

云南在全国、世界的文化形象是拥有独特的民族文化。鉴于此,大理、丽江、西双版纳、香格里拉、潞西、腾冲等城市依靠自然风光、旅游、民族文化、世界品牌等资源优势,在城市文化形象上大多围绕民族文化和旅游发展来思考、提炼、定位自己的城市文化形象。但大多数中小城市在城市文化定位中则很难找到和自己生存发展之路相吻合的城市文化形象,基于对城市文化形象的肤浅理解和未来生存发展的模糊,城市文化形象定位比较混乱。很多城市纷纷打民族文化的品牌,不能根据自己城市的资源、基础、产业发展道路进行定位,其结果是导致城市整体形象的千城一面,城市建设、同质化倾向十分严重,没有城市文化的独特气质和魅力,更没有城市的特有精神、理念和奋斗目标。

一

城市文化形象就是一个城市针对自己资源、条件、社会、政治、经济、生产、生存方式选择的整体形象的概括。它是一个城市的"物质文化层面","生产、行为制度层面"和"观念、精神层面"的总和。它不是一种单一的形象,而是一种多方面的形象,是一个城市整体的特质、气质、感觉。一个城市的文化形象就像一张名片,它不仅包含城市的物质层面、制度层面,而且更重要的是精神气质层面。一个人不同于其他人,很大程度就在于其独特的精神和气质,同样的,一个城市要区别于其他城市,拥有自己独特的城市发展模式,就必须树立独具特色的城市文化形象。具体来讲,城市文化形象体现在城市的生存方式,城市建设与形象,城市人的生存发展的思想、观念和生活方式三大层面。在全球化背景下,城市的内涵与价值已经不再是农耕社会和传统工业社会初期作为政治中心和生产的载体,而有复杂多样的内涵,担负着多重的功能。一般来说,城市担负着生产功能、服务功能、市场功能、信息功能、居住功能。在全球化和信息化时代,这些功能汇

---

① 《聚精会神搞建设,真抓实干求发展,不断开创全州建设事业新局面——在全州建设工作会议上的报告》,来源:红河州建设信息网,作者:州建设局党组书记、局长王洪斌。

② 《百年工业城市的崛起之路——写在红河州建州五十年之际》,作者:李存贵。

聚整合成为一个城市的生存方式,并且以城市文化形象作为城市的竞争力,参与到区域和全球的竞争格局中,吸纳和获得区域、全球的各种资源,进行可持续发展。

城市的生存发展方式是城市文化形象定位的首要因素。一个城市的生存发展方式决定了这个城市的基本文化选择。在人类发展的历程中,人类经历了前工业文明、工业文明和后工业文明三个时期。客观地说,这三种文明在当前云南省的社会发展进程中同时存在,而且还将在很长一段时间存在着。前工业文明对应的是农耕生产方式,个体、家族的生产方式,血缘、族群的社会结构,分散的村落。工业文明的特征是以大规模的工业生产为基础的,因此社会化、职业分工、市场、物流基础带动了现代都市的发展。城市不仅仅成为政治、经济、文化的中心,还成为一种生产的组织结构。群体化、职业分工、阶层、单位、公司、企业以及建立在不同的工业类型基础上的城市个性成为了工业文明时期的标志形象。后工业文明对应的基础是信息,是信息传媒,是建立在工业文明基础上的信息加工、服务和创造。个体、群体与信息、娱乐、文化产品的生产、服务是后工业文明的文化标志。这样的文明催生的城市充满了温情、消费和娱乐,大量的公共文化设施、信息咨询和或内隐或外显的网络、众多的文化公司、服务机构是后工业文明的想象。

城市在欧洲的文明进程中可追溯的历史较长。在古希腊时期,以雅典为代表,城市的发展就达到了相当成熟的程度。中世纪后期,伴随着资本主义生产方式的萌芽,欧洲的城市发展进入了一个快速发展时期。18世纪工业化的发展带动了城市的迅猛发展,今天欧美国家人口的主体主要居住在城市。城市成为了社会结构和社会发展的主体。相比之下,作为农业文明的主要国家,中国的城市发展历史较晚,发展速度也相对缓慢,大规模的城市化发展和中小城市的崛起,主要在20世纪才开始,尤其是西部地区。在中国城市化发展进程中,根据城市发展的先后以及不同的发育情况,中国城市大致可以分为六个类型。第一种类型是具有悠久的历史、众多的人口,作为国家和地区的政治经济文化中心的历史文化名城,如北京、西安、南京、成都等。第二种类型是在现代化的进程中催生出来的城市,这类城市往往历史文化积淀不够、比较拥挤、工业污染严重、产业工人密集、人口素质较高,如沈阳、天津、重庆、曲靖、苏州、佛山等。第三种类型是现代商业发展进程中形成的金融、商业型、外贸型城市,这类城市大多交通比较便利、商业气息较为浓厚、市民文化比较发达,是区域的信息金融中心,如上海、广州、深圳等。第四类型是现代化进程带来的居住型城市——历史不够悠久、常住人口逐渐增多、具有地方特色和一定的文化差异性,城市风格类同,如昆明、长沙、深圳、楚雄、保山、玉溪等。第五种类型是在全球化文化交流中凸显的个性化城市,这类城市往往人口比较少、民族文化特色较为浓厚、是大都市的一种补充,如三亚、丽江等。第六种类型是在城市化快速发展、产业结构调整进程中出现的众多中小城市。

在城市文化形象定位中,最为困难也最为混乱的就是在现代化背景下,在推进城市化发展进程中涌现出来的中小城市。古罗马曾有过一句著名的格言:罗马城不是在一个晚上就建起来的。在中国快速推进城市化的进程中,在一夜之间却出现了众多的中小城市。客观地说,这些城市大多没有找到自己的生存发展方式,从农村涌入中小城市的农民也还没有经历过城市文明的洗礼,没有知识、能力、技能和资本维系自己的生存和发展,不少城市尚在寻找城市发展的产业、资本、机会和资源,无力解决新的城市移民的就业和生存问题。于是,茫然地依托自然的资源、土地的出让、掠夺性的开发和无特色的房地产开发成为一种无奈的选择。在这样的低水平发展现状上,城市文化形象必然只是一种时髦的空谈。

一个城市的形象标志是城市的建筑物,而不同的文化催生出不同的城市建筑和建筑风格。古代西方的城市大多主要集中在港口、交通要塞。西方历史文化体系中的城市是公共的场所,是物流、商业、贸易、宗教、政治、文化的中心,广场、神庙、民居、教堂及政治经济的公共设施构成了城市的主体建筑。不同地域又根据其地理、气候、环境和易获取的建筑材料,形成不同的建筑风格。这些构成了一个城市独特的城市文化景观,这些外在的物质性的文化景观是一个城市文化形象最直接的标志。中国古代的城市大多也是政治、商业文化的聚集地区。在城市的选址、城市建筑、功能、建筑物的风格上也有讲究,同时受中央集权文化和地方文化的影响,历史上不同区域的城市建筑风格也千差万别,构成不同的城市外在文化形象。遗憾的是,在近现代文化,包括政治文化的野蛮破坏下,在大一统的政治文化观念和现代化的盲目模仿下,中国丰富多样的城市建筑文化被破坏殆尽,多样性的风格迅速被单一的城市建筑风格所取代。其结果是在中国大地上很难找到具有个性的城市。由多种因素保护下来的极少数具有独特魅力的中小城市,如丽江、凤凰、平遥古城等,在旅游经济和全球化背景下迅速成为世界瞩目的旅游目的地。

一方水土养一方人。在现代化、都市化发展进程中涌现出来的不同类型的城市,应该有其城市的生存发展方式,在每个特定的城市里生存发展的人也应该具有相应的思想观念和生活方式。作为西方文化桥头堡的上海,其城市的人民具有的务实、严谨和些许的市民的精明,和邻近的作为六朝古都的南京人的宽容、吸纳精神以及些许空泛的人文关怀形成了鲜明的对比。的确,一个刚刚从农耕文明中挣脱出来的城市和一个工业化程度较高的城市的市民,表面上看,他们

的日常生活方式似乎没有什么大的区别，但如果从其生存的基础、职业、生存发展的观念、知识、技能和对城市生存方式的理解、依赖上看，是完全不一样的。

作为生存方式总和的文化由三大子系统构成，一是物质（器物）文化系统，二是行为（制度）系统，三是观念（精神）文化系统。作为城市生存方式总和的城市文化，也应该由城市的物质系统（包括城市本身、城市的产品、市民），城市的行为（包括城市的生产方式、制度构架、行为方式）和城市的精神系统（包括城市的内蕴、精神和城市市民整体的思想、观念和生存发展的方式）聚合而成，最终以一种不同于其他城市的形象、特质和感觉呈现出来。因此，在思考、定位自己的城市文化形象时，作为城市的代言人和管理者的政府决策者、城市的官员必须深刻地理解自己城市的物质、行为、观念文化和价值追求，思考城市的生存发展方式。任何简单片面的对城市文化形象的理解，都会给城市建设和发展带来难以挽回的损失。

二

一个城市的文化形象定位，只有置身于城市赖以生存和发展的自然、社会和文化环境之中，其文化形象才能真正涵盖其城市的本质、特色，也才能真正支撑一个城市长久的发展，统领城市的各方面的建设。开远具有一定的历史文化积淀，但就城市的整体发展看，仍然是一个新兴的城市，在确立其文化形象时也不例外。

首先，开远必须根据自己的生存发展方式来定位具有区域性特色的城市文化形象。从开远历史文化遗存的发展空间来看，开远有宝贵的文化遗产。"开远是人类直系始祖的摇篮，早在距今 1500 万年至 800 万年前的晚中新世纪，就有腊玛古猿在开远境内活动。"[①]从传统民间文化来说，主要有民歌（汉、彝、彝汉、苗、壮族）、民间舞蹈（烟盒舞祭祀舞）、洞经音乐、滇剧、彝族服饰、根艺六种。公元 2000 年 2 月，云南省文化厅授予开远市"云南省文化先进县"称号。[②] 但是这些文化遗产远远不能满足开远整个城市现代发展的需要，更不是开远近现代，尤其是改革开放以来，包括在未来很长时间里生存发展可依赖的基础。开远不能像大理，建水等闻名遐迩的历史文化名城，依托自然、历史文化，通过旅游产业和文化产业进行生存和发展。开远也不具备河口作为边境贸易中心的地位，不具备作为州府所在地的蒙自这样的政治经济文化中心的地位。当然，开远也并非

---

① 资料来源于开远市政府信息公开网站：http://hhky.xxgk.yn.gov.cn.
② 开远市文化体育局《开远文化艺术志》编纂委员会：《开远文化艺术志——公元 1528 年—公元 2005 年》，云南省个旧市印刷厂 2007 年版，第 47 页。

弥勒这样通过相对单一的烟草工业生存和发展的特色小城。作为区域性的能源、冶金、矿产和交通枢纽的资源、产业发展现状决定了开远城市文化形象必须紧紧依托现代工业这个坚实的生存发展基础。

开远的生存发展方式必须依托于城市赖以生存的自然资源。由于开远山区、峡谷、丘陵多，全市宜于作物生长的中性耕地只占 18.1%[①]，所以开远不能像中国其他农业条件好的县级市那样，以农业为主要经济支柱，这为工业成为第一经济支柱提供了有利条件。要发展工业，开远必须依靠自身的矿藏资源。开远市"目前已发现矿产可分为 4 类 16 种，已开发 11 种矿产。已探明储量的矿产有石灰岩、砂页岩、石英砂岩、耐火粘土、铁矿和煤矿。其中褐煤、石灰岩、无烟煤、砖瓦粘土等第一类矿产的开发程度最高，开发规模最大，已成为矿业的优势产业。境内矿藏主要有煤矿、锰矿、锑矿、铝矿、铜矿、石灰岩、砂页岩、耐火粘土矿床、汞矿。离城区 20 千米的小龙潭，褐煤储量达 12 亿吨，是云南目前最大的露天煤矿。由于煤电充足，为数百个工矿企业的发展创造了条件。"[②]丰富的矿藏资源为开远的工业发展奠定了雄厚的基础。开远依托其资源优势，逐步形成了以能源、化工、建材等为主的支柱产业和食品、服装、印刷、机械、冶金等门类齐全的工业体系。[③]经过几十年的发展，开远的工业发展相对于云南省的其他县级市已经实现了跨越式的发展。"云南国资水泥红河有限公司通过不断的技改、扩建，建成云南最大的水泥生产企业，年产水泥 280 万吨，公司连续四年销量居全省第一；解化集团投资在建的二甲醚项目生产线，用二甲醚代替石油液化气，被认为是我国能源结构调整的历史性突破。"[④]因而，从自然资源来讲，开远的生存方式必须是建立在富有区域性特色的现代绿色生态工业的基础之上。

城市建设是城市文化形象定位的第二大重要因素。在人们心中，能源、矿产是传统的工业，并非现代高科技技术，因而能源、矿产产业集中的城市往往和污染、混乱联系在一起。10 多年前的开远市的确也多少存在着城市规划混乱、污染严重的问题。随着科学发展观、和谐社会建设的理念的逐步确立，近年来开远市城市规划、建设、市容、绿化得到了长足的发展，一个新兴的中等现代化城市的雏形已经凸现出来。在积极发展现代工业经济的同时，开远也注重生态保护，努力建设绿色生态的现代工业城市。"'十五'以来，市委、市政府提出了建设'生态型现代工业经济强市'的目标，明确了走新型工业化道路、发展循环经济是开远实施可持续发展的必由之路的思想，最大限度地减少排污、提高资源利用率。先

① 《开远市志》编纂委员会：《开远市志》，云南人民出版社 1996 年版，第 65 页。
②③资料来源于开远市政府信息公开网站：http://hhky.xxgk.yn.gov.cn.
④ 《百年工业城市的崛起之路——写在红河州建州五十年之际》，作者：李存贵。

后投入环保治理资金近 10 亿元,实施了 100 多个循环经济项目,治理了 200 多个污染源,培育出解化集团、明威公司和红磷公司等循环经济典范企业,成为红河州大力发展循环经济的先行者。2006 年,全市大气环境质量达到国家二级标准,饮用水环境质量保持国家三类水质标准,地面水环境质量得到明显改善,环境质量明显好转。开远开始摘掉'灰城'、'臭城'的帽子,迎来了向着新型工业化迈进的春天。"①

一个城市的建设是城市文化形象的实体性表现。在以发展绿色生态工业经济为城市建设主体的同时,开远城市建设还应着眼于在全球化的背景下自身的科技、知识、网络、物流,财政税收等方面所具有的城市竞争力。全球化是一种使国家、城市、人群通过食物、服务、资金、技术和观点的流动让人更加接近的多方面过程。全球化促进了科技突飞猛进的发展,将使城市在发展生产和利用最低廉的物质资源方面做得更好。开远作为一个具有原创性的工业区和能源化工建材等原料产地,相对于云南省其他众多打民族文化品牌的城市而言,能更好地利用全球化提供的先进科技发展绿色生态现代工业。

全球化也使得当今世界成为知识经济的世界。知识由研究、发现和创新而产生。鉴于知识是一种高度有价值的资源,各城市将在产生知识和利用知识中彼此竞争。知识工业、科学园区、技术发展纷纷崛起,成为知识创新、技术发展的重要阵地。开远这个现代工业城市相对于云南省政治经济文化中心的昆明而言,在知识积累创新上应更侧重于为现代绿色生态节能环保的工业服务。全球化也使得世界各城市通过电视、网络等多媒体连接在一起,网络连接、线路连接将成为重要的交流方式。这将对城市人的生活方式产生重大影响,人们可以在家工作,通过计算机购物,带着信用卡旅行。开远作为一个县级市,网络发展的潜力还没有被充分挖掘,今后可以充分利用快速便捷的互联网进行对外交流,既能吸引外资,又宣传了自己整体的城市文化形象。全球化使得全世界的物流运输更为方便快捷。开远作为红河州商贸物资集散和仓储中心,北接弥勒,西邻建水,南连个旧和蒙自,在物流运输上有得天独厚的优势,这为现代绿色工业产品的销售和推广起到了桥梁作用。近年来,开远商贾云集,物资集聚,市场繁荣,商贸流通在能源、化工、建材等行业的支撑带动下,形成了滇南、文山、思茅乃至越南部分地区的商品物资集散中心。②

在全球化背景下,开远的工业成为其财政税收的支柱产业。五十年前,开远的年生产总值仅达 2617 万元,地方财政收入仅达 50 万元。1978 年,开远的工

---

① 《百年工业城市的崛起之路——写在红河州建州五十年之际》,作者:李存贵。

② 资料来源于开远市政府信息公开网站:http://hhky.xxgk.yn.gov.cn。

业总产值达到了 1.96 亿元,超过农业总产值的 6 倍。至 2006 年,开远市实现生产总值 44.6 亿元,比 1956 年增长 62 倍,年均增长 8.6%。工业增加值占全市生产总值的比重由 1956 年的 7% 提高到 2006 年的 45.5%。[①] 2006 年,开远的工业总产值比上年增长 15.7%。实现工业增加值 20.3 亿元,增长 12.8%,占全市生产总值的 45.5%,比上年提升了 1.6%,工业经济在全市国民经济中的主导地位和作用日益凸显。[②] 开远在科技、知识、网络、物流等方面所具有的城市竞争力,使得开远的城市建设必须建立在为现代绿色生态工业体系服务的基础之上。

此外,开远的城市建设在现有的基础上,尚有改进之处。为发展绿色环保节能的生态工业经济,开远的城市建设还应积极兴建图书馆、科技馆,培养现代绿色工业的高素质人才;兴建现代、休闲、娱乐的基础设施;建立稳健的现代金融服务体系;经常举行以发展现代绿色工业为主题的图书展销会和科技博览会等。21 世纪是知识经济的时代,各行各业的竞争归根到底是人才的竞争。开远要在发展现代绿色生态工业的竞争中处于领先地位,就必须在知识上不断创新,依靠高素质人才。在积极培养人才的同时,注重现代、时尚、动感、休闲、娱乐基础文化设施的建设。现代工业城市要求它的基础文化设施也必须具有现代、时尚、动感、休闲、娱乐的特色,虽然基础文化设施在城市建设中投入的经费较多而且在短时间内不易收回,但从一个城市长远发展的角度看,对外它能提升城市的整体形象,吸引投资者的目光,甚至吸引人才,对内它又能改善城市的人居环境、生活质量、精神面貌。目前,以建设路、迎旭广场、河滨路和泸江河为主,开远已形成防洪、现代、时尚、动感、休闲、娱乐、商业、居住等多功能为一体的城市文化核心区域。同时,配套建设了医疗卫生、邮电、学校、农贸市场等一系列基础设施,改善了城镇居民生产生活条件。但是这些基础设施的建设数量还不多,今后要更注重全市休闲设施的建设,创造更和谐的氛围,增强开远城市文化形象的软实力。此外,还应建立稳健的现代金融服务体系。政府应该对金融部门提出更高的要求和约束,增强其运营的稳健性,抑制金融系统中不良资产的产生,提高金融系统对不良资产的消化能力,以健全现代市场经济体制,提高开远现代城市的整体形象和综合竞争力。

城市人的生存发展的思想、观念和生活方式是城市文化形象定位的第三大

---

① 《百年工业城市的崛起之路——写在红河州建州五十年之际》,作者:李存贵。
② 《开远市人民政府工作报告——2007 年 3 月 8 日在开远市第七届人民代表大会第五次会议上的讲话》。

重要因素。一个城市文化形象的定位,最终还是要建立在了解这个城市人的生存发展的思想、观念和生活方式基础之上。城市之所以为城市,就是因为有人的生存。在农耕社会,人主要以种田为生;在工业社会,城市人主要以生产和销售产品为生;在后工业社会,城市人的生存方式却是多样的:可以通过创造、传递、销售信息为生,也可以通过文化产品的生产、服务为生等。在后工业时代,人的生存发展的思想、观念也随着人生存方式的改变越来越现代、时尚、动感、自由(休闲、娱乐)。在工业社会,人可以有独立、自由的思想,但是由于生产方式的束缚,大部分普通的城市人在工厂里日复一日地重复单调、机械、乏味的动作,身心被禁锢,虽然有自由的思想,但已随着疲惫、乏味的工作而丧失了活力。在后工业时代,城市人的双手因生产方式的革新而获得了解放,人们的思想、观念在轻松、愉快的工作氛围中得到进一步的解放。工作不仅是为了满足温饱,更多的是为了休闲、娱乐。后工业文明催生的城市充满了温情、消费和娱乐。作为发展现代绿色工业城市的开远,也应该具备后工业文明所具有的优点:为城市人生活提供温情、休闲和娱乐,使人的思想、观念及生活方式越来越现代、时尚、动感、休闲。

开远的城镇化率高达 68.1%,成为了全省城乡一体化发展速度较快的城市。"至 2006 年,市区建成面积已经扩张到 18.5 平方千米;城镇人口近 20 万人,增长 13.4 倍,城镇化率达 68.1%。这座人口总量居全州 13 个县市第 10 位的现代工业城市,人均 GDP 达 2100 美元,居全州第二位,城镇在岗职工人均工资、农民人均纯收入居全州第二位,人均地方财政收入也居全州第二位。"[①]高速发展的现代工业经济带来了城乡一体化的快速发展,城乡一体化的快速发展决定了开远城市人的思想、观念及生活方式不再是小农经济状态下以种田为生的封闭、静态、落后的生存观,而是逐步呈现出在现代工业经济的形势下现代、时尚、动感、休闲的思想观念及生活方式。

开远是云南省著名的武术之乡,传统武术运动的群众基础很好。开远也是云南省知名的足球基地,为各级运动队输送过不少人才,在青少年、大中学生乃至中年群体中,足球普及程度很高。单位、企业、学校,包括公园、街头有不少 5 人制、7 人制的足球场。武术和足球运动带动了开远城市群众性体育运动的开展,也使这个城市具有了一种活力、动感。加之开远作为一个工业化城市,其企业员工、政府公务员、居民普遍具有的求新、开放、容纳的现代意识,无论是开远人的意识、生活方式,还是城市建设、公共文化设施,甚至到开远人的着装、打扮、文化消费,在云南省都十分时尚。时尚、动感、现代实际上已经成为开远城市的

---

① 《百年工业城市的崛起之路——写在红河州建州五十年之际》,作者:李存贵。

一种特质。

2006 年以来,开远市委、市政府制定并实施了一系列城市建设项目:重新启动西城区改造;泸江公园整体提升改造;建设文化艺术中心;建设城市森林休闲公园;泸江河项目的建成将泸江河打造成为人文与自然相结合,历史文化与现代文化并存,城市防洪功能与观赏兼有,休闲、旅游、商业购物功能为一体的绿色亲水型文化长廊;南洞公园由 25 个中心景区、160 个景点景观组成,公园融山、水、洞、树、瀑为一体,具有雄、险、奇、雅、秀之特色,既有华山之险、峨眉之秀,又蕴含着丰富的历史文化;整体开发总面积近 3 平方千米的凤凰山,其开发将成为集高校、泸江河星级酒店、高档住宅、休闲娱乐、城市景观、自然生态为一体的现代生态区,将成为项目建设的一大亮点。开远城市的建设正在为开远人的现代、时尚、动感、休闲的思想、观念及生活方式构建良好的物质平台。

在全球化背景下,科技、知识、网络、物流等方面所具有的城市竞争力,使得开远的城市建设必须建立在为现代绿色生态工业体系服务的基础之上,同时现代工业城市要求它的城市文化设施的建设也必须具有现代、时尚、动感、休闲、娱乐的特色。高速发展的现代工业经济带来了城乡一体化的快速发展,城乡一体化的快速发展决定了开远城市人的思想、观念及生活方式是现代、时尚、动感、休闲的。开远的城市文化形象应该立足现代工业的发展,从产业结构调整和升级角度出发,定位为以现代工业为主体,适合人居的绿色生态的,富有现代动感、时尚、休闲,城乡一体化,富有区域特色的城市文化形象。

为了创造开远未来良好的发展前景,实现人与社会,人与工业的和谐可持续发展,我们必须注重在营销过程中实现城市文化的定位。开远作为一个普通的县级市,不可能在短期内成为一个全国关注的城市,所以开远应该立足现状,结合实际,把区域营销和全国营销相结合,使区域营销成为现阶段城市营销的重点。从区域营销来看,要树立产品品牌效应的理念,努力打造开远的工商业的各种品牌,特别是在绿色生态的工业(能源化工建材)上多下工夫。从全国营销来看,目前在媒体上开远的宣传力度还有待加强,所以应该积极利用电视、网络等媒体向省内外宣传开远的优势和魅力,让更多人了解开远。同时要向全国宣传开远是一个以现代工业为主体,适合人居的绿色生态的,富有现代动感、时尚、休闲、城乡一体化的、区域性现代特色城市。虽然开远不及大城市能立即抓住全国人民关注的目光,但是它能依靠自身的发展提供大城市所不具备的休闲、惬意的轻松氛围,与大城市一起共创美好的和谐社会。

附录二

178

开远统筹城乡发展需要重视的几个问题

——在中国共产党开远市第八届代表大会第二次会议闭幕式上的讲话

中共开远市委书记　李存贵

（2012 年 2 月 1 日）

各位代表、同志们：

中国共产党开远市第八届代表大会第二次会议是在开远发展的重大历史转折时期召开的一次大会，是在开远统筹城乡发展多年来实践经验总结、提升的重要关口召开的一次重大会议。今天，会议即将闭幕，利用这个机会，我与各位一起交流、探讨开远统筹城乡发展中需要高度重视的几个问题，希望通过我们的交流、探讨，形成一种共识，坚定我们改革发展的信心，排除任何不利的思想干扰，凝聚上上下下、前后左右各方各界的力量，形成更加强大的统筹城乡发展最广泛的统一战线，使开远按照我们既定的方针和目标阔步前进。

一、改革与发展的问题

我们为什么要改革？要回答这个问题，首先要了解开远目前发展的状态。五年前，我与各位一起交流了我写的一篇文章——《开远文明的历史演化及其启示》，文章论述了开远四个历史发展的黄金时代即四次历史高峰：从元朝开始到民国初年;从民国初年到 20 世纪 30 年代;从 20 世纪中叶到计划经济时代;从改革开放到建市 30 周年。四次历史高峰的发展给了我们一个重大启示:开远文明正从不自觉一步步走向半自觉、自觉,从半自觉、自觉一步步走向自信。元朝到民国初年,开远的发展是一种不自觉;20 世纪中叶(计划经济时代),国家把大量的项目放在开远,这不是我们主动去干的,是上级部署的,是一种不自觉的发展;改革开放是一种不自觉、半自觉的状态,因为开始的改革是被迫改革,不得不改,我们摸着石头过河,没有前瞻性,改革的后期我们进入了"深水区",摸不到石头了,这时候就强调一种自觉性、前瞻性,提出了科学发展观——全面、协调、可持续。开远的改革与中国的大背景是一致的,但开远有自己的特性,即 2006 年的历史性战略转移——统筹城乡发展,这一战略转移使我们在自觉的同时走向了自信。

当前,我们正在冲刺、攀登开远发展的第五次历史高峰,这一时期开远的重大特征便是此次党代会提出的"全域发展、全民共享"。"全域发展"是空间概念,是横向上的,全市 1950 平方千米的区域全部发展;"全民共享"是纵向上的,全市每个阶层共同享受每一个公平的机会,享受改革的成果,享受统筹城乡发展的成果。这八个字的提出,标志着开远拉开了一个新时代,步入了一个伟大的历史时期。在这样一个伟大的历史时期,我们要怎么干?是不是修几条路、盖几栋楼房、办几个工厂就行了?这些肯定要干,而且要快马加鞭地干,但要干的事还很多。这么多事靠什么人干?历史证明只靠领导干部干是不行的。领导的作用是什么?是"领"和"导"——领社会、导社会,领人民、导人民。判断一个领导的价值就是领和导的水平,你领导的部下和服务的人民心中怎么想、怎么干。全域发展如果没有全民参与,没有全民的创业热潮,怎么发展?那全民要发展、全民要创业,首先得有创业条件,它需要全社会生产力的爆发。全民共享社会发展的成果,首先得有公平的生产关系,生产关系的一个重要内容就是公平的分配关系。那我们现在的生产关系是不是公平了?是不是有助于全民共享了?通过思考我们的现实,我们看到的、我们现在存在的,我们得出结论:不完全是,有些还起到了阻碍作用,阻碍了生产力的发展,阻碍了公平的分配关系。所以,我们必须改革,改革生产关系,让它促进生产力的发展;改革上层建筑,让它适应经济基础的需要,这就是最基本的一种自觉意识。毛主席讲过:人民是创造历史的英雄。具体到开远,人民是建设"幸福之乡"的主体,是统筹城乡发展的英雄。人民群众的活力激发不出来,社会生产力爆发不出来,怎么体现群众观点?怎么干?回顾古今中外,谁有本事充分地发动群众、组织群众,谁的事业就会取得成功。中国共产党夺取政权靠的就是这一条——充分地依靠群众、发动群众、组织群众,战争年代如此,建设时代也应如此。改革开放为什么取得成功,就是因为改革释放了

社会能量,调整了当时束缚生产力的生产关系。2006年,我们作出统筹城乡发展这一战略转移,2006年至2007年埋头苦干,2008年至2009年被列为红河州统筹城乡发展试点,2010年至2011年被列为云南省统筹城乡发展的唯一县级试点,2012年被列为全国农村改革试验区,两年一个台阶,一步一步获得更高的平台,一步一步有更高的要求。刚才讲了为什么要改革,那要怎样改?首先,我们要知道什么是生产力。传统的解释是改造自然和征服自然的能力,是发展的能力,包括生产工具、劳动者、劳动对象。生产力中起到基础性作用的是生产工具,生产工具的好坏对生产力的发展起到至关重要的作用。生产力中最关键、最活跃的因素是什么?是人、劳动者——劳动者是生产力中最活跃的因素。所以,生产力的爆发首先是人的活力、人的潜能的解放和爆发,而人的活力、人的潜能的解放需要公平和效率来解放,只有公平才能激发活力,只有高效率的生产关系才能最大限度地促进生产力的发展。生产关系包含生产资料的所有制形式、人们在生产中的地位和作用、分配关系。什么样的所有制形式是好的?人类社会探索出一个重要的方式——合作、股份。十四大提出把集体经济、股份经济、合作经济作为社会主义公有制的重要内容,这是伟大的贡献。现在蓬勃发展的农村合作社,也是社会主义经济重要的组成部分,我们的股份制企业也是如此,人民在生产中的地位和作用得到体现。现在的分配关系是各尽所能,按劳分配,各出其股,按股分配。

要解放生产力、激活生产,就必须激活生产要素。所以,改革生产关系,推动生产力发展,第一步就是要改革束缚生产要素的各种制度,要让要素成为真正的要素。那我们先分析现在的要素是不是要素。在城市,要素基本是有的,所以城市比农村发达。在农村,生产要素中的第一要素——土地,不能买卖、抵押,现在允许流转,但政策上依然不允许抵押;第二要素——人才,优秀人才进不了农村,现有农村人才外流,以离开农村、离开家乡为荣;第三要素——资本,资本是嫌贫爱富的,农村没有抵押物,没有活力,它就不会进入农村,而且农村仅仅拥有的一点资本也要流出。因此,土地、人才、资金在农村不成为要素,最多是半要素,那农村的生产就不可能成为大生产、不可能成为现代生产,农村的生产要素是自给自足,自给自足的要素形成的是自给自足生产,是自给自足经济,这能适应现在的大生产吗?能适应现代社会全球一体化吗?答案当然是否定的。要素远离农村,农村越来越边缘化了。全市98%的面积在农村,农村人口占总人口一半以上,让全市大多数人在这样缺乏生产要素的地方发展,这种发展是科学发展吗?这种发展全面吗?协调吗?可持续吗?统统不行。所以,统筹城乡发展搞改革是为农村、为农民,但不仅仅是为农村、为农民,也是为城市、为城市居民。这么多的人、这么广阔的地方没有生产要素,没有消费力,自给自足,那城市生产的产品卖去哪里？生产的原料从哪里来？食品安全,没有安全的农产品能造出安全的食品吗？不可能！它们是一个整体,农村不发展,最终也会影响城市。农村不发展的原因是什么？就是要素没有激活出来,要素不成为要素。要素不成为要素的原因是什么？就是生产关系的阻碍。所以,我们的六类改革就要从改革要素入手,改革束缚要素成不了要素的这种生产关系。户籍改革:城乡自由流动,鼓励进城、自由下乡,这在全国我们是第一家。土地改革:宅基地、林地、耕地可以自由流转,可以抵押。什么是发展,资本的流入就叫发展,资本的流出就叫衰败,土地可以抵押了,资本流入了,成为要素了。人才是依附在其他要素上的,哪里好发展,哪里好玩,人就到哪里去,农村的要素被激活了,城里人、外地人也就进入农村了。我们的要素通过改革盘活,再加上社区化改革为要素的发展、要素的激活创造更多的公平条件,城乡基本公共服务均等化改革最大限度地调整我们公平的分配关系,这样就形成了生产力,这就是这几年开远发展的根本原因,也是我们持之以恒、锲而不舍地坚持改革的重大动力所在。

我们实施改革,是主动干的。为什么要主动干？因为要发展必须这样干。所以,我们的改革叫做主动改革,我们花了巨大的心血、精力,承担着巨大的压力来推动改革,是一种主动作为。我们今天的成果是改革开放带来的成果,下一步的辉煌和成果就取决于今天的行动,只有如此才能牢牢地掌握改革的主动权,永远立于不败之地。所以说,在情况严峻、问题成堆的年代,我们被迫改革;在高速发展、日子好过的年代,我们更要主动改革,这就是责任,这就是使命,这就是眼光,这就是水平。改革把社会生产力激发出来,把生产要素激活,就创造了干事的条件,我们的项目就会一个一个地冒出来,加上我们其他各方面工作的综合推进,我们的产业建设,就会有爆发式的井喷。大家可以看到,现在我们很多中小项目开始显示出一种旺盛生机,并且随着"一村一品"运动的推进,还将会形成一种爆发。2011 年,我们的中小企业提供的税收是 5.2 亿,占到整个税收收入的40%,提供了 19000 个就业岗位,占全市就业岗位的近 60%,这是了不得的一组数据。我们的大企业要不要？肯定是要的,大项目大发展,大企业给我们提供的税收达 7 亿多。我们提出"抓小促大"这一战略,就是抓要素的盘活,形成一种创业的热潮、创业的冲动、创业的环境。领导干部肯定要抓产业,但只有全民抓产业,才能形成一种热潮、一种态势。省第九次党代会提出"四个翻番"、"两个倍增"的目标,靠什么？靠老百姓,靠全社会！怎么靠？改革！所以抓改革就是抓产业,抓改革就是抓发展！这种思想在开远的干部群众中要牢牢地确立起来,没有这一条,发展不是可持续的、不是全面的、不是协调的、不是科学的。有的同志会问:全国很多地方不像我们这样改革,可是照样在发展啊！这句话,本质上是错误的。东部为什么会发展？本质上讲就是东部地区的生产关系的突破,它适应了东部，适应了生产力的发展，东部的发展路径是以农促工、以乡促城，东部的农民闯市场，东部的农村发展工业、发展商业，发展二、三产业，浙江3000万农民闯市场，闯出了600万老板，就是激活了农村生产力，变成了全社会的生产力，变成了城市的生产力。有的同志会问：西部有的地方没改革也在发展啊！是！有矿产资源的地方在发展，没矿产资源的地方就不发展，哪里有矿哪里就发展，那最简单、最方便、最直接。开远有没有矿？有——小龙潭煤矿，没有煤矿就没有现在的开远，这是历史事实。但我一直在想一个问题——煤炭挖完了怎么办？所以光靠挖煤不行，我们依靠煤炭，但是要超越煤炭，那要靠什么？靠制度，靠制度迸发出的生产力——制度生产力。有了良好公平高效的生产关系和良好的上层建筑，没有资源可以有资源，没有人才可以有人才，没有技术可以有技术，没有什么可以有什么，如果缺少这一条，就是无效性的生产关系，是低效性的生产关系，有人才要走掉，有资源要废掉，农村就是这样子，就是农村缺乏公平高效的生产关系，所以有人才走了，有资源被拿走了。我们这种深层次的改革是更大的发展，更全面的发展，更可持续的发展，更强的发展。为了发展我们才抓改革，而且我们抓的改革促进了开远的发展。大家看报告上的数字，看相关图表，统筹城乡发展以来，开远每一项主要指标都是呈两位数以上的增长。我们统筹城乡发展，又大跨度推动了我们的发展。

二、支撑问题

有的同志讲，开远的社会事业、民生工作太超前了，应该考虑财政的支撑能力，尽量跟经济发展相适应。这不是一个人讲，讲这个问题的同志多数是因为信息不对称。现在我就向大家报告2005年至2011年市级财政对民生工程投入的情况。2005年市级财政投入常规的民生工程423万元，占地方财政一般预算支出的0.9%，占财政总收入的0.8%；2006年常规的民生工程投入近1000万元，占地方财政一般预算支出的2%，占财政总收入的1.6%；2007年常规的民生工程投入2623万元，占地方财政一般预算支出的4.2%，占财政总收入的3.4%；2008年常规的民生工程投入6171万元，占地方财政一般预算支出的7.4%，占财政总收入的7.3%；2009年常规的民生工程投入10446万元，占地方财政一般预算支出的11.7%，占财政总收入的11.43%；2010年常规的民生工程投入近1亿元，占地方财政一般预算支出的6.6%，占财政总收入的7.3%；2011年常规的民生工程投入10964万元，占地方财政一般预算支出的8%，占财政总支出的6.9%。我们干那么多的民生工程，支出最多时才占到地方财政一般预算支出的10%左右，多吗？我们提公共财政"全民共享"，用了多少？即便到现在为止，我们很自豪、很幸福的数字依然才是10%左右，这能叫多？不了解的同志说多，那不怪你,今天说过之后你还说多,你就是没良心。10%的财政支出我们能不能支撑?答案是肯定的。那我们靠什么支撑统筹城乡发展?靠经济。经济靠什么?靠统筹!靠改革!有人说改革必然要触动既得利益者的利益,但我认为这不一定。我们的改革是通过做大蛋糕,然后公平地分享蛋糕,使利益获得者越来越多,分得的利益越来越大。我们的改革不能让你的利益受损,恰恰相反,要增加你的利益,只不过我们现在的增加,是要公平地增加。我们对农民要公平,对农村要公平,对我们的困难群体要公平,对各个阶层要公平。靠什么支撑?第一,我们统筹城乡带来的成果,绝对可以支撑我们的民生工作,我们的民生工作不是多了,而是少了,还要继续抓紧;第二,靠我们的改革来支撑,靠我们统筹城乡来支撑,通过改革为我们带来更大的发展更大的收益。我向大家报告一下这几年来开远的工作是怎么干的:2006年到2011年,全市固定资产投资235亿,其中,工商经济投资134亿,这就为我们今后的发展奠定了一种持久的基础和动力。公共投资101亿,钱从哪里来?从统筹城乡发展之中来,从改革之中来,从高水平的运作之中来。再看看从2006年至2011年财政的刚性支出情况。所谓的刚性支出,就是办公经费、工资、津贴等等,增加了3亿多,我们就是在这种刚性支出大量增加的巨大压力下干统筹城乡发展的事,2011年本级的公共投入达11.9亿。有人会问:干100多亿的投资,干这么多的民生工程,而财政的收入就这么点,你是不是在透支?你是不是在大量举债来搞"面子"工程?那我再给大家报告个数字——政府的债务。2005年,开远财政总收入5.1亿,政府性贷款2.9亿;2011年财政总收入14亿,政府性贷款6.5亿,政府性贷款的负债比例下降了21%。2005年到现在,我们共偿还到期债务14.531亿,偿还拖欠的工程款5.9533亿。统筹城乡发展6年的时间,还了20亿的欠款,干了100亿的工程,新增了3.7亿的贷款,工程欠款从2005年的3亿增加到现在3.7亿,6年增加了7000万,加上新增贷款3.7亿,也就说6年共增加欠款4.4亿,而财政净增8.7亿,我们透支吗?有点数学水平的人算一算就知道是不是透支,我们这是在为未来奠基,是在蓄势待发,有的放矢。

我们的产业怎么发展?党代会上的报告已经明确提出来:系统清理各项产业扶持政策,制定出台更加有效的、更加推动经济高速发展的各项政策措施。所以,我们提出了四个字——"抓小促大"。"促大"是本事,"抓小"更是本事。"促大"是指:发展多联产和新型煤化工,为企业鼓劲、搞好服务,企业在经营管理上比我们懂得多。"抓小"是指:激活要素,使要素向开远富集,具体就是围绕大项目配套上马中小项目,鼓励发展"两头在外"的项目,全面开展"一村一品"运动。我们要改变对传统农业的认识——农业不出产值、不出税收,这是错的!低档次的农业是这样的,高层次的农业与二、三产业是复合的。我们现在推动高层次农

业发展,用现代农业的理念来催生新生项目的出现、发展,就是大量企业的涌现。我们要通过这样的发展、这样的改革、这样的统筹,在开远1950平方千米的土地上营造出使生产要素流动、富集的环境。有了这样的环境,再加上招商引资,政府的扶持、高效主动的服务,产业就发展起来了。所以,统筹城乡发展的支撑问题,第一要改革,第二同时还要抓产业,还要促产业,不能一改了之。开远的干部为什么辛苦?为什么会很忙?就是因为我们既要忙改革、又要忙服务、忙产业,什么都要忙,而且要更忙、要主动忙。我们忙,我们的发展就快,我们闲,我们的发展就慢;我们忙,老百姓就潇洒;我们潇洒,老百姓就受苦。如果用一句话来概括开远,就是:让捣蛋的人完蛋,让不干事的人滚蛋,让干事的人好干——这就是开远。

三、执政能力问题

大家注意,我没有简单地说执行力。当领导、当干部、当代表,首先要具备两个条件:资格和能力。从广义上讲,能力是资格之一。什么是资格?就是你有没有服务老百姓的情怀、你的心中装不装着老百姓、你的形象好不好、你是不是腐化堕落分子、犯罪分子。要当人民的公仆,首先要讲资格,要有公仆之心,为人民服务的情怀,要勤政廉政。有了这个基本的形象和能力,那就有了基本的执政能力。开远是"大行政",那我们还应具备其他什么能力?我认为,包括我自己在内,我们还要努力培养、提高以下几种能力:

(一)洞察能力。社会转型时期,信息五彩缤纷、鱼龙混杂、真假难辨,各种诱惑多多。这种时代需要我们有很强的穿透力、洞察力,要干哪些事?要怎么干?哪些不能碰?坚守该坚守的东西,敏锐地发现和找出解决问题的办法,正确判断是非。

(二)研究和制定政策的能力。开远的改革已经进入"深水区",开远的改革、开远的统筹城乡发展、开远整个文明的推动进入了一种自觉时代。自觉即觉悟、主动,前瞻性、全面性、综合性。所以,我们要提高研究政策、制定政策的能力。研究政策涉及两个方面:一是研究上级的政策、吃透上级的政策,把上层的资源、要素更多地吸引到开远;二是要研究制定推动我们工作的制度,即要改革哪些生产关系。大家不要把生产关系理解得多么高深,政策、制度都是生产关系,我们就要提高这种研究能力。近几年,开远连续大规模地出台政策:2007年一次性出台新农村建设文件14个,2010年一次性出台省级统筹城乡试点文件23个,2012年即将有几十个政策出台。2007年,当时的省委李纪恒副书记到开远开现场会,看到我们的14个文件,不仅表扬,而且感叹:"不容易啊!一个县一次性会出14个文件,而且文件都不空,都实实在在"。

（三）找出找准方法论的能力。只有世界观还不够，还必须有正确的方法论。我们的同志绝大部分都不缺乏世界观，缺的是提高方法论的能力。同样一件事这个人去搞不成，换一个人去就搞成了，这就是方法论，这就是水平，每一个同志都要在这方面下工夫。刚才讲了，我们新增4.4亿的债务，偿还了20亿的债务，干了100亿的民生工程，有人怀疑这不可能啊？但这就是现实，我们就是把不可能变成了"不！可能！"和"不可？能！"。

（四）学习能力。整天拿着书看就是会学吗？不一定。一天到晚挑灯夜战是水平高吗？不一定。同样一件事你要3小时，我1小时就做好，干嘛要挑灯？有的老师给学生布置大量作业，我就不明白，一两句话就让学生把问题搞懂，为什么要布置那么多的作业？老师布置大量作业不是水平高的表现，恰恰相反。工作也是这个道理。学习要会学会用，学了要用，但不是搬过来就用。所以，我们学生产关系、马克思主义，学了就要用。昨天，我跟一个同志讲，我准备系统研究一下辩证唯物主义和历史唯物主义的经典原理和我们的工作有机统一的问题。有些知识不能老师教了就忘了，刚才我讲的生产关系、上层建筑就是老师教的，那为什么不用？开远统筹城乡发展就是要在这种正确理论的引导下推进。

（五）调动资源的能力。这是考验一个领导、一个干部很重要的方面。为什么要"协调关系"？为什么要"做工作"？因为，只有通过协调、做工作，才能调动资源为我所用，调动资源推动工作。各位，我们的改革现在已经进入了国家层面，我们的每一位市级领导，每一个部门、乡镇领导，下一步要和中央相关部委紧密联系。我们搞国家改革，不跟中央部委接触，不向中央部委汇报，怎么搞改革？开远体量小，不是国家级贫困县，不是国家旅游区，什么都不是，所以以前不去向中央部委汇报是可以理解的，但现在我们已经进入国家层面，如果还是像以前那样干就不行了。

（六）耐力。这点特别重要。我们的改革是史无前例的，我们的改革是在争论中前进，我们的改革会有各种各样的阻力，但是，改革是伟大的，我们的使命是伟大的使命，我们从事的事业是伟大的事业，所以，我们必须有坚韧的精神，坚韧不拔，不为任何风吹草动所动，不为任何叽叽喳喳所动，我们要坚定我们的信念，用坚强的意志、担当的精神，担当误会乃至担当羞辱，忍辱负重。"重"就是开远人民的伟大事业，没有什么可以与我们所从事的波澜壮阔的、史无前例的伟大的事业相提并论。伟大不是在空中，它就在我们身边，就在我们脚下，就在我们手中，就在我们所从事的事业之中。能给别人带来欢乐的人就是伟大的，能给人民带来幸福的人和组织就是伟大的，能推动开远的未来发展就是伟大的，能推动开远的长足进步就是伟大的。开远统筹城乡发展是全国的，这不是伟大是什么？其他任何事情能跟这件事相提并论吗？所以，为了这项事业，为了我们肩上的使

命，其他任何东西都要统统让路，不值一提。个人的是是非非、恩恩怨怨、我长你短等等统统滚蛋，我们不能让这些乱七八糟的东西迷住我们的眼睛，不能让这些乱七八糟的关系阻碍我们的脚步，绝对不行，要有耐力、要有韧性、要敢担当。读书的时候老师教了这句话，在工作的时候升华这句话。所以，我们不谈孤独，改革者永远不会孤独，我们的背后有人民大众，有上级组织，我们的背后有千军万马，我们是先锋，不是孤独者。

（七）号召力。代表有号召力，干部有号召力，领导有号召力。什么是号召力？就是你说了别人会听。号召力涉及两方面：一是法律赋予你的号召能力。市委书记、市长等领导的号召力是法律赋予的。还有一个非法律因素——个人的魅力，所以要通过加强我们的修养、塑造我们的形象、提高我们的水平，来增强自身的号召能力。

（八）落实能力。即对各种政策、各种决定、人民群众各种要求的落实能力，也就是执行力，光会说不会干那是放空炮。执行力、落实能力、坚韧及耐力是一致的。我们的工作有的是"吹糠见米"，有的需要一个过程乃至长期的过程，有的要锲而不舍才能达到成功的彼岸。有位作家说：世界上有三种人，一种是有想法，能锲而不舍地推进自己的目标；一种人是没想法没办法，不干事但不坏事；可恶的是第三种人——半途而废的人。所以，我们干事情、我们统筹城乡发展一定要坚持，要加强我们的执行力和耐力，不能半途而废。其实还有一种最可恶的人，就是自己不干还搞破坏，这种人在开远永远没有市场，人人群起而诛之。

（九）创造力。改革就是创造，这个时代是创造的时代，开远的统筹城乡发展是伟大的创造，我们创造我们美好的生活。

四、理论与实践问题

这个问题也就是开远的认识论和实践论的问题，这个问题必须引起开远干部的高度重视。这几年，开远统筹城乡发展能取得重大成果，就是因为我们有正确的认识论指导的结果。我们实践—认识—再实践—再认识……循环反复，以至无穷。我们提出"三大主体论"，有力广泛地发动广大人民群众。开远现在实施的"一村一品"也就是"三大主体论"的落实。"一村一品"就是村民和农村的各种组织主体作用和主体地位的落实。我们提出"整市推进，全面突破"，为老百姓解难的工作浩浩荡荡全面推开。我们提出"纵深突破，整体提升"，我们一步一步地向"深水区"迈进，强力推进我们的改革。今天，我们又响亮地提出"全域发展，全民共享"，这是一个非常光辉、充满人性的伟大理念——这就是我们的认识。我们把马克思主义最正确、最经典的理论——生产关系与生产力的关系、上层建筑与经济基础的关系运用到了我们的改革之中，运用到了我们统筹城乡发展之中,推动了我们的统筹城乡发展,推动了我们改革的进程。我们用改革的成果、统筹城乡发展的成果证明了马克思主义在开远实践的正确性。很快,我们就要出两本书——《开远统筹城乡发展的认识论》和《开远统筹城乡发展的实践论》,系统地总结我们的工作。现在我们和社科院、大专院校等开展合作,各种研究中心在开远挂牌成立。我们还办了很多杂志,我们创造了很多知识产权理论成果。一直以来,城乡二元结构和城乡二元差别在哪里,没人能说清,但开远说清了。我们在率先试验,我们不说谁说,我们不干谁干?我们的工作得到了国家级知识精英的认可,房宁教授、黄平教授、温铁军教授、张晓山教授、顾益康教授、黄祖辉教授等党中央和国务院的高参一年比一年更关注开远。每年我们要做几十个课题。没有理论的彻底性就没有行动的坚定性,我们之所以能干出这种水准和成就,是因为实践推动、认识指导,认识不断深化,实践不断推进,循环反复这样干。

五、思想意识问题

从广义的角度讲,刚才所讲的问题都属于思想意识问题。具体来说,我们要牢牢确立几个主要的思想。这些思想就是开远思想,这些意识就是开远意识。开远思想和意识要确立什么?要确立"全域发展、全民共享"的意识。提出这样的认识,据我了解,在全中国我们应该是第一家,这是我们工作的基本方针,这是我们工作的基本理念、基本意识。要确立率先意识、引领意识。率先什么?率先改革,率先统筹城乡发展。引领什么?引领改革,引领统筹城乡发展。我们在试点、我们在试验,如果我们不引领,那还要试点干什么?试点就是为了引领、就是为了率先,积累经验,提供经验,用以推广。要确立使命意识。使命是什么?是肩上的责任。现在我们身处这个历史时代,肩负历史责任,这就是历史使命。我们现在的历史使命、历史责任是什么?就是统筹城乡发展,就是率先改革、率先发展、率先团结社会各阶层,就是"全域发展、全民共享",就是建设"幸福之乡",就是建"美丽开远市、做幸福开远人"。让老百姓越来越多地绽放笑脸,让我们的人生价值升华,这就是使命。我们的干部要有一种救世情怀和责任担当,要记住我们现在所从事的任务、担负的责任已经进入这样一个层次——个人价值和事业价值紧紧捆绑在一起的时代。现在我们的责任不只在开远,我们要把试验区、试点的工作做好,起到一种引领作用。开远不能简单地理解为是开远人的开远,它还是红河州的开远、云南省的开远、西部的开远、中国的开远、全人类的开远。开远有条件率先,有责任率先,这就是我们的责任和使命。要确立整体意识。我们的整体就是"全域发展、全民共享",我们的整体就是统筹城乡发展、就是全国农村改革试验区、就是开远的整体进步发展。因此,任何部门和个人的利益必须服务、服从于这个整体,你必须把个人政绩和单位的利益紧紧地捆绑在一起,才

有平台,不然你就要被淘汰。要确立美好意识。个人要有品位,要有魅力。一个团体、一个单位、一个地方、一个民族、一个国家、甚至全人类都要有品位,要有魅力,要有美好意识。我们的代表、我们的干部、我们的群众要增加美学修养。什么是美?什么是幸福?有谁能回答清楚?这个问题古今中外的美学家、哲学家到现在也没有一个公认的说法,但是我们能简单地感受到。什么是幸福?你所感受到的快乐就是幸福。什么是美?让你欢喜的就是美。美可以分为四类:自然美、人文美、工作美、生活美。小学时老师教育我们"五讲四美三热爱",现在我觉得有必要在我们的领导干部中加强学习。自然美就是:我们要建设环境友好社会,爱护山川地理,爱护环境。环境是人类的家园,不爱护环境就是不爱自己的家。人文美就是:刚才我们讲的"五讲四美三热爱"就是人文美。工作美就是:好好干工作,让老百姓开心,让社会进步。生活美就是:干好工作,老百姓开心,自己欢喜,老百姓在广场唱歌、跳舞,在收获的季节看到稻花飘香,这就是生活美。

我们搞城乡建设,"一条大道"、"三大中心"、"四大重镇"、"七大广场"、"八大公园"、"九大明珠"、"三十大名村"——这是多美的蓝图。我们的明天更美好,未来更美好,生活更美好。为了美好,共产党人甘愿抛头颅、洒热血。为了什么美好?是为了制度的美好。我们的先烈、先辈的理想就是为建立公平的社会,也就是刚才说的公平的生产关系。毛主席有一句诗——战地黄花分外香。硝烟弥漫的战场上黄花是香的,在那种血雨腥风的日子里为什么还会美?因为有美好的理想。所以,我们的每一项工作都要从美的角度去考虑,目的就是美好生活、美好未来。我们要增强美好意识、美丽意识,增强美学修养,我们要知道什么是美、怎样创造美、怎样享受美,这就是我们的工作要求。

让我们一起创造美好未来!

云南开远统筹城乡改革启示

——在红河州统筹城乡暨经济社会综合改革研讨会上的发言

黄祖辉[①]

2011 年 11 月 10 日

非常高兴能来参加红河州统筹城乡发展暨经济社会综合配套改革的研讨会,昨天我们考察了开远改革实践的一些情况,也观看了红河州各个县市的统筹城乡和综合配套改革的视频介绍,感触很深,也深受启发。因为时间关系,我想重点谈一下对开远市统筹城乡经济社会综合改革的一些启示。

2003 年的党的十六届三中全会,统筹城乡发展首次被提出。总体上看,统筹城乡发展以及相应的综合配套改革,正在不断推进中,当前正处在实质性的攻坚与突破时期,全国各地有不少改革试点或改革试验区,在积极地实践和探索。就红河州的开远市来说,它地处我国西南部地区,经济并不发达,但在统筹城乡发展和综合配套改革方面却是成效显著,令人刮目相看。我们很关注开远的改革探索,开远的实践给我们很多启示。

第一,开远的改革很朴实,很民生,很创新。朴实就是开远的改革不是停留

---

① 黄祖辉:浙江大学中国农村发展研究院院长、教授、博士生导师

在口号上或者文件上,而是实实在在地落实在具体的工作当中。所谓很民生,就是开远的统筹城乡综合配套改革与民生工程密切相关,着眼于解决老百姓迫切需要解决的问题,非常具体,涉及大大小小与民生有关的100来件实事,让百姓能切切实实地体会到,这是非常不容易的。所谓很创新,就是开远的改革中有许多都是创新的,在全国来看也是领先的,比如,实行城乡居民"一卡通",很多地方都做不到。又如,推行乡村医疗的托管模式,也很创新,它不仅实现了城乡居民医疗保障体系的接轨,而且实现了城乡居民医疗服务和管理的一体化,使农村居民不进城就能获得高质量的医疗服务。此外,公务员的基层化也很有新意。我们现在的公务员大多都浮在上面,怎么到基层去,并且让基层的干部有积极性?开远较好解决了这个难题。重要的是,开远公务员的基层化并不是通过扩大公务员的编制来实现,而是通过改革,通过精简上层、扩大基层的途径来解决,这就很有意义。我想这是一个很重要的发展方向。

第二,开远的改革体现了系统配套。首先体现在"三论",即:认识论、主体论、配套论的整体策划。其次是六大类改革的统筹推进,统筹城乡必须做到配套,而且要综合配套、系统推进。系统推进不单纯是改革系统推进,而且要经济社会发展协调推进,比如"三化"同步,即新型城市化、新型工业化和农业现代化的同步推进,从开远的实践看,应该说是体现出来了,"三化"基本同步,成效明显。在开远,城乡关系当中许多许多的不平等现象,已有接近50%的不平等问题得到了解决,靠一个县级市做到这个程度是非常不容易的,因为县一级毕竟权力有限,许多城乡不平等问题实际是需要上级甚至于中央层面来解决的。许多问题解决得好坏,衡量标志不是领导怎么说,而是要看群众怎么说,最重要的是老百姓的感觉,我们到下面去看,尤其到农村去看,老百姓的感觉是最能看得出来的,他的表情怎么样,他的状态怎么样,都能反映在他们的脸上,我发现开远的老百姓总体上很高兴,这不是装出来的,而是实实在在的体现。

第三,开远的改革体现了从实际出发和因地制宜。尤其体现了少数民族地区统筹城乡综合配套改革与发展的一些特色,全国有不少改革试点,都有自己的特点。比如我们浙江省也有改革试点,如嘉兴市、义乌市的改革各有不同的特色、不同的侧重点。其他地区如成都市,重庆市都在进行改革试点。但从一个县域经济的角度来讲,开远的改革具有它自己的特色,最主要的特色就是把民生问题的解决放在首位。我们的改革不是单纯看统筹城乡的水平,而是要看你的体制机制突破得怎么样,城乡关系理顺得怎么样,从这一意义上来说,开远的改革是走在前列的,并且是可以推广的。去年我们曾在开远写了一个报告,题目就是《西部能做到,全国其他地区没有理由做不到》。报告的含义是,在统筹城乡综合改革中,很多人都觉得这项改革应该和自身经济发展水平有关系,由此就认为,发达地区应该首先做到，因为它经济实力强，可是现实并非如此。我们的西部地区，以开远为例，尽管它的经济水平在红河州算是比较高的，但从全国来看，顶多也就相当于平均的水平。开远都能做到，全国其他地区，尤其东部发达地区有何理由做不到？这说明，我们应该在统筹城乡发展、解决民生问题方面做更多的事，我们能够做到，关键是你有没有这种心，有没有这种意愿。关键是我们的执政理念要更新，体制机制要创新。

开远的实践还表明，我们的统筹城乡综合配套改革需要上下联动。必须是民生为本，必须是顶层设计和基层突破结合。因此要赋权基层和地方，否则改革就难以获得实质性进展，就会停留在口头上，还是要允许和鼓励地方试。我这里特别要强调上下联动问题。上下联动并非是针对红河州，而主要是讲中央和地方的联动。现在看来，地方在统筹城乡综合配套改革方面很有积极性，不少地方都在积极突破，大胆试验，但是难点很多，障碍不少。很多障碍其实都在高层，地方往往无能为力。比如说土地制度，金融制度，比如说政府的管理体制等，都制约了统筹城乡综合配套改革的推进，如果高层不能有进一步的突破，那么，再好的提法和思想，也难以转化为行动，难以实现理想的目标。因此，还是要处理好改革、发展和稳定的关系，要在改革和发展中求稳定，否则，稳定将是高成本的，是难以持续的。尤其是对于试验区的改革，更应该允许试验，允许突破，否则就称不上是改革试验区。开远的改革从这一意义上讲，意义重大，难能可贵，因为不容易做，也可以不做，做得不好还担有风险。

下面我从开远的改革实践出发，就我国当前的统筹城乡综合配套改革谈两个问题，一是户籍制度改革，二是谈统筹城乡发展中的城市化和新农村建设关系。我觉得这是统筹城乡综合配套改革中两个非常重要或核心的问题。户籍制度问题，从开远看已基本解决，当然开远的城市和农村关系，不像大城市的城市和农村的关系，他们的户籍制度问题解决的难度更大，但是本质上有共性。我们这几年对户籍制度改革提出了"三分离、四可以、四配套"的思路。很多地方在户籍制度改革中做表面文章比较多，比如，宣布取消城乡分割的户籍制度，但效果甚微，为什么？原因是户籍制度背后复杂的利益关系没有变，或变得不彻底。

所谓"三分离"，是指农民身份的分离。中国的农民跟其他任何国家的农民都不一样，他们一般是两个身份，一是公民身份，或称社会身份，二是职业身份，但中国的农民除了这两个身份外还有一个身份，就是社区身份。中国农民的社区身份是很独特的，每个农民都隶属于一个农村社区，这一社区就是农村的村集体经济，农民是其成员。中国的农民概念是非常复杂的，外国人往往搞不懂，都在城里干活了，我们仍叫他们是农民，我们的农民实际是户籍意义上的农民。农民的上述这三种身份背后都有他的相应权益，涉及公共权益，社区权益和职业权

益。所以,在户籍制度改革中首先要把农民的身份搞清楚,因为很多地方在户籍制度改革,或农民市民化过程中,往往出现一些偏差,比如,让农民或农民工享受城市居民待遇,但要求他们放弃在农村社区的权益,这就不妥了。

在农民身份"三分离"基础上,我们提出要"四可以"。第一,不管农民到哪里去,他在农村社区的权益可以保留。第二,如果他在城市就业,他应该可以享受城镇居民所享受的基本公共权益。第三,农民在农村的所有保留的权益要可以交易。这就需要我们对农民在农村的种种权益要确权和颁证,同时要建立权益流转和交易机制。第四,不少由政府提供的农民的公共权益,如社保,义务教育等权益,可以跨地区转移或携带。这对农村劳动力的跨地区流动特别重要。

所谓"四配套",是指城乡户籍制度改革要由土地制度、社保制度、产权制度,住房制度四个配套来推进。农村土地制度现在是个瓶颈,我们的农村土地制度对农民而言,总体上是使用权或经营权已基本赋予了,但财产权赋予不够,这影响了农村土地的流转和农民土地权益的实现。下一步的改革不仅要完善农民对土地的使用权,而且要赋予农民对土地的相应财产权。这个权益非常重要,从城乡居民收入缩小的角度看,增加农民财产性收入将会大大增加农民收入,进而缩小城乡居民收入差距。关于社保制度的改革,实践中已有不少改进。下一步的改革是从"广覆盖、低水平,可持续"向"全覆盖、提水平、一体化"转变。这项改革必须由中央政府主导,地方政府协同,上下联动来解决,有条件的地方要先行,要走在前面。产权制度改革重点是农村集体产权制度的改革。基本方向是推行农村集体经济的股份合作制改革。关于住房制度改革,主要是指农村住房制度改革。要在农民宅基地制度改革完善基础上,对赋予农民住房的财产权利,允许农民住房转让,置换和进入市场交易。

最后,谈一下城市化和新农村建设的关系。城市化是我们国家经济社会发展到新阶段的一个重要战略,过去我们的经济增长,主要是工业化主导、工业化推动,现在已到了城市化引领和推动的阶段。与此同时,我们的"三农"问题仍然很重要,问题不少,实施新农村建设战略也是势在必行,这是我们国家现阶段两大重大的战略。问题在于实践中很难把握两者关系,有些还把两者对立起来或者互为代替。处理好这两大战略的关系是统筹城乡发展的关键。具体说来,就是要实现新农村建设和城市化的互动共进。为此,要找准我国现阶段城市化的重点,它不应是大城市,而应该是中小城市。要把中心镇和中心村发展既看成是新农村建设的重点,又看成是城市化的组成部分。要做优大城市、做强地县市、做实中心镇、做美新农村、做稳新社区。只有这样,才能协调好新农村建设和城市化的关系,才能解决城市化的滞后和偏差问题,才能降低进城农民市民化的成本,才能真正改善城乡关系。

红河州开远市统筹发展的实践启迪

——在红河州统筹城乡暨经济社会综合改革研讨会上的发言

顾益康①

2011 年 11 月 10 日

今天非常高兴能来到红红火火的红河州、幸福开心的开远市,这次论坛活动非常重要,事关我们红河州广大城乡居民幸福长远事业的统筹城乡发展社会综合改革的大局。

作为一名长期研究"三农"问题的东部农村工作者,能参加这次活动我感到特别兴奋和激动,也有很多感悟。我们长期在东部工作,见证了东部这些年的发展,也关注着我国西部的发展。西部是我们中国的生态屏障,是我们最广阔的田野,也是我们东部发展最重要、最可靠的保障。没有西部的发展就没有中国的发展,没有西部的小康就没有中国的小康,没有西部的现代化就没有中国的现代化。

我们也很有缘,我是展望计划西部人才工程的特聘教授,展望是我们中国非常优秀的一个社会组织,一直致力于推动西部地区自强发展和能力提升。我在

---

① 顾益康:浙江省人民政府咨询委"三农"发展部部长、浙江大学教授

展望给西部几百个班授课，我到红河州也好，到昆明也好，到其他地方也好，都有很多我的学生，我感到很亲切。我和开远的李存贵书记也因为展望而结缘，他是2002年展望的学习班学员。展望培训的西部领导干部有两万多名，如果有几百名几千名像李存贵书记这样的学员，我相信西部大有希望。西部的发展既需要中央层面的正确决策，更需要一批奋力拼搏、忠贞不渝、有智慧、有担当、有创造力、有责任心的西部领导干部和群众。

由于时间的关系，今天我简单地谈一些这几年在红河州开远市调研的体会。特别是昨天实地看了并听了十三县市的汇报，我们感到整个红河州在刘书记和杨州长的带领下，统筹城乡发展的氛围，在我走过的许许多多西部地区中，是最浓厚的，工作组织是最出色的。红河州其他县市我没有跑过，没有调研就没有发言权，今天我就以开远市为样板，谈谈对红河州统筹城乡发展的体会。我和刘书记也说了，今后有机会去更多地去红河州其他县市走走，与大家有更多的交流，希望从你们那里获取智慧、力量和激情。我始终记得存贵书记的一句话：激情与爱心催生智慧。我觉得开远就是一个智慧的地方，我们干部有智慧，老百姓有智慧。

今天主要讲三个方面，一是对红河开远的新印象，二是红河开远统筹城乡发展的路线图，三是红河开远的综合配套改革和实践给我们的新启迪。

第一部分：红河开远新印象

首先，谈谈红河开远给我的新观感。我听了存贵书记作为特聘教授去上海参加展望计划的交流，他激情洋溢的讲话中有三句话令我印象很深刻："开远白天如诗如画，晚上如梦如幻，让人如痴如醉。"我感觉确实有这种味道，这也是这几年红河开远统筹城乡发展的写意图——幸福吻上老百姓的脸。什么是幸福，就是老百姓满意不满意，老百姓高兴不高兴，老百姓在乎不在乎。再加一句，老百姓相信不相信，这是关键。昨天去新型托管医院调研，我独自到两个病房跑了一趟，有一个老头在病房里躺着，他的腰椎有点问题，我问他："你现在怎么样啊？"他说："很好啊，我愿意在这里多躺几天，家里不需要负担，都很放心。"这是病人的心声。这里，我概括了三句话：古老的开远演绎着新的传奇故事；改革的开远激发着新的生机活力；幸福的开远展现着新的开心生活。我觉得开远、开远，开心到永远。

第二，红河开远的新愿景。我觉得我看到了开远的幸福的明天。开远四区建设的目标非常清晰。我直接参与了开远综合配套改革试验区的发文，四区的定位非常准，改革配套的力度非常大，非常生猛。我开玩笑说，存贵书记你是一个生猛书记。那天他在上海讲课浸湿了两件衬衣，我觉得比我还有激情。昨天开远的汇报短片中最后两句话非常好，城市让生活更美好，乡村让城市更向往。这源于上海世博会的主题。城市让生活更美好，那我们的乡村怎么样？乡村要比城市更美好！为什么？因为我们通过统筹城乡的发展，要改变落后贫穷的乡村面貌，通过现代理念的引入，把城市的文明复制到农村中，把城市的服务覆盖到农村，把城市的基础设施延伸到农村。我们既要让农村有城市的文明，也要保留农村比城市更好的东西。因为农村是我们的根基，农村有非常优美的东西。我们搞新农村建设，并不是消灭农村，而是要让农村更美好，让城市人眼红农村人。农村有优美的田园风光，有清秀的生态环境。这里泉水叮咚，这里鸟语花香，这里碧波荡漾，这里小桥流水，这里到处是和睦的邻居，到处是实景花园。我们的新农村，就是这样的诗意：忽如一夜春风来，千树万树梨花开，满园春色关不住，一枝红杏出墙来。新农村就应该这样改革，这就是我们的乡村旅游。

第三，**红河开远的新感想**。为什么西部的开远统筹城乡也能做得这么好？大家都说西部落后，大家都说西部没钱，但开远为什么能走在前面？开远的财政收入不到 10 个亿，为什么财政小县能支撑城乡的大统筹，能提供城乡的大服务？为什么开远统筹城乡样本能吸引全国大眼球？从中国社科院的房宁教授到中国人民大学的温铁军教授，中国社科院的张晓山教授，到我们中央农村工作办公室的陈锡文主任，大家都在关注开远？为什么开远的统筹城乡经验可学、可鉴、可推广？为什么要在开远试验，并不是谁都可以的。

这里我要讲三个"心"：有心、用心、创新。我觉得有心比有钱更重要，缺心比缺钱更有问题！有心就有钱，你没心，有钱也办不了什么事。我们要时刻审视自己有没有这样的心：对农民的感恩之心，对我们党的忠诚之心。中国的农民最伟大，没有中国农民的革命就没有中国共产党的执政，没有中国农民对工业化的支持就没有我们国企的发展，没有农民的包产到户就没有我们中国的改革开放，新中国每一个重大的历史都是由我们伟大的中国农民决定的。我们应该关心农民的生存状态，他们是不是有病能治，他们有没有房子住，他们的小孩是不是能上好学，他们是不是老有所养，这里有我们共产党的思考价值。我们处在执政的位置，应该想一想怎么对得起我们的位置，在这个岗位上我们能为农民做什么。**第二要"用心"**。要用自己的心去体会。我们要为农民干点事，所以浙江的千村示范万村整治，现代农业建设力度很大。为什么？就是用心去做。**第三就是要用创新的思想**。创新是民族的灵魂，是我们中国的希望，是时代发展的规律。红河州的开远之所以走在前面就是因为创新、创新、再创新。

第二部分：红河开远统筹城乡改革发展的路线图

主要有八个方面：第一点是深刻认识统筹城乡发展的思想。为什么我们讲对统筹城乡的理解深刻不深刻，自觉不自觉，这是最关键的。我觉得理论的彻底性最后才能落实到行动的坚决性。我们接触到的刘书记、杨州长、存贵书记，就是贯彻了共产党的执政理念，科学理论的支撑才使他们有激情、有担当。我们要

从四个层面来看城乡统筹的必要性。首先,从我们人类的实践来讲,只有统筹城乡才能实现现代化建设。如何避免中等收入陷阱,唯有统筹城乡。城乡统筹才能吃到现代化馅饼,城乡分割只能掉入现代化的陷阱。其次,从党的历史来看,只有统筹城乡,才能巩固我们共产党的执政地位;只有统筹城乡,才能实现中华民族的伟大复兴;只有统筹城乡,我们的共产革命才能完成历史使命。中国的革命是农村包围城市,中国的建设是农村支持城市,中国的改革是农村的改革推动城市的改革。每一步的成长都是农村带来的,大家要对农民感恩,不要以为农民是刁民,农民是盲流。农民是最伟大的,但农民又最弱小,所以我们要对农民有更多的感恩之心,把农民的事情做好就是把中国的事情做好。再者,从科学发展的要求来看,只有统筹城乡才能推动科学发展。如果不统筹,是又快又黑的发展;只有统筹城乡,才能实现又好又快的发展。不统筹,我们的水黑了,空气黑了,有的人良心也黑了,农村也黑灯瞎火,这就是又快又黑的发展。最后,从我们中国的传统文化来看,我们的老祖宗几千年传统文化的精髓:《论语》、《诗经》、《道德经》、《易经》、《黄帝内经》这些都包含着我们中华民族伟大的哲理,中华民族对人类、自然、人生的一种历史感悟,我希望大家多学习这些东西。这里面包含有中国特色社会主义的基因。毛泽东、李大钊、陈独秀这批共产党人为什么对马克思主义一见钟情?一见钟情是有思想性的。因为马克思主义的先进思想也包含了我们中国传统文化的思想,共富、民本、均富的思想,先天下之忧而忧、后天下之乐而乐的思想。这些思想从哪儿来,来自于我们共产党和社会主义的中国基因。没有中国文化的基因,我们中国的伟人接受不了马克思主义,所以马克思主义是本土的,是我们中西方文化的有机融合,而不是单一西方思想的复制品,这就是中国特色社会主义的内涵和生命力之所在。我希望大家,特别是搞党史研究的同志要注重这个方面的研究。中国传统文化中的阴阳二元学说,男为阳,女为阴。对应城乡,其实也有阴阳,城为阳,乡为阴,只有城乡统筹才能和谐发展。

第二点是全面把握统筹城乡发展的内在规律,因为时间关系我就不展开。新农村与城市发展的双轮驱动,三化同步发展。**第三点是科学制定统筹城乡发展的目标任务**。开远的八大任务非常清晰。**第四点是创新突破统筹城乡发展的实现路径**。刚才黄教授讲的就是开远统筹城乡发展的路线图,我们的三大主体,四大集中,我们以城带乡的托管模式,所有这些都是我们的路线图。**第五点是务实探求统筹城乡发展的智慧方法**。我还有一个深刻的体会,我问存贵书记:"开远作为一个县级市,每年统筹城乡投入这么多亿,是怎么做到的?"他说:"顾主任,我们是一个钱掰成两个钱用、掰成六个用。"不花冤枉钱,没有钱就把小钱掰成大钱,这就是智慧。顶层设计固然重要,但基层突破更为关键。**第六点是要着力增强统筹城乡发展的改革动力。第七点是努力营造统筹城乡发展的社会氛**

围。第八点是强势培育统筹城乡发展的主体队伍。

第三部分：红河开远综合配套改革实践的新启迪

红河开远综合配套改革走在前列，带给我们一些全新的启示，我总结有三点："善政善治"的执政理念与社会治理；"善作善成"的工作作风与智慧方法以及"善学善思"的领导干部与基层群众。

（一）"善政善治"的执政理念与社会治理

我认为当代中国，"善政善治"是最重要的。具体来说就是如何善待人生，怎么善待民生，怎么善待群众，怎么善待自然。党与人民的关系，干部与群众的关系，人与自然的关系，我们邻里之间的关系，都有一个善。所以我觉得"善政善治"是共产党和人民政府执政治国的新理念，这个理念太重要了。"没有强拆就没有发展，没有强拆你吃什么住什么"，说这样话的县委书记，我感到羞愧。没有共产党就没有新中国，没有农民对共产党的支持就没有新中国。农民的土地是红色的土地，你不能随便拿的，革命的成果你不能随意拿的。同志们啊，我们都有人心，设身处地地想，如果你是农民，你会怎么样。征地拆迁建设固然重要，不是不征不拆，而是怎么征怎么拆，怎么样通过征地让农民更幸福，通过拆建让农民更幸福，这就是我们要做的事情。

其次，"善政善治"是科学地发展、和谐地发展的新要求。嘉善的"善"就是上善若水的善。我们的共产党人要有上善若水的思想境界。"上善若水"出自智慧大师老子的《道德经》："上善若水，水善利万物而不争。"水的精神就是我们共产党的精神，水服务于万物，但自身没有所求，共产党人服务于老百姓，不为所求，我们要有上善若水这样的思想境界，要做到"善政善治"。

再者，"善政善治"是对中国历史的反思。我们研究事物一定要有历史的视野、世界的眼光和时代的胸怀。中国历朝历代都要经历一个仁政、苛政、暴政的循环，怎么跳出这个历史怪圈？毛泽东讲法宝就是民主，我觉得民主体现在善政上。什么是善政的本质，概括来说就是：以人为本，以民为大，民生为要，"三农"为重，抚民为先，统筹为进，服务为旨，幸福为源。以人为本就是要把最广大农民群众的幸福生活、人民的全面发展作为我们的根本出发点。还有就是要实现社会的公平正义，社会的和睦和谐，社会的和谐稳定。

（二）"善作善成"的工作作风与智慧方法

"善政善治"在我们红河开远怎么体现，我觉得主要体现在"善作善成"的工作作风和智慧方法上，具体表现在几个方面："三大主体"的统筹城乡的建设路径、新城市化与新农村双轮驱动的战略路径以及在工业化、城镇化深入发展中，

同步推进农业现代化的农业路径。这里我特别强调,农业对西部特别重要,现在是发展现代农业的最佳时机。我们要集中能力发展现代农业,把现代农业作为我们最重要的基础工作,最重要的拉动内需手段,也是西部发展最大的希望所在。我们西部成也农业败也农业。西部农民的贫困是因为仍然从事传统的农业,落后的农业。西部农民要致富靠现代农业,要发展高效生态农业,希望大家多多关注它。农业大有希望,农业前途无量,农业可以接二连三进四,农业的产业链、价值链有巨大的空间。

另外,要积极探索发展现代农业的科学路径。"四个集中"的生产力与人口劳动力优化配置的实现路径;以城带乡的公共服务均等化的有效路径;以政府财政投入为引导的多元融资投资路径。就是一个钱怎么掰成两个钱用,怎么能起到四两拨千斤的作用。

(三)"善学善思"的领导干部与基层群众

党的路线确定之后,干部是决定因素。需要一起忠贞于党的事业、宗旨、方针战略的共产党人,带领着我们人民群众去进行伟大的创造。统筹城乡关键在党,关键在我们党的干部,我们党的干部是不是真正认识到统筹城乡是我党的发展方略,是不是真正认识到统筹城乡是党实现伟大目标的唯一途径。理论之树常青,要坚持理论武装、理论创新。有理论、有思想、有担当、有创新的干部才能担当统筹城乡的重任。领导干部需要不断地学习,培养学习型的领导干部,建设学习型的基层组织。要多走多看,广闻博见才能博采众长,才能集成创新。要创新,独辟蹊径,但更要坚持有自己的东西,最后才能独领风骚、独树一帜。领导干部带领广大的人民群众进行伟大创造,这其中还必须将农民组织起来,组织才有力量,合作化才能够创新。我们要让农民群众成为我们创新创业的主体,成为我们市场开发的主体,成为我们统筹城乡的主体。以我们浙江为例子,三千万的农民成长为六百万的浙商,六百万浙商走天下,成就了我们浙江。所以我希望我们红河的农民、开远的农民都是创业的农民,都是创新的农民。

最后我就提一个祝福,祝愿我们明日的红河人民的生活更红火,幸福的开远人民的生活更幸福。谢谢大家!

附录五

西部做得这么好，其他地方没理由做不好

——云南开远新农村惠民工程的启示

黄祖辉　顾益康　胡　豹[①]

自 2009 年 9 月以来，我国云南等地遭遇百年一遇的严重旱灾，不但造成了农业上的巨大损失，而且造成了数百万农村居民和大量牲畜饮水困难。在本来是清明时节雨纷纷的春月里，我们浙江大学中国农村发展研究院调研组来到被称为七彩翡翠的云南，从飞机上俯视却是赤地千里、红土高原的严重旱情，沿途所见所闻是乡乡村村挑水抗旱、打井找水的繁忙景象。但当笔者一行来到红河州开远市，我们却发现另一种令人惊喜的景况，开远抗旱“不挑水”、“不发愁”的另类景象促使我们去深入调研，发现这抗旱“不挑水”、“不发愁”的背后，是缘于开远近年来统筹城乡发展，建设新农村惠民工程的创造性实践所结出的丰硕成果。

---

① 黄祖辉：浙江大学中国农村发展研究院院长、教授、博士生导师
顾益康：浙江省人民政府咨询委“三农”发展部部长、浙江大学教授
胡　豹：浙江省农业科学院研究员、浙江省人民政府咨询委特邀研究员。

一个西部县级市出人意料的新农村惠民工程成就。

开远市是一个面积 1950 平方公里、人口 31.22 万的经济发展水平不很高的西部县级市,2009 年全市地区生产总值 76.2 亿元,财政总收入 9.5 亿元,其中地方财政一般预算收入 5 亿元。就是在这样一个财政状况非常一般的西部县级市,从 2006 年开始的统筹城乡发展和新农村建设中,创造了让我们心灵震撼的成绩。2006—2008 年,开远市投向新农村建设的资金从近 5000 万元增长至 7.5 亿元,增幅 14 倍;农业总产值从 7.9 亿元增长到 12.9 亿元,增幅 63.3%;农民人均纯收入从 2951 元增长到 4007 元,增幅 35.7%。

开远统筹城乡发展,建设新农村的一个重要特点是从农民群众最迫切、最关心、最需要解决的民生问题入手。他们将这些事具体化为破解农村民生"十难":

一解"用水难"。 村村都用上了安全饮用水,实现了大旱之年不挑水,提前 8 年基本实现农民饮水安全的国家要求;三年投资约 1.55 亿元抓水源工程建设和小型农田水利建设。

二解"行路难"。 康庄道路村村通、公交车开进了高寒山村。2006 年全部修通自然村公路;2007 年实现所有村委会驻地道路硬化;2008 年全部实现自然村进村道路和村内街巷硬化。

三解"安居难"。 一次性全部消除农村茅草房、叉叉房;每年以完成上级指标 200% 的速度推进农村抗震安居房建设。

四解"就医难"。 村村建有卫生所,新农合参保率 100%;城乡居民同比例报销医疗费,农民大病报销比例达到 85%,最高报销额度 15 万元;重点解决困难群体就医问题,推进实施城乡居民免费体检、建立健康档案。

五解"就学难"。 在城乡免费义务教育全覆盖的基础上,实施城乡幼儿教育普及工程;在所有乡镇创建幼儿园并向自然村延伸;建立从幼儿到博士的一条龙奖补制度。

六解"养老难"。 2008 年率先实施农民工养老保险;对农村 70 岁以上无固定收入的老年人实施生活补助;制定和出台了补助比例全省最高的失地农民生活用品补助政策。

七解"文娱难"。 为每个自然村和社区免费安装 1 套以上乒乓球桌;市财政每年补助每个村委会和社区 5000 元的文艺经费,近千支农村文艺队活跃在开远城乡;数字电影全省第一家走进村寨;2008 年全部实现广播电视村村通,全市广播电视通村率 100%,通户率达 97%,同时免除农村困难家庭广播电视维护费。

八解"照明难"。 实施村庄光亮工程,免费为全市所有自然村安装路灯,电费和维护费全部由市级财政承担;财政给予农户 95% 的补贴,在全市农村全面推广使用节能灯;全面启动城乡同网同价的农村电网"一户一表"改造工程,每年为每户农民节约电费 300～500 元。

九解"燃料难"。 2006 年起实施农村沼气池建设项目,在全市 442 个自然村建设沼气池 1 万 8 千多口,近一半农村家庭用上了沼气。政府对农民安装太阳能热水器每户补助 500 元,全市一半以上农户安装了太阳能热水器。农村家庭基本普及"节能灯"。由于推广沼气、太阳能,平均每年节约薪柴 18.5 万吨,相当于保护了 14.8 万亩的山林。

十解"清洁难"。 全面推进村容村貌整治,开展改水、改圈、改厕、改厨、改房、改园的"六改"工程,实现建筑美化、沟渠净化、道路硬化、街道亮化、村庄绿化、庭院洁化的"六化"和脏、乱、差的"三治理";在全市自然村新建 625 个卫生厕所,每个村至少有一个卫生公厕。

开远农村民生"十难"的解决,实在难能可贵,可以说是创造了我们预想不到的奇迹,没想到西部的新农村建设进展这么快、投入力度这么大、农民积极性这么高、建设效果这么好,即使在东部的发达地区,也不是所有的县都达到了这样的水平。开远的实践令人震撼、出人意料、催人奋进、发人深思。

对开远的 4 天实地调查和干群访谈,使我们深深感到:开远市的经济条件即使在西部地区也不是最好的,开远之所以能取得如此大的惠民成绩,并不是因为开远财政收入特别多,也不是因为上级拨款特别多,而是开远的广大干部特别有爱民之心、惠民之情,并且在这方面特别有思想、特别有思路、特别能创新、特别能实干。西部开远的新农村惠民工程能做得这么好,全国其他地方没有理由做不好。开远的新农村惠民工程有三条值得总结推广的经验与启示:

一是创新理念、增强爱民之心。

思想指挥行动,观念决定思路,解决民生问题首先要有心有情。开远市的各级党政班子是一个有思想、有理想、有激情的领导班子,广大党员干部有爱民之心、惠民之情,对新农村建设有心用心,这是开远的首要经验。开远市各级领导自觉学习践行科学发展观,真正做到入耳、入脑、入心,把以人为本、民生为先的理念贯穿于统筹城乡发展和新农村建设的全过程,力求做到以民为大、惠民为重、富民为先。他们从广大农民群众最迫切要解决的难题入手,把爱民之心转化为推进新农村建设的强大动力,把新农村建设转化为一系列富民惠民的工程,把农民群众需要不需要、急迫不急迫、期盼不期盼作为确定新农村建设项目的首要标准,把农民群众满意不满意、高兴不高兴、赞成不赞成作为衡量新农村建设绩效的最高标准。2006 年,开远制定了云南省第一部《愿景与探索——开远市社会主义新农村建设整体规划》,在该规划中,他们不仅提出了开远市新农村建设的理论构架,而且制定了加快扶持现代农业发展、改善农村人居环境、改造农村危房旧房、建设农村水利基础设施、建设农村公路、建设农村沼气、建立新型农村

合作医疗体系、建设新型社会保障体系、实现农村广播电视村村通、加快农村教育和文化体育事业发展等 14 个与民生工作密切相关的文件。

二是创新主体、增添发展活力。

充分发挥党政主导力量，有效激发农民集体合作力量和调动农民个体力量，有机形成共创共建新农村的合力，是开远新农村惠民工程又好又快推进的重要经验。开远提出了新农村建设的"三大主体论"观点。即农村的事分三类：农民自己的事、农民集体的事、农村公益的事。相应地，确立了"三大主体"行为：农民的个体行为、农民的集体合作行为、农村的党委政府行为。这"三大主体论"明确划分了不同主体的职责——农民干自己的事，基层组织组织农民干集体之事，政府干公益之事。"三大主体论"的提出，使党委政府真正成了"主导"：农村基础设施建设、社会文化事业建设是党委政府之事，公共财政必须承担；产业建设、环境建设政府必须引导、必须扶持。开远的"三大主体论"使党委政府承担起了相应的角色职责。三大主体协调配合，各司其职、各负其责，共同为开远贡献能量。近 3 年来，开远投入"三农"资金 10 亿元左右，并通过 10 万吨的水泥补助和5000 万的财政奖补及贷款贴息引导，带动农民和民间社会投入 3.2 亿元用于村庄建设和改造，财政扶持资金真正起到了"四两拨千斤"的作用。在开远，新农村建设理事会、新农村建设促进会、农民听证会、新农村建设村规民约等一系列行之有效的组织与制度，振奋了民心，开启了民智，使开远新农村建设呈现出"干部带着群众干、群众催着干部干、一村赛着一村干、村村寨寨搞建设、家家户户得实惠"的喜人景象。

三是创新机制、增加惠民投入。

开远市在实施新农村惠民工程中，突出了集中财力办急事，创新机制解难题。探索了一次性建设做到位的方式方法，把原来按部就班分多年的投入资金集中在一两年内投入，把几年的工程量和惠民举措集中在一两年内完成，避免了过去零星投入、分步建设难见实效的问题。比如在农民饮用水工程建设上，通过新农村投资公司的 1000 万元融资贷款，以及人饮安全项目、农户投入筹集 2000余万元，一步建好所有村的饮用水工程，为大旱中抗旱"不挑水"发挥了重要作用。在公路村村通工程中，也采取了类似的投融资方法，筹集一亿多的资金，用一年的时间干完八年才能干完的工程。这种做法适合农村基础设施建设特点和民生需要，变小批量多次投入、分年度小规模建设为大规模集中投入、一次性建设，取得了事半功倍的好效果。开远市的做法融合了投融资机制的创新，把城市建设投资机制引入农村，创新农村投融资机制，通过市场运作和社会筹资等途径，多渠道合力融资，筹措新农村建设和民生工程资金。

开远新农村建设资金主要来自于八个渠道：一是融资增资。成立新农村投资公司、新农村投资担保公司、城市开发投资公司、小额贷款公司,这些机构与农发行、信用社、富滇银行、农行等金融机构,近三年共支持开远城乡建设资金4.63亿元,其中新农村建设资金2.23亿元,力度史无前例。二是财政增投。2008年实现了对农村投入和对城市建设投入历史性的"平分秋色"。开远的5万亩优质稻、7万亩水果、10万亩蔬菜、3万亩烤烟的发展以及优质米基地、蜜桃基地、禽蛋基地、苗木基地的形成,靠的就是每年1000万以上的市级财政扶持资金的拉动。三是农民自投。政府投入的增加使农民参与新农村建设的热情空前高涨,每个村都像当年包产到户时那样,按红手印投工投劳,出现了男女老少齐上阵、修路改水建新村的热潮,政府10万吨水泥投入带动了250多万人次的农村劳动力投入。四是上级扶持。五是社会支持。云南省首家县级慈善机构——开远市阳光济困协会已募集资金近1000万元;六是结对扶持。在政府的牵线搭桥下,不少开远的企业"结对"村庄,进行扶持投入。七是业主投入。各类龙头企业已累计投入6.4亿元。八是政策投入。自2006年起,开远市乡镇新办企业的市级税收全额返还乡镇,这吸引了一批工商企业落户农村,为开远开辟了新的财税来源。

理想国

当夜色渐浓，苍穹为幕

华灯突亮，焰火更添情

当落后渐远，开远已繁华

城市之上，乡村成佳话

山水铺就美好，田园堆砌风景

因水而灵动，因人而长存

当幸福不再遥远

温暖，在城乡之间流淌

跨越百年，滇越汽笛耳际响

感动，在晨夕之间驻足

每一寸土地，都在诠释着开放兼容的定义

希望，在探索者与执行者之间飞扬

每一次努力，都是这座城市的呼吸

激昂，生命向上

开远，开启更远

参考文献

[1] 李存贵,木霁弘. 第 4 趟列车——开远文化的新视界[M]. 昆明:云南人民出版社,2007.

[2] 李存贵. 开远发展论坛·城市发展篇——走向和谐[M]. 昆明:云南人民出版社,2008.

[3] 殷雄. 城村表情[M]. 上海:上海书店出版社,2009.

[4] 费孝通. 社会调查自白——怎样做社会研究[M]. 上海:上海人民出版社,2009.

[5] 国风. 中国农民的传统生活[M]. 北京:经济科学出版社,2006.

[6] 俞孔坚. 回到土地[M]. 北京:三联书店,2009.

[7] 朱晓阳. 小村故事——罪过与惩罚 1931—1997[M]. 北京:法律出版社,2011.

[8] [美]奥尔多·利奥波德. 沙乡年鉴[M]. 侯文蕙译. 长春:吉林人民出版社,1997.

[9] 北京民俗博物馆. 高碑店村民俗文化志[M]. 北京:民族出版社,2007.

[10] 徐更生,刘宗超. 我们的治农方略——化解三农问题的"另类"方案[M]. 北京:中国社会科学出版社,2006.

[11] 齐如山. 华北的农村[M]. 沈阳:辽宁教育出版社,2009.

[12] 李小云,赵旭东,叶敬忠. 乡村文化与新农村建设[M]. 北京:社会科

学文献出版社,2008.

[13] 贺雪峰. 乡村的前途——新农村建设与中国道路[M]. 济南:山东人民出版社,2007.

[14] 季丽新,南刚志. 改革开放以来中国特色农村政治发展模式的选择与优化研究[M]. 北京:中国社会科学出版社,2011.

[15] 李秋香. 川南古镇——尧坝场[M]. 上海:上海三联书店,2009.

[16] 胡顺延,王先洪. 古泽云梦的城边村[M]. 北京:社会科学文献出版社,2007.

[17] 肖文评. 白堠乡的故事——地域史脉络下的乡村社会结构[M]. 北京:三联书店,2011.

[18] 李存贵,庞俊主编. 仁者爱人——仁者村的简单生活[M]. 昆明:云南美术出版社,2010.

[19] 李存贵,庞俊主编. 卧龙吉祥——卧龙邑的传说[M]. 昆明:云南美术出版社,2010.

[20] 李存贵,庞俊主编. 荷花娇艳——荷花塘的故事[M]. 昆明:云南美术出版社,2010.

[21] 李存贵,庞俊主编. 人始之祖——老勒村的福祉[M]. 昆明:云南美术出版社,2011.

[22] 李存贵,庞俊主编. 石头开花——火红的石头寨[M]. 昆明:云南美术出版社,2011.

[23] 李存贵,庞俊主编. 双燕栖霞——新老燕子村的美丽窝[M]. 昆明:云南美术出版社,2011.

[24] 李存贵,庞俊主编. 地灵水华——地灵村的灵光生活[M]. 昆明:云南美术出版社,2011.

[25] 李存贵,庞俊主编. 大乐老乐——大乐村的快乐时光[M]. 昆明:云南美术出版社,2011.

[26] 李存贵,庞俊主编. 人间桃园——核桃寨[M]. 昆明:云南美术出版社,2011.

[27] 李存贵,庞俊主编. 兆龙火凤——发兴寨[M]. 昆明:云南美术出版社,2011.

[28] 李存贵,庞俊主编. 九龙凌云——九条龙[M]. 昆明:云南美术出版社,2011.

[29] 李存贵,庞俊主编. 红土揽辔——红土寨[M]. 昆明:云南美术出版社,2011.

[30]李存贵,庞俊主编.箐山脚下——箐脚村[M].昆明:云南美术出版社,2011.

[31]李存贵,庞俊主编.原土灰色——灰土寨[M].昆明:云南美术出版社,2011.

[32]李存贵,庞俊主编.白水明田——下田村[M].昆明:云南美术出版社,2011.

[33]李存贵,庞俊主编.怡然自乐——小乐村[M].昆明:云南美术出版社,2011.

[34]李存贵,庞俊主编.旧貌新颜——旧寨[M].昆明:云南美术出版社,2011.

[35]李存贵,庞俊主编.碑韵格物——碑格村[M].昆明:云南美术出版社,2011.

[36]李存贵,庞俊主编.沙乡坝美——沙坝[M].昆明:云南美术出版社,2011.

[37]李存贵,庞俊主编.楷秀甸美——楷甸[M].昆明:云南美术出版社,2011.

[38]李存贵,庞俊主编.通灵毓秀——通灵[M].昆明:云南美术出版社,2011.

[39]李存贵,庞俊主编.八盘四碗——八盘[M].昆明:云南美术出版社,2011.

[40]李存贵,庞俊主编.俏灯红果——红果[M].昆明:云南美术出版社,2011.

[41]李存贵,庞俊主编.玉树林风——玉林[M].昆明:云南美术出版社,2011.

[42]李存贵,庞俊主编.家和事兴——家兴[M].昆明:云南美术出版社,2011.

后 记

这是一个美丽缘起!

美丽,源于开远的历史、物产与民风,以及在这些年的改革中所看到的日新月异的改变、所感受到的魄力与梦想;源于我们在深入开远各个阶层、各个地方调查时,分明地看到的一种务实、向上的力量,而与之相伴的,是他们积极、认真、乐观的心态——他们乐于接受新事物、乐于改变现状,即使是老人与孩子,都有着自己的期待。质朴也好,远大也罢,都让我们这些调查者感动。

借用一句歌词——"在希望的田野上",在开远进行调查的每一个村落、每一片田野,我们深刻地感受到了某种希望。尽管我们时刻提醒自己,我们的工作务必要认真、客观,但最终还是被他们的精神所感染。我们乐于分享这样的精神,因为当今的中国就是因为他们的精神与创造在不断前进,走向更远,而开远,刚好是一个缩影。

在这个缩影里,我们尽量详细地了解他们的诉求,尤其是对开远这场影响注定深远的改革的态度。从他们未曾改变的直爽的笑声中,我们得到了答案,至于一对一的交流,甚至是带我们参观他们的家、他们的农田、养殖场,等等,那只是一种验证。当然,这种验证是必要的,因为要保持科学、直观、客观。

见证历史有很多种方式,很荣幸,我们获得了考察与记录的机会。在此特别感谢在考查过程中给我们帮助与支持的李存贵书记、庞俊市长、马国庆副书记、杨泓副市长、宋文部长、刘建宝主任、廖福云主席以及李剑伟、岑晏洪、丁朝华、赵云峰、陈启文、陈波、张华、王会仁、陆永开、后应斌、刘云红、陈秋圻、何明、普双林、李永珍、张剑南、杨媛、文晓波、李开云、朱晓雯、陈家祺、吴浩明、龚敬、杨文星、崔丽娟、曹定安、张长利等，要感谢的人太多太多，在这里我们只好把他们放到心里……此书是一本集体智慧的结晶，凝结着李存贵、庞俊等诸多领导的思想和心血。开远的人民是伟大的，而领导也是最富光彩的，他们共同书写了"幸福之乡开远"这本开心到永远的大书！

　　本书的顺利出版得到了浙江大学中国农村发展研究院（CARD）、浙江省农业和农村工作办公室、浙江省农科院农村发展研究所等单位的大力支持，浙江大学中国农村发展研究院黄祖辉院长、浙江省人民政府咨询委"三农"发展部顾益康部长、浙江省农业和农村办公室新农村建设处李建新处长等对本书的写作提纲和谋篇布局给予了诸多的指导、建议和帮助，浙江大学出版社陈丽霞等编辑老师在排版校对中付出了辛勤劳动。受时间仓促及作者水平的限制，书中肯定存在许多遗漏与不当之处，恳请各位专家、学者不吝赐教指正。

作　者

后
记

图书在版编目(CIP)数据

幸福之乡开远 / 木霁弘,杨春,胡豹著. —杭州：
浙江大学出版社，2013.6
ISBN 978-7-308-11582-7

Ⅰ.①幸… Ⅱ.①木… ②杨… ③胡… Ⅲ.①农村—
社会主义建设—研究—开远市 Ⅳ.①F327.743

中国版本图书馆 CIP 数据核字(2013)第 115090 号

幸福之乡开远

木霁弘　杨春　胡豹　著

丛书策划	陈丽霞	
责任编辑	陈丽霞	
文字编辑	赵博雅	
封面设计	春天·书装工作室	
出版发行	浙江大学出版社	
	（杭州市天目山路 148 号　邮政编码 310007）	
	（网址：http://www.zjupress.com）	
排　　版	浙江时代出版服务有限公司	
印　　刷	杭州日报报业集团盛元印务有限公司	
开　　本	710mm×1000mm　1/16	
印　　张	14	
字　　数	259 千	
版印次	2013 年 6 月第 1 版　2013 年 6 月第 1 次印刷	
书　　号	ISBN 978-7-308-11582-7	
定　　价	39.00 元	
